蝗虫与蜜蜂
未来资本主义的掠夺者与创造者
THE LOCUST AND THE BEE
Predators and Creators in Capitalism's Future

[英] 杰夫·摩根（Geoff Mulgan） 著 钱峰 译

中国人民大学出版社
·北京·

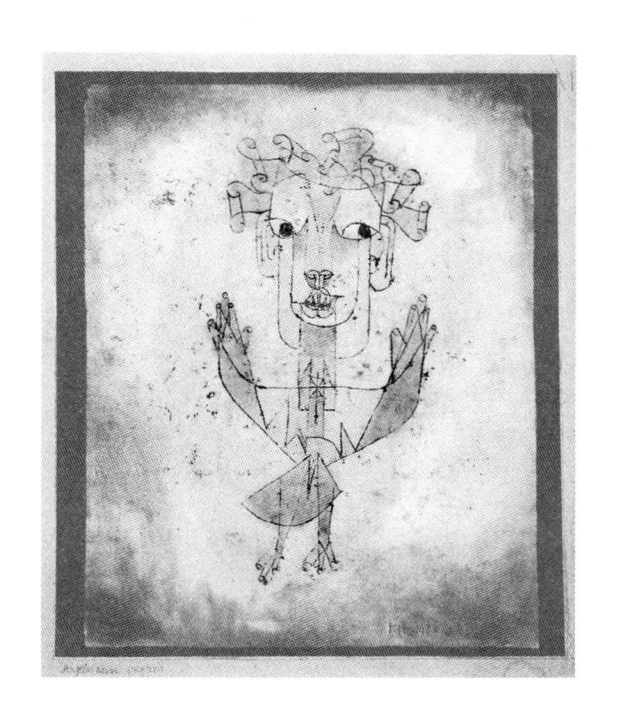

瓦尔特·本雅明（Walter Benjamin）对名为"新天使"（*Angelus Novus*）的画作给出了一种现代版的著名描述。在这幅画中，天堂中刮起了暴风，风力是如此之大，以至于"天使不能并拢它的翅膀，所以它别无选择地飞向了不愿面对的未来，与此同时，它面前是高耸入云的垃圾堆。这种风暴就是我们所称的进步。"

编辑手记

初看这本书的题目,也许你会误认为这又是一本介绍资本主义的泛泛之作——用自然界的蝗虫与蜜蜂比喻人类社会中的贪婪与勤劳,简单而实际,却有些普通。然而,这本书真正的核心在于"未来"二字,作者试图通过自己渊博的知识、敏锐的思维和超前的想法,为读者,特别是那些对资本主义这一经济体制的未来感兴趣的读者,打开一扇思想的窗,让大家透过它一窥资本主义未来的无限可能。

稍有经济学常识的人都会了解,资本主义社会会经历周期性的经济危机,最近的一次也许还让你记忆犹新,2007年开始的动荡至今仍然影响着世界上的诸多国家和地区。危机过后,人们总希望了解危机产生的原因,这本书的前半部分可以很好地回答这个问题。然而,本书提供的答案绝不仅仅是从表面出发,去普及什么叫做"次贷危机",也不仅仅是就事论事地分析某一次经济危机,而是从资本主义制度内部更深层次的地方去揭示这一次次危机真正的原因——掠夺性。这一次次的危机就如同是一场场重病,无情地打击着这一经济体制,但资本主义的自我调节机制就如同人类的免疫系统,在与病魔的斗争中得到了锻炼,并愈发强大。作者把这些斗争称为"调整",他相信,如同以往的一次次危机过后,这一体制均能重拾活力一样,未来的资本主义同样可以通过自我转变,"调整"为一种更为合理的经济制度。本书的后半部分即围绕"转变"展开,在这里作者透过掠夺性与创造性、浪费与节约、金钱与时间等诸多矛盾体之间的碰撞,为未来资本主义的发展提出了全新的可能,甚至提出了变革的具体框架。

在这本书的编辑过程中,我对它的认识也出现过变化,或者我更愿意称之为对这本著作理解的一次次深入。从最初对于蝗虫与蜜蜂这一比喻感兴趣,发展为希望通过本书对资本主义制度的论述进一步了解这一体制,最后转变为真正地被作者所提出的一系列清晰而进步的想法所吸引。这些想法从我们生活的这个社会出发，实际而可行，全无不着边际的夸大感。也正是这一点，让这本书颇具可读性。

这里不妨举一个小小的例子。作者主张发展与"维护"和"关系"相联系的经济。这想法听起来似乎抽象，实则不然。所谓"关系"，既包括人与人之间的，也包括人与物之间的。我们应摒弃现今市场经济中充斥的"机关算尽"与"冷漠"，放弃一味地追求金钱而忽视原本就存在于人与人之间的联系的做法。父母可以拿出更多的时间与孩子相处；朋友之间能够展现出更多的关怀；甚至陌生人之间亦要友好相待。人与自然之间要和谐相处的道理更是无需赘述。然而，当今的社会通常胆怯地止步于仅仅明白这个道理，而缺乏将之付诸行动的魄力。我们应该大力发展循环型的绿色经济，哪怕在短期内这会导致经济效益的下降，但从长远看这必然帮助人类获得一个更加光明的未来。作者提出的这种发展"关系"经济的想法恰恰可以起到促进创造性、抑制掠夺性的目的，让我们结束人与人之间的冷漠以及对自然资源的掠夺性使用。

当然，作者同样看到了资本主义自我"调整"过程中会出现的困难（详见第 7 章），但通过对资本主义历史上历次危机的回顾，他为读者展示了这一体制是如何一次次成功地完成自我重塑的，也在本书的最后提出了下一次"调整"的可能方向。未来的资本主义中，人们不应仅仅追寻物质上的富裕，也不再一味要求效益最大化，而是尝试推动循环型的经济，对质量的追求会取代对数量的追求，努力将教育、医疗和福利这些行业塑造为引领经济发展的新领域。那时，资本将重新成为我们的"仆人"，而不是主导一切的"主人"，从而让资本更好地为人们服务，发挥创造性、摒弃掠夺性。

事实上，如果读者可以真正深入地阅读这本书，就不难发现：它可以帮助你思考，而不仅仅是一味地灌输。并且，这本书带给你的这种思考也绝不仅仅局限于经济学领域，而是更多地涉及对于未来人类社会面貌的思考。让我们一起翻开这本书，去寻找资本主义的"未来"吧！

崔毅

目录

第1章　资本主义之后 / 1

第2章　有教育意义的和没有教育意义的经济危机 / 15

第3章　资本主义的实质 / 24

　　3.1　定义资本主义 / 27

　　3.2　资本主义——一种关于价值的想法 / 30

　　3.3　生产力的美德和资本主义的承诺 / 34

　　3.4　资本主义和国家 / 39

　　3.5　资本主义是自由和民主 / 41

第4章　创造还是索取——创造者和掠夺者的角色 / 45

　　4.1　资本主义的生产力 / 46

　　4.2　资本主义的掠夺行为 / 54

　　4.3　毁灭的方式 / 63

第5章　对于资本主义的批判 / 69

　　5.1　资本主义赋予了强者统治弱者的力量 / 71

　　5.2　资本主义摧毁了真正有价值的事物 / 73

　　5.3　资本主义助长了放弃思考 / 75

　　5.4　资本主义令人悲惨而不是快乐 / 81

　　5.5　资本主义威胁到生活 / 86

　　5.6　自然主义：基于批判者与倡导者的角度 / 88

第6章　反资本主义的乌托邦和新托邦 / 91

第7章　变化的本质——一种制度如何转变成另一种制度 / 102

   7.1　动态的不稳定性 / 104

   7.2　如何改变制度 / 111

   7.3　保守主义的四种力量 / 113

   7.4　是什么推动了变化 / 117

   7.5　制度化变革 / 121

第8章　创造性和掠夺性技术 / 125

   8.1　变化的长波 / 129

   8.2　科学体系 / 138

   8.3　技术如何紧跟想法 / 144

第9章　基于关系和维护兴起的经济体 / 146

   9.1　健康、看护和关系经济 / 150

   9.2　绿色经济 / 154

   9.3　民间组织化 / 159

   9.4　衡量社会价值 / 165

第10章　关于资本主义的衍生观点 / 169

   10.1　增　长 / 169

   10.2　集体智慧、合作和同情 / 174

   10.3　完美的市场和完美的社区 / 177

   10.4　将朋友和关系最大化 / 181

   10.5　价值、衡量标准和浪费 / 186

   10.6　商业之外的创业精神 / 188

   10.7　时间，而非金钱，才是经济生活的目标 / 191

目 录

第 11 章 新的调整——社会是如何（偶尔）跳跃的 / 197

    11.1 动员集体智慧和创造性 / 202

    11.2 促使资本成为仆人而非主人 / 209

    11.3 向可持续合作的消费转变，抵制浪费 / 214

    11.4 推动循环性生产并发展保持型经济 / 217

    11.5 娱乐也是生活的一部分 / 219

    11.6 重塑教育、医疗及福利体系 / 223

    11.7 围绕金钱的多种交易体系 / 229

    11.8 将财富看作方式而非目的 / 231

    11.9 评估关键的事情 / 233

    11.10 让正念成为公众与个人的美德 / 234

    11.11 调整是如何发生的 / 236

第 12 章 超越资本主义 / 238

    注 释 / 245

    致 谢 / 291

第 1 章
资本主义之后

仅仅是在几年前，关于在资本主义之后，什么将会到来的问题似乎已经被永久性地搁置了，这个问题就如同询问在电力或是科学之后到来的将会是什么一样，诸如此类的问题都是没有明确答案的。资本主义看似不可挑战，全球市场已将中国和印度纳入其囊中，全球性（经济）峰会上，仍带有中世纪气息的伊斯兰势力被认为是资本主义最后的、脆弱的挑战者。据说与大多数国家相比而言，跨国公司统领着更大的金融王国，它们依靠可口可乐、耐克和谷歌这些大品牌赢得了大众的瞩目，这些品牌取代了红旗和拳头政治（这两者的代表分别是前苏联和美国）。宗教团体通过向信众推销大量的多媒体产品正在逐渐变成高盈利企业。在繁荣的上海和深圳，一些政府官员已转变为投资者和企业家。自然正在被私有化，不论是稀有物种的脱氧核糖核酸（DNA）或是南美的雨林，还是土地或海洋，以及发展到太空的采矿业都无一例外。

中国的国内生产总值（GDP）在 10 年中翻了一番，同样的任务，美国在 20 世纪用了 40 多年的时间才完成，英国则在 19 世纪花费了 50 多年的时间。这一事实表明：全球经济正在快速增长，而且这一体制远优越于其竞争者，这一点毫无争议。

怀有不满和怀疑的反对者依然存在。但是这些持有异见者和批评家早已被边缘化了。菲德尔·卡斯特罗（Fidel Castro）被限制在自己的国家里，风烛残年，渐渐老去，已经无足轻重。20 世纪 80 年代，伊朗

蝗虫与蜜蜂：未来资本主义的掠夺者与创造者

北部城市库姆的阿亚图拉[①]们曾尝试把他们的接替者送出境外却以失败告终。现在，他们正在心灵与思想的斗争中逐步丧失年轻一代的拥护，后者则在德黑兰郊区秘密集会寻求进步。20世纪60年代，一股提倡关爱、和平及真实的反文化潮流对资本主义发起了挑战，最终反文化者却逐步被同化成了穿着T恤衫和牛仔裤的商业人群。这场斗争似乎已经结束，资本主义取得了胜利。

然而，资本主义自身的教训是任何事物都不是永恒的，如同卡尔·马克思所说的"所有坚固的东西都会在空气中融化"一样。在资本主义体制内，有众多的力量在推动它前进，与此同时也有诸多的力量在削弱它。创造性的毁灭是它的本质，而不是一种不幸的负面效应。我们不能简单地预言资本主义将会成为什么，但是我们也不能假惺惺地认为它会一直存在下去。

"资本主义"这一术语已经存在170多年了，在其被使用的大部分时间里，人们一直激烈地争论着资本主义将来会发展成什么样子。抱有乌托邦梦想的人们（理想主义者们）具体详细地描述了未来社会将会是什么样子，在那个社会里，既没有金钱至上的物质观，也没有追名逐利的风气。理论学家们向人们展示出资本主义是如何作为人类发展史上的一个阶段，就如同封建主义一样，只是一个必要的历史阶段，却不是一个人们想要深陷其中的阶段。

1989年以后，这种争论大体上趋于平静。如果说一部分原因是资本主义取得了胜利的话，那么另外一部分原因则是理论的失败。1989年标志着经济学战胜社会学，也标志着"市场是人类进步的动力"这一宣言的胜利。[1]然而，尽管经济学的知识模式可以很好地解释非市场经济如何演变成为资本主义，甚至能更好地解释随着商业、产业部门及技术的更迭，市场将会发生何种变化，然而，它们对资本主义市场经济本身将会演变成什么样子这一问题却提供不了多少帮助。

写作本书的目的是让大家将资本主义看作是一种动态的体制模式，而不是将其看作局限于基本原理的已经停滞不前的体制。2007年，资

[①] 阿亚图拉：伊斯兰文化概念。波斯语音译，意为安拉的显迹或安拉的迹象（英文Ayatollah），伊斯兰什叶派十二伊玛目支派高级教职人员的职衔和荣誉称号。——译者注

第 1 章
资本主义之后

本主义正处于市场巅峰时,我开始动笔写这本书,并在次年开始的经济危机中继续写,直到现在,资本主义依然不曾显现出行将就木的迹象。

我想传递的信息很简单。资本主义会最大限度地回报创造者、制造者和供应者。资本主义缔造了为他人提供有价值物质的人和公司,这些物质包括富有创造力的科技、美味的食物、汽车和医保,这些物质尽可能地取悦人们、令他们满意。它冠冕堂皇的宣言实际上是为如蝗虫般趋利的统治阶级提供一种借口。它奖励那些辛勤、具有创新意识的人们,这些人就好像勤劳的蜜蜂。通过这种方式,相比人类历史上其他的经济体制而言,资本主义做到了让大家都更富有。

但是,资本主义也奖励了那些索取者和掠夺者,这些人和公司并没有做贡献,反过来却从别人那里榨取剩余价值。掠夺游戏是资本主义日常生活的一部分,在一些主流的产业部门(比如制药业、软件业及石油业)中,人们的金钱、数据、时间和精力基本上是在进行非对等的交换。这一掠夺在贫民区的地主和放高利贷者的行为上,以及在色情嫖娼业中都是很常见的。在法律范围之外,组织犯罪的辛迪加(财团)榨取血汗钱、诱惑人们沉迷于毒品。在法律范围之内,大多数经济活动通过不对等的压榨攫取价值而不是创造价值。在过去的 20 年里,随着资本主义的收益平衡从生产和创新转移到投机,这种现象变得日益普遍。

这些问题由来已久。历史学家乔治·爱文(George Unwin)将 16 和 17 世纪英国未能把具有活力的发明创造和企业精神转化成工业革命的失败归咎于"投机的狂热幻想和垄断的自私欲望",它们令诚实的企业黯然失色,而且将资源从技术和制造领域抽走。[2] 亚当·斯密(Adam Smith)清楚地认识到了资本主义的双重性,而且他对市场上充斥的让人们勾结和剥削的诱惑进行了大量的描述。两百年后,现代经济学的敏锐思考已经在努力克服"经济租金"(economic rent)和掠夺行为的复杂性,而且也在思考为什么这些现象在以信息和知识为基础的经济中会不断地扩张。[3] 政治学家也发现了捕猎行为的普遍性,发现了生产和捕猎之间的矛盾可以在很大程度上解释始终伴随着资本主义的不稳定的政局,以及为什么市场自由运行的梦想最终会变成了空想。[4]

然而,许多有关经济的书籍都会忽视这些矛盾。资本主义的批判者们对其创新性视若无睹，而自大的资本主义倡导者们拒绝承认这种体制可能会奖励掠夺行为，或一些人在创造价值的同时损害着其他人的利益。

在全球范围内，不断扩大的权力与财富的差距以及信息和知识经济的转变所带来的回报使社会变得更富有，但是也变得更紧张、更令人不舒服。现在资本主义的创新能力达到了前所未有的高度，但是它展现出的掠夺性也是空前的。结果导致了政治和经济面临着不同于它们在工业时代巅峰时所面临的挑战，这些挑战很难被识别，更不用说应对了。

没有人立法以规制资本主义，也没有人筹划它，甚至连"资本主义"这个词也是由它的批判者而不是它的倡导者创造的。亚当·斯密所描述的资本主义与现在的资本主义联系甚少。然而，对于所有人来说，资本主义是公共财产，是世人共有的，就好像文学、科学或者伟大的宗教一样。它是一种具有巨大能量的体制，我们都应对它的走向感兴趣。正如英国诗人马修·阿诺尔德（Matthew Arnold）所描述的自由一样：它是一匹很容易驾驭的马，但是，你必须知道骑向何方。

现代技术已将许多事物传播到了世界的各个角落，包括科学的合理性、法律的可预知规则以及纷繁而又强大的民主形式。然而，没有什么像资本主义这样矛盾，这样具有争议性。资本主义体制是与争议共存的。[5]资本主义已经反复地步入利润的危机之中，同时，它也进入了周期性的意义危机。在资本主义经济中存在着反资本主义运动、激进主义者、甚至是反对资本主义的党派，然而，在这一体制中，却已经不存在反民主的运动了。有数以万计的质疑者和愤世嫉俗者，他们用厌恶的眼光看着企业广告中令人乏味的承诺，虽然他们并未站在大街上抗议，但许多人都持不同的意见。尽管资本主义在提高人们生活水平方面取得了很大的成就，但是资本主义不论是对失败者而言，还是对胜利者而言都不是很合理的。尽管它在满足一些非洲人所称的"小饥饿（less hunger）"，即对物质的需求方面取得了成功，但是它没能满足"大饥饿（greater hunger）"，即对意义的渴求。

不时会打断资本主义短暂历史的利润危机使得资本主义对政府妥协，同时做出相应的调整，意义危机也使得资本主义向它的批判者们妥协以求生存。资本主义一次又一次地进行调整，它的能量得到引导、调整以及用新的方式进行限制，或者通过创造福利国家、公共医疗体系，或者通过法律禁止从毒品到身体器官、从不安全食品到官职的出售。有时它尝试采纳批判者的建议，比如将公司打造得像宗教组织一样，或者像一个等级制度和官僚体制都被推翻的地方一样。它将自己打造成一种争取公众权益（如保护环境、甚至解决世界性的社会问题）的力量。通常情况下，挑战在于使得资本主义持续下去，不仅仅是在狭隘的经济意义上，同时也是在认知上，成为一种对其内部的人们具有意义的体制。

资本主义的未来充满了多种可能。随着新兴的、由国家权力支持的对能源、自然资源或者知识产权加以垄断的组织的产生，掠夺性行为可能变得更加猖獗。这些垄断组织也得到了资本主义势力范围东移的帮助。资本主义可能会深入发展，将从基因、曲调到海底这一切事物都转换成财产。随着数据和网络的普及，任何事物即使它们是隐私，都会在这个真实与虚幻融合的世界里变成商品。

但是，我的兴趣点是研究如何将资本主义与生活紧密地结合，帮助生活变得更丰富、更有活力，同时帮助它克服其存在意义的匮乏。如我所写到的，资本主义的繁荣的其中一个原因是由于它具有决定意义的思想，即在给掠夺者提供巨额回报的同时，也给每个人提供了成为创造者、制造者和供应者的机会。我认为，潜在的意义是对于增长、价值和企业精神的不同理解方式，也包括对爱情和友情的不同理解。

因此，我在这本书中列举了一些工具，我们可以运用这些工具进行思考，并且采取行动将思考变成现实。从方法论的角度而言，我们将会运用不同的量度——从微观到宏观，再由宏观到微观。这种方法反映了我所认为的社会和经济变化模式，一种不断在具体和普遍之间的反复，同时也是社会顶层和底部之间的更迭，个体生存的世界、组织和集体世界之间的反复。

危机的反复出现加剧了这种现象。组织和国家对于危机的最初反应是：它们会对眼前出现的状况高度关注，比如企业破产、工人失业、人们无家可归。一些组织和国家从未考虑过其中的原因是什么，我认为这一点源于掠夺者的过度扩张，以及"搭便车"的人们企图占有自己并未参与创造的价值，不论是通过提高科技股股价、地价还是通过低成本债务融资的方式。但是，一些组织和国家也会利用危机来治愈自己的伤病，处理那些原本被忽视的病痛。事实上，"领导力"的定义之一就是能够将最小的危机转变成最大的转机，而且我们的期待是新的举措可以帮助我们摆脱现有的困境，解决一些本质的问题。

然而大多数发达国家都面临着经济增长放缓以及大多数的人口收入增长出现停滞的状况，几乎没有哪一个党派能为繁荣的经济、美好的生活和好工作打保票。这一失败不仅会使本就不容乐观的对政党不信任的状况更加恶化，而且会使人们向大众权威主义倾斜，并滋生不重视原因而只顾找替罪羊的心理。政治和经济的创新迫在眉睫。

没有人能够准确地预言人们将会采取何种新的措施，不论是全球范围的、国家范围的还是地区范围的。但是，他们将会采取措施的一些基本要素是可以被粗略地勾勒出来的。我希望每位看完这本书的读者都能够理解另一种可能的世界是触手可及的，同时了解我们对于财富的认识到底有多少，财富是如何被创造和运用的，以及如何转换其形式。

本书第 2 章将背景设置为 21 世纪第一个十年即将结束时开始的危机，以及它是怎样改变世界政治经济状况的。这次危机和其他许多次危机一样有它的起源，它源于资本主义的边缘、房地产领域以及体制中最不平衡的部分。之后蔓延到各个部分，导致了银行信贷流的停滞，促成了急剧的崩溃。回首过去，我们会发现在 20 世纪 90 年代末，盈余从生产领域向金融领域转移的历史性转变。这就如同任意一种掠夺行为一样，过犹不及。危机可以是轻微的，也可以是严重的，但是缓解危机都需要大量的公众帮助和保证，结果往往事与愿违，随之而来的经济和财政危机使得人们将注意力从解决危机转移到更根本的转型上。

第 3 章描述了资本主义的起源和发展。关于资本主义的定义是多种多样的，可以通过规则和法律的形式，或者通过它赋予投资者和企业家的权力的形式，或者通过支持它的资金、信息和产品的形式来定义它。我把它定义成一种思想——对于可交换价值的不懈追求——已成为一种生活方式。就这种意义而言，它跟将征战领地、拯救灵魂或人类团结视为重点的社会体制是完全不同的。但是资本主义也存在类型上的差别。

社会可以选择想成为何种类型的资本主义,将在多大程度上把资本主义思想渗透到诸如健康或艺术等领域。所有真正的资本主义都不是血统纯正的,它们都是混血儿。

在我所称的"生活价值"这一概念中,既包括我们所拥有的生存和发展需要的食物、家庭、汽车或人际关系的价值,也包括货币、股票、国债以及信用卡的"表象价值",价值只在真正的生活,即真实的地点和时间中有意义。但是它的表现形式超越了时间和地点的范畴。资本主义让世界充满了表象价值;它的力量存在于具有表象价值的世间万物以及数学运算中。但是,它的弱点也是从生活价值和表象价值之间存在的鸿沟中衍生出来的,包括它普遍的排外模式和它面对危机时的脆弱(当生活价值和表象价值的联系被过分地延展时,危机就会产生)。

第4章进一步阐释了资本主义的双重性,即蜜蜂和蝗虫理论。资本主义一方面具有多产性,它创造了更好的产品和服务,例如从智能纺织机到经营商店的智能方式。资本主义的这一特征通过数以万计的小小的提高和数以千计的大幅度的提高改变了人们的生活状况,工厂体制、汽车、微处理器和手机的革新就是典型的例证。作为一种经济体制,资本主义最显著的特征就是它能通过生产系统创造出新的价值,这一特征使得它成为物质财富的巨大发动机。随着时间的推移,这一特征使得资本主义变成了物质欲望、幻想和梦想的强大制动装置。这是充满希望的资本主义,它能将贱金属变成贵金属,将淤泥变成黄铜,将贫困变为富有,并且将数以百万计的人转化为投资者、企业家以及革新者,资本主义提供给人们的是公平的回报而不是统治阶级的剥削。

资本主义的另一特征是它的掠夺性,从人类和自然中榨取价值却不给予任何回报。在历史上,人们倚仗封建制、奴隶制和帝国主义,偷盗庄稼、牛羊甚至剥夺他人的生命。金融掠夺者们从天真的消费者那里榨取价值,从土地中开采矿物。掠夺并不局限于经济领域。主要的资本主义国家也无疑会成为主要的军事大国,它们想用武力打开市场。过去,掠夺涉及的是实实在在的东西,如食物、家园和生命。但是,在一个价值表现占主导的世界里,掠夺通常是一举而成的,这一过程中在受益者与受损者之间并无明显的联系。掠夺的形式也在变化,现在它既关注物质，也关注思想和愿望。但是，资本主义掠夺行为所呈现出的形式并未改变，这也解释了为什么它的合理性令人怀疑。在资本主义体制中，我们既看到了希望，也看到了最初的恐惧。

第 5 章探究了已经持续了两百年、而且还将继续的、针对资本主义的批判。他们谴责资本主义是掌权者的阴谋，是思想性反思的愚蠢敌人，是真正自然或文化价值的毁坏者，是团体和社会关系的敌人，是反对生命的。市场本应是充满生机和社会互动的地方，然而在资本主义力量最集中的地方，市场却是毫无生机的。无聊的、死气沉沉的中心商业区，自动化的工厂生产线，以及银行冷冰冰的全球总部都体现出一种与生机勃勃、多姿多彩的生活方式格格不入的死寂。

第 6 章描述了一些由激进主义者和思想家提出的资本主义替代物，它们在传统的乌托邦思想里比比皆是，它们为现在这个有缺陷的社会找到了完整的替代物，这些人物的代表包括托马斯·莫尔（Thomas More）、娥苏拉·勒瑰恩（Ursula LeGuin）、威廉·莫里斯（William Morris）、伊凡·埃弗雷莫夫（Ivan Efremov）。乌托邦代表了许多想象的替代未来社会的形式，而且许多空想家还将他们的想法付诸了实践。然而，现在，这些已经成为懒惰的消极主义者口诛笔伐的对象，他们声称所有的尝试都是徒劳。如果说乌托邦中没有掠夺者，那么现实社会则是掠夺者统治的社会。但是，乌托邦承诺的太多，兑现的很少，现在的乌托邦思想的最大弱点就如同过去一样，没有解释如何进行变革以及我们该如何从这里去到那里。

第 7 章接受了这一挑战，而且提供了一种能让人们理解资本主义将如何发展的理论模式。没有人能够轻易地设计一种全新的经济形式并使之合法化，也没有人能简简单单地确定不同的原则并希望其成为现实。只有当现行的体制看似已经失败时，根本的变革才会发生，其中包括对体制自身的标准的修正。通常这种现象的发生是体制内部动力作用的结果。许多人分析了资本主义将成为自身掘墓人的方式，一些人用历史规律加以反驳，另一些人则维护这种看法。这些方式包括：生产的压力（矛盾的是这使得最成功的产业部门衰落了）、需求类型的变化（从数量到质量的变化，从产品到服务的变化）以及"资本主义文化矛盾"（即生产领域对清教徒式的辛勤工作的需要与消费领域对享乐的过度需求）。

资本主义的成功为变化创造了条件。预言者推测，到 2050 年，世界经济的规模将增长两倍，甚至连欧洲的老牌发达国家和美国的经济规模都会增加一倍。以往的经验表明，空前的繁荣会带来视角的变化，包括保持生活和工作平衡的新视角。我建议用一种更全面的思维模式看待这些变化，包括思考兴趣、关系和精神世界如何在抵制这些变化的同时加剧了这些变化。正如叔本华所描述的（人生）舞台上上演的新事物：最初是被忽视的，然后被强烈地反对，最后被看作是不言自明的。

第 8 章解释了一种普遍的假设，即资本主义国家的未来最好被看作是由更多、更好的技术组成的。当代科学技术活动的规模的确是前所未有的，它确保了大量的新兴知识和事物的产生。到 21 世纪中叶，全球研究和开发的费用将是现在的五倍，这种观点是合理的。一系列的"长波理论"一直以来都在尝试着研究经济变化的长周期，现在这些理论也暗示着一种源自低碳经济、宽带通信、基因学以及纳米技术的新型经济的蓬勃发展。但是，技术是由社会创造的，同时，它们也在回报着社会，而且我们应该期待社会中各方势力的斗争、博弈会加速科学技术的前进，也正是这些斗争经常会使大国的政府和主要经济体陷于与人民对立的境地。我认为，成熟的创新体制需要对社会面临的最重要的挑战有很好的把握，最好的方式是运用最具创造力的头脑来解决它们，最有效的途径是将想法付诸实践。在这一章中，我也进一步分析了经济中的创新力和掠夺性的相互转换特色，并分析了这种转换是如何进行的。

第 9 章讨论了尽管我们中大多数人都认为经济是由诸如新车、罐装食品和按揭贷款这类事物组成的，但在许多富裕的国家中，主导已不再是汽车、钢铁、微芯片和金融服务等部门，而是健康、教育、保健以及绿色工业和那些被松散定义的工作领域，即所有那些关系扮演重要角色的领域。资本主义之前的经济形式主要注重维护，如农场、手工业和制造业的循环，同时注重爱护孩子和家庭。

大量的工作都是维护性的，如除草、清洁、准备以及烹饪，大多数的工作也都是重复性的，而且大多数的工作都维持在一种关系当中。相比而言，资本主义在经济中引入了线性关系，这是基于一种积累性增长的想法，以及"没用的东西就应该扔掉"的经济理念，它概括了大部分奢侈经济的真实特点。我认为，从长远来看，这一理念将最终被淘汰。我们的经济会变得更具循环性，更注重保持与维护，家庭将再次成为重要的生产者和消费者。在物质经济领域中，我们越来越期待稳定和平衡，这就好比人体机能需要平衡一样。但是，知识世界就如同我们的大脑所具有的潜力一样，拥有无限增长的潜力。将这些综合起来考虑，我们就能够明白我们对于增长的看法是如何从注重"越多越好"转变为注重"循环利用"的，后者这种思维方式已被我们运用于诸如食物、性爱、友谊与欢乐这些方面。

第 10 章转向理论，展示了一些能够转化成生产力的想法是如何塑造资本主义以后的世界的，这个世界更适合创造者和掠夺者。这些想法并不是从乌托邦的传统、马克思主义、自由主义中吸取的，而是从资本主义本身所具有的超越根本的潜力中得来的。这些看法包括一种有关增长的更广泛的观念，这是一种有关生活品质而不是消费数量的观念。我希望读者们想象一种经济，在这种经济中，所有的增长都基于品质增长，而不是数量的增长，用更少的能源、物质资料以及时间的投入来创造更多的产出，强调减少而不是扩张（比如减少或浪费）。我也分析了交换这一理念。资本主义已经使分布在世界范围内的人群为达成互利而参与到交换这一经济行为中成为可能。在市场中，这些交换是由金钱以及是否购买的决定控制的。它们是受到范围限制的体制，关注数量而不是质量。但是它们允许我们想象一种更为复杂的体制，在这一体制中，质量和数量、价值观和价值的交换变得更加丰富和多元化。我把这一切称为理想化的完美体制在庞大、复杂的体制内完美地交流和交换。在这一体制中，受限制的市场交换能力已成为特例。透过这个三棱镜，我们可以更加严厉地看待资本主义的道德缺陷。我也关注了效益最大化的理念，以及我们如何看待关系的最大化，而不是金钱效应的最大化，同时也注意到扩大衡量的潜力等方面。市场以其与众不同的方式呈现了一种动态的数学。其他能够提高生产力的想法包括企业精神，这一精神在政治、宗教、社会和艺术领域的应用可以像其在商业领域中一样有效。[6]

第 11 章将这些理论应用于实践，描述了是什么可能在未来引起完全不同的社会和经济安排。我向读者展示了在历史性的关键时刻，整个社会可以重塑自己，不是通过暴力的变革，而是采取一些允许资本主义进化的简单措施来实现。新西兰、瑞典、美国、韩国和德国是过去的一些例子，冰岛可能是现在的一个重要例子。这些措施总是能够令已存在的、处于边缘化的思想和组织成为中心，而且它们总是带有一种浓重的道德色彩。改革者，激进主义者以及我们现在所称的社会创新者提供了新的"方法"，根据这些"方法"，新的交易可以达成，而且它们帮助资本主义给予人们话语权，使人们变得更加文明。展望未来，我认为未来的措施可以吸取这些元素，重新定义资本、工作、生产、知识、福利和娱乐的角色。每种元素都包含了有关财富的、已经转变的看法。在不同情境中，答案是不同的。马克思曾说，我们要"根据不同情景采取不同的措施才能解决问题"，这种说法是对的。但是，如果说历史具有导向作用的话，那么它将会呈现出汇聚的趋势。在这里，我还陈述了一些将来可以借鉴、以用来塑造政治项目的要素，这些要素可以增加经济的创造力，同时控制"掠夺"行为。

在第 12 章即结束章节中，我思考了我们将去向何方的问题。资本主义既是制造者也是接受者；是创造力和劳动力的制动装置，既具生产性又有毁灭性。由于竞争的促进作用，资本主义加强了合作，不断的复制和浪费促进了效率。资本主义制造了内心矛盾的人，他们衣食无忧却努力找寻生活的目的，他们有很多种生活方式却没有足够的生活意义。也许，这种现象并不会令人们感到吃惊。我认为，这些矛盾可以用一种不同的资本主义来解决，这种资本主义更加关注生活、创新和合作，它将价值的代表物与其内在的价值联系了起来。

关于资本主义将走向何方，故事的版本是多种多样的。有一个耳熟能详的、有关资本主义的故事正在日益深化其所取得的胜利，它正在日常生活的方方面面蔓延，成为一种常识，防范来自共产主义、伊斯兰文明的敌人。我们被告知这种胜利势在必得，因为资本主义是扎根于自然的——人们生来就是贪婪的、自私的、物质的，是自身基因的奴隶。我们能理解其他体制的失败是由于它们与文明的冲突。玛格丽特·撒切尔的评论"没有其他选择"概括了这种看法，这一评论的其他版本被反复地用于抨击政见不同者和持怀疑论者。瓦尔特·本雅明（Walter Benjamin）对名为"新天使"（Angelus Novus）的画作给出了一种现代版的著名描述。在这幅画中，天堂中刮起了暴风，风力是如此之大，以至于"天使不能并拢它的翅膀，所以它别无选择地飞向了不愿面对的未来，与此同时，它面前是高耸入云的垃圾堆。这种风暴就是我们所称的进步。"[7] 这一风暴看似毫无缘由，它带来的不是屈服就是灾难，通过金融危机与生态恶化将我们引向毁灭。

在这里，我讲述了一个不同的故事，这个故事受到了历史的影响，历史告诉我们，任何事都可能成为必然。两个世纪以前，君主制统治着世界，当然也有例外，如意大利的城邦和年轻的美国都是共和制的。但是，起源于1789年的巴黎的革命潮流蔓延开来，最终使得许多人相信多数人的民主出现了偏差，之前的尝试已经失败。君主制植根于人的本性中：人们天生就具有等级，有强者和弱者之分，前者占据统治性地位。民主意味着暴民统治和混乱，而且注定走向吵闹、野蛮和残酷。

正如我们所知，以上论断的每个组成元素最终都是错误的。君主体制似乎是全能的，但是也已经开始走下坡路。君主制在发展的进程中被变革和议会的反抗打断，它们会成为一种奇怪的体制，而不是继续主导历史的发展。具有无上权力的各国君主的继承者变成了吸引人们旅游的幌子，成为公共建筑的招牌及八卦杂志的猛料的来源，而且时常被当作王牌打到政府的面前。1914年，欧洲拥有17个君主制国家，其中包括德国、奥匈帝国、俄国、英国和土耳其。只过了短短的5年，除了其中的一个帝国外，其他的君主制国家全部消失了。

这一时期给予了我们怎样的教训呢？我们可以想象类似的事件发生在那些看似全能的统治者身上，例如，在1989年的全盛时期之后，资本主义被慢慢地且有意识地边缘化了，或者更准确地说，基于数以百万人的有意识的选择，资本主义被边缘化了。资本主义是建立在不变的人性上的，这一假设正在被削弱，这是由于科学及人们日益增长的对人性的认识：合作和自私，害怕和希望，渴望认可和厌恶轻视。认为资本主义是历史终结的想法，正随着资本主义体制形式的不断增加而减弱，这在一定程度上要归功于在印度、巴西和世界上其他国家中产生的其他形式的资本主义体制。[8] 1900 年，欧洲创造了世界上 40% 的国内生产总值，在 2000 年这个数字变为 25%，到 21 世纪中叶可能会缩减到 10%。[9] 这些预测可能有些夸张，如同过去对于苏联和日本的预测，结果都具有很强的误导性。但是，一种更多极化的经济形式是有可能出现的，而且正在兴起的经济不可能模仿早期的资本主义形式，不会再出现像日本模仿英国这样的历史了。

卡尔·马克思认为，资本主义使得工人们在工厂中工作，正是这些工人将会成为摧毁资本主义自身的力量。而我的观点是：资本主义的确汇集了促使其改变自身的力量，但是，这与马克思的观点有所不同。这种决定性的力量是广泛的联系而不是集中，最终，联系将改变人们的利益关系和想法。而且这种在同一个领域（比如贸易领域）中的联系，已经蔓延到其他的领域。它蔓延到了人际关系、文化意识以及道德意识领域，投资者和消费者开始对自己的选择和行为的后果感兴趣。令人惊奇的是，这一点可能正好是亚当·斯密和其他一些人所预言的、在现代资本主义到来时会发生的事情。他们认为，市场会带来礼貌和同情，以及对掠夺行为的控制。增长和互惠是一对孪生兄弟。鉴于此，文明意味着能力的增长及剥削机会的减少。

早在 18 世纪早期，先于亚当·斯密几十年，伯纳德·曼德维尔（Bernard Mandeville）就写了一本现代资本主义的奠基之作，名为《蜜蜂的寓言》(*The Fable of the Bees*)。从那时起，资本主义最好的一面就一直被比作蜜蜂。资本主义最好的一面是：默默地生产，为许多人谋取福利。它也具有高度的合作性质，受到保佑，是最好的市场，集体智慧远远胜过个人智慧。另一面蝗虫则代表了资本主义具有的掠夺性质，蝗虫是寄生虫，专门伤害无辜。它们肆意地剥削着一切事物。我们有充分的理由畏惧和讨厌它们，它们统治了数千年，破坏了环境和人类的生活,这些身影在《圣经》和《古兰经》的故事中都出现过。残暴的军队和贪婪的国家都是由于资本主义的掠夺性导致的,包括:非洲的战阀、朝鲜的官僚,蝗虫的本性尽显无疑。资本主义本应是另一种选择,但是它本身的掠夺行为变得毫无约束。我们该做些什么来强化它的优点并抑制它的缺点呢?这就是本书想要解决的问题。

第2章
有教育意义的和没有教育意义的经济危机

危机各有不同。但是，所有的危机都有一个特点，即它们是麻木的，都表现为一些人突然得势，另一些人却感到挫折和无能为力。

始于2008年的金融危机并不是简单地开始、持续和终结的。相反，它开始于一系列的震惊。它的第一阶段是纯经济的。在2009年，国际货币基金组织估计美国银行体系面临超过3万亿美元的损失。[1]日本陷入了经济衰退。有规律的中国经济的增长势头也出现了下滑，这些至少体现在货币方面。希腊濒临破产。小小的、曾一度稳定的冰岛，曾经是政治、经济稳定的典范，却面对相当于国内生产总值10倍的债务。爱尔兰，这个曾经是世界发展中国家低税收、管制自由的模范，也难逃受到重创的厄运。马丁·沃尔夫（Martin Wolf），一名国际资本主义朴素的热衷者，将其中更为动荡的时刻称为"全球自由经济资本主义梦想的终结之日"。在随之而来的阶段中，金融危机诱发了其他的危机：迫使政府大幅削减支出的财政危机、以持续的失业和贫穷为主要特征的社会危机和政治危机，一些国家的领导人，甚至整个政党，不仅失去了人民的信任，而且连残留的自信也变得荡然无存。

因此，我们该如何找出是什么引起了这些危机，将会到来的又是什么呢？它们是体制内的危机，还是体制自身的危机呢？它们会像温斯顿·丘吉尔所描述的1930年的危机一样影响深远、史无前例，以至于没有任何指南针可以引导吗？还是指南针已经坏了？或者仅仅是一种转变？[2]

最简单的方法就是从资本主义的掌控者那里开始入手。约瑟夫·熊彼特（Joseph Schumpeter）将资本主义定义为一种"由私营企业者指导的经济过程"的体制。[3]他们的声誉来自过去的成功。如果这些私营企业者行事错误、无能且毫无道德的话，那么这一体制就会摇摇欲坠，就如同愚蠢、贪污成风，而不是英明、正义的君主制会失败一样。杰夫·伊梅尔特（Jeff Immelt），作为可能是最成功的资本主义企业——大众电器的主席和首席执行官直言不讳地陈述了自己的观点。他说，2008—2009年的经济危机部分是源于商业领袖们的"吝啬和贪欲"。"最富有的人犯了最多的错误，然而他们却似乎觉得自己丝毫不用负责。"[4]尤其是银行家，他们的贪欲和愚蠢昭然若揭，当这些人将过错归咎于管理层的水平差时，恰好证实了他们自己早已迷失了方向。查尔斯·培洛（Charles Perrow）细致地分析了为什么会有灾难发生、为什么会发生像三里岛的原子能灾难这类事件，他认为这些都是由体制造成的，而不是由人为错误造成的，他明确指出，这种危机不是体制出错的例子，而是个人的不负责任和渎职造成的。然而，这场危机所具有的最显著的特征是几乎没有人受到惩罚，除了倒霉的冰岛总理盖尔·哈尔德（Geir Haarde）。大体上来说，不负责任者和渎职者在一段时间内受到了公众的谴责，但之后很快便恢复了权力、拿回了自己的工资、福利，并重获名望。没有人认为自己应为危机的到来负责。

另外一些解释关注的都是体制中的不平衡。这场危机被归咎于次贷市场的扭曲，或美国和中国之间的失衡。信贷曾是富人们专享的金融工具，而现在信贷业向低收入者提供贷款已成为民主的一种象征。但是，信贷发放已经过度（或者更准确地说，一些国家几乎是草率地使用信贷，另一些国家忽视了经济重心标准）。[5]另一些人认为，这场经济危机是一种不合适的、复杂的金融经济体制的副产品，这种体制创造了没人能理解的产品和危机。这场经济危机是由不平衡导致的。当市场欣欣向荣时，投资者获利，当市场萧条时，他们并不会受到惩罚。另一方面这种经济危机也是由于私营领域债务的巨额累积造成的。更好的金融流动性有利于资本主义，货币能更好地得到使用。但是现在的资本主义似乎已经变成了一个虚假的世界，在这个世界里人们只关注数字，而不关注数字背后的具体事物。[6]外汇交易总额在1980年时是全球贸易总额的11倍，2009年时则迅速增长到了73倍。利率衍生品交易额从0增长到了 390 万亿美元。石油期货交易总额增长至实体消费和生产总值的 10 倍。[7]然而，另一种观点将这次经济危机归咎于实体经济的病态发展。金融危机与水资源、能源和食品危机交替出现（自 1990 年起，中国的食品消费额值增长了两倍多。食品和农业组织专家要求到 2050 年使世界食品需求翻番，这就潜在地刺激了在资源领域更加恶性的竞争）。[8]许多国家房地产市场的繁荣和衰落（2006 年，爱尔兰国内生产总值的四分之一被用于建筑业），被视作对人口爆炸和城市化进程所面对的挑战的拙劣解决（在 21 世纪第一个十年中，上海建筑业使用的起重机占世界总量的 17%，而西方的建筑业则在衰落）。

另一种观点告诉我们，经济危机是地区性的，并不是超越常规的。熊彼特将"稳定的资本主义"描述成"自相矛盾的"。[9] 21 世纪初，世界银行的统计显示，从 20 世纪 70 年代晚期到 20 世纪末，在 93 个国家发生了 112 起体制性的银行危机。几乎一半的危机造成了占其自身 10% 或更多的损失。一些较普遍的模式可以归结为市场的本质，即它鼓励人们在价格上涨时进入市场，并期待着人们能够在适当的时候明智地退出。危机严重的原因可以归结为缺乏缓冲机制的经济，在这种经济中传染现象会变得更加深入和快速。一个没有摩擦的世界会成为更危险的世界。电脑黑客把一个系统的"受攻击面"作为衡量其脆弱程度的标准，而现代的全球经济的受攻击面已经被极大地扩展。各种研究表明：世界经济联系的密切程度正在以 10 倍的速度增长，经济危机发生的频率比第一次世界大战前的时代更高了。事实上，20 世纪 70 年代以来，在某一年中，许多国家有八分之一的机会遭受货币危机、银行危机或者两者皆有，这一数字几乎是 20 世纪 70 年代的两倍。[10]

但是，这种体制之所以脆弱，存在一个深层次的原因。金融业的发展与实体经济的发展出现了不协调的情况。资本市场的托辞是它们将资本转移到了最具生产力的部门。然而这已经不再是它们最主要的工作了。金融市场并没有对生产或创新给予支持。在美国，技术创新的广阔市场得到了国内基金或公共资源的资金支持，Facebook 或谷歌等公司公开募股，但是它们本身并未起到鼓励创新融资的作用。相反，这样的活动已经偏离了公司的日常价值。数字揭示了巨大的失衡。世界经济价值 75 万亿美元，而金融贸易更像是给经济开出了一张巨额的订单，衍生品市场已经增长到大约 12 000 万亿～13 000 万亿美元。[11]"种瓜得瓜，种豆得豆"（Trades were being made on trades, gambles on gambles），风险正在被证券化，并变得越来越大了。

资本主义首要的金融利益是尽可能地减少体制中的缓冲机制，比如银行或者能源储备，因为它们都是需要本钱的。用于储备的资源不能用来谋取盈利。资本主义也想增强反馈机制，增加数据流分析及调整，因为这些服务都需要收费。但是第一种趋势的结果是更严重的周期性危机，第二种趋势的结果是使得体制更加敏感、反应过度。展现了两方面不足的基本表现是实体经济与虚拟经济的发展出现了不同步的现象。市场可能充斥着数据和信息，随着决策者与受到他们决策影响的工厂、商店和仓库等实体部门的分离，决策者可能对金融产品和数据所可能带来的前景与危险愈发不了解。公司依靠的是算数法则，这里用到的都是来自经营状况较好的时段的数据，所以会带来高涨的信心，但是它们并不一定正确。他们认为风险服从正态分布，但实际上市场存在的问题是：计算中会排除极端事件发生的可能性。[12]这一体制的复杂性意味着那些将资金用于投资的人（如领取养老金的人），以及那些对管理资产收费的机构（如养老金基金），不具备控制它们的下游客户（如投行）的知识。因此，这些下游客户更倾向于接受不必要的风险，倾向于获取更加高额的利润，倾向于在更加不透明的市场中逐利。

实体经济与其代表物的距离相当于道德上的距离。随着投资者和实体经济间的鸿沟不断扩大，他们对决策的责任感进一步降低。因此体制不仅变得更加盲目了，一定程度上，决策者甚至无法观察到影响他们做出好的决策的因素，而且他们在道德上也是无底线的。不论人们多么聪明，他们所属的体制都使得他们变得愚蠢。自然界中却存在与之相反的现象，而且十分常见，愚蠢的生物（比如蚂蚁和蜜蜂）生活在一种聪明的体制中，在这个体制中它们可以找到食物、适应环境和得到进化。正如美林集团的一个交易员所描述的，抵押贷款中的错误操作就如同"我们掉入了自己挖的陷阱中。"[13]即使是有良知的人们，当他们去工作时，也会被利益驱使着将良知丢到了一边。这种道德鸿沟在富有的人中更为显著，事实上他们已经把自己从致富的经济中分离出来。根据美林集团和双子星座顾问公司发布的报告，21世纪初，世界上最富有的人的三分之一的财富——大约6万亿美元——都被用于海外投资了。[14]

如何诠释危机决定了它们是否具有指导未来的意义。从长远的角度看，危机可能是有教育意义的或无教育意义的（即有益的或无益的）。当无教育意义的危机到来时，人们只能期待可以在危机过后回到危机前的状态。但是如果是有教育意义的危机，一旦最初的震惊过去，人们会尝试探寻危机背后蕴藏着什么，会拒绝回到危机前的状态。这种现象经常发生在战后，当疲倦的士兵重返祖国时，他们通常会要求新的权利，这种现象也经常在经济危机时出现。20世纪30年代，随着经济危机的持续，一个接一个希望的到来与破灭，以及重复的、错误的救市措施使得人们呼吁改变现有的组织方式，这也及时地使政府在40年代采取了强有力的解决措施，这样一来，社会永远不用再承受大规模的失业。对于无教育意义的危机而言，人们无法找到危机的原因。对于有教育意义的危机而言，人们会进行深入的思考，尝试着去治愈潜在的社会病症。在第十一章中，我描述了一些过去发生的、有教育意义的危机，以及它们所带来的社会新举措，从美国的新经济政策到新西兰和瑞典等打造福利国家的举措，这些都是实例。过去的危机同样带来了创造性的、明智的措施，如19世纪末，长期萧条时期产生的现代管理观念[15]，推动了人力资源和市场理论的兴起，还有就是大萧条时期产生的基督教思想和社会民主的政治思想。

现在就评论21世纪第一个十年发生的经济危机是否有教育意义为时尚早。毫无疑问，对于体制中大多数的人来说，它们带来了一次打击。然而，当许多人都注意到了不断扩大的不平衡和持续增加的债务时，另一些人却对此置之不理。美联储前主席本·伯南克（Ben Bernanke）在21世纪第一个十年中期经常强调"大缓和"的口号：更适合的货币和金融政策可以带来稳健、低通胀和增长的完美结合。英国央行行长默文·金（Mervyn King）也表示：多亏了创新，风险"不再仅仅集中于一些机构，而是扩张到金融体制中……这（在某种意义上而言）是一种积极的发展。"[16]繁荣与衰落的周期性循环已经成为过去。

夸大预期并不难理解。资本主义依靠的就是预期：增长的预期、未来获利的预期，预期每个指数都能够一直上升，以及预期获得理性控制的可能性。正是这些预期使得人们甘愿拿辛辛苦苦赚来的钱去冒险。现代化之所以是乐观的，原因在于它是靠设计而不只是靠运气，它的大前提便是经济领域和人们生活水平方面的科学技术的不断提高成为可能。但是，预期会被周期性地无限拓展，而且这种虚幻的预期的真实体现便是迪拜成千上万的空置的办公楼（在 2012 年，有一半都是空置的），包括爱尔兰，2012 年有 30 万套住房是空置的，这些都是在虚幻的预期之下进行投资造成的，而且还曾被认为能奇迹般地带来许多顾客。预期同样拉动了需求。美国金融服务公司曾宣扬房产权是带来更多借贷的奠基石，当时的口号是："让您的房子带您去度假。"适度的乐观对你的身体和生活中的成功是有益的，但是过分乐观会带来毁灭。实践的经验告诉我们，也是如此。现代经济的一个奇怪特征是：在取得稳定性的成功的同时，也撒下了不稳定的种子，因为人们低估了风险，高估了获利的机会。[17]

结果就导致了与社会盛行的思想模式不协调的经济危机。欧洲央行行长让-克洛德·特里谢（Jean-Claude Trichet）曾说："当危机来临时……我们感到被传统的工具抛弃了。"投资家、慈善家乔治·索罗斯（George Soros）雄心勃勃的投资计划，不亚于创造一种新的经济模式。但是，短期来看，政府只能采取措施，尽管它们不确定措施是否会起作用。它们的确采取了措施：拯救银行业，为存款提供担保，为经济注入流动性使经济摆脱停滞。救市规模和金融刺激手段是空前的。在美国和中国达到了 1 万亿美元，欧洲央行调动了 950 亿欧元用于信贷业，以提高其流动性。就连瑞士政府也不得不给瑞士联合银行注资 60 亿瑞士法郎，而且为它解除了 600 亿美元的不良资产的负担。对暴跌的恐惧、对发达经济体瘫痪的恐惧使这些在正常时期看似疯狂的举措显得很正确。社会主义到来了，但是，正如一些智者们所说，这仅仅是对于银行家而言。那些在国际上享有盛誉的银行在国内只是平庸的。信用卡是历史上首个使用最广泛的代表价值的工具[18]，它并不是主权或者国家的象征，而是标志着一种自认为脱离了政府管辖的，或者超越了国界的金融体制。然而，在经济危机时，银行还是会跑回母亲的怀抱等待救助。许多人都害怕衰退会带来萧条，对萧条的最佳定义便是"一种任何政策都对之无能为力的衰退。"但是，这些措施在短期内是起作用的，与之配合的还有降低销售税和削减大量的公共服务（从澳大利亚的学校，到圣弗朗西斯科的电车，再到法国的大教堂）。[19]

然而，这些应对措施所具有的最令人震惊的特点便是将激进的措施与保守的策略相结合。措施的规模和应对的速度都令人吃惊。但是，随着时间的推移，强大的国家似乎已经没有对策，即使是在那些有对策的领域中，措施的实行也是小心翼翼的。许多深层次的引发经济危机的原因并未被触碰到。美国的过度消费以及中国的过度生产都是应急措施带来的后果。信贷过度扩张是经济危机产生的原因，现在又变成了应对危机的方法。比如，美国刺激经济的投入中有40％都用于减少房产税以促进消费。一种原本倾向于利用银行业中轻松获利的体制，变得十分关注重建银行的利润体系。[20]考虑到决策者们的虚伪，这似乎并不令人吃惊。与富兰克林·罗斯福不同，奥巴马总统的身旁围拥着华尔街的内部人员，他对他们言听计从。他的高级执行者们都了解全球银行的价值和它们的设想，回避那些可能挑战他们财力和权力的拯救方案。[21]

一些拯救措施预示着未来更加严重的危机。一个很有创造性见解的央行银行家创造了"厄运循环"这一术语，用来警示那些为银行提供保障的政府可能会面临更加冒险的行为，因此更大规模的金融失败在适当的时候将有可能发生，这将最终影响到国家的稳定。[22]在冰岛发生的一切同样会发生在其他的地方。通过鼓励银行承担不谨慎的金融风险，救市行为造成了道德风险，因而无法使体制变得更加安全，这使得银行变得为所欲为，因为它们知道政府会帮它们收拾烂摊子。另一些人提醒道，即使经济增长有所恢复，也不会带来新的工作。

如果银行家和管理者需要明白一件事的话，那便是降低风险。考虑到21世纪第一个十年银行的盈利状况，针对扩大资本储备采取更严厉的监管规则是理所当然的。但是诊断机制很迟钝。问题不仅是金融方面承载的风险太多了，而且是金融方面承受了不该承受的风险。长期的增长需求要的不是没有风险，而是不同的风险。增长依靠的是投资者们自愿地将资本投入到高风险的创新、新技术以及服务中。它依靠的是投资者被推动着投资那些具有生产力的风险，而不是那些本就不必要的、不具生产能力的金融风险。新的规章制度虽然全面地减少了风险，但是有益的风险和有害的风险同时都被减少了。

针对这个待解决问题的措施就是撤销对许多本应该引领新经济的从事的生产和创新的公司的支持。21世纪初，50家公司将1.59万亿美元用于股票回购。在2008年经济危机之前的十几年，8家最大的救市银行用了1 820亿美元来回购股票，这一点也许并不奇怪。但是为什么英特尔回购了价值483亿美元的股票，这个数目是2001—2010年间国家纳米技术计划总预算的4倍多？为什么思科公司花费了126％的利润来回购股票，大型制药企业如默克，将一多半的资本用于研判、购买自己的股票？[23]甚至连新技术公司都将重心放在金融再运营而不是生产投资上。随着创造新价值能力的信心越来越不足，它们将资本再次投到金融体系中，而一旦资金进入这一体系，就很难被再次投入到创新中。[24]最后，这些公司仅仅是坐拥大笔财富罢了。

许多大量削减公共支出的国家都面临着同样的问题。公共支出的减少不仅会令经济恢复的速度减慢，而且会威胁到公共健康、科学事业、教育事业的生产性投资，这些部门对经济增长起着至关重要的作用。削减对财政支出也会产生负面影响。我们面临的缺陷，既有政府技能方面的缺陷（例如缺少用来辨别不同种类支出的会计工具），也有政治方面的缺陷，政治博弈通常会将债务和赤字的减少作为政治斗争取得胜利的标志。健康产业能够辨别什么时候该投资，也能判别何时该将支出用于工资和红利上，但是政府则无法做到这一点。

在应对基本问题上的失败意味着缓慢的增长、蹒跚的复苏以及周期性的循环可能会在未来的许多年中成为世界上一些地区的模式。更糟糕的是，金融危机滋生了缓慢的财政和政治危机。国际货币基金组织预计救市的直接支出至少要达到国内生产总值的3％，间接的支出达到了国内生产总值的50％多，其中大多数被加诸于公共债务，迫使一个接一个的国家实行了摇摆的削减政策，导致了与人口老龄化相关的深层财政不平衡。例如，到2015年时，爱尔兰一个典型的4口之家将背负大约

20万欧元的公共债务，基本上涵盖了救助各类企业的成本，包括从房地产业到银行业，这些曾经盛极一时但无法正确判断经济形势的企业。放眼欧洲大陆，技术统治者们掌控权力，他们能够削减支出，感觉大难临头的市民们只能接受，因为他们害怕其他的选择会更糟糕。到处都令人感觉到一枚政治定时炸弹正在计时，抱怨和仇恨伴随着惊恐。

没有人能够断言哪种救助措施会起作用。但是我们可以确定的是，在众多的危机中，现在这场危机的核心是掠夺。不受现实控制的利益经常会在掠夺心态不断上升的阶段大量滋生。人们希望不劳而获，包括从上涨的地价和房价中渔利以及篡夺新技术获得利益。这一点对政府的债务堆积行为也是适用的，它们扮演的是掠夺未来增长的角色。银行业，则从食品和服务的供应者那里榨取价值。既然只有最终的价值才是真实的，而且不劳而获在任何时候、任何地方都行不通，那么只有调整体制，将它的注意力再次转移到真正的价值上来，转移到努力工作以满足需求上来，危机才能终止。

经历过危机之后，我们了解了其他的体制，这就如同遭受过病痛的我们更了解自己的身体一样。经历过脑损伤的我们更了解脑部，遭受过干旱或水灾的我们更加了解生态系统。同样，对经济体制而言也是如此，通过它们应对压力和危机的能力，我们了解了政治体制的优点和缺点。但是，危机也带来了更多的解决办法，它们迫使人们将注意力转移到新的可能性和新的适应性措施上来，被体制忽视的那些措施往往就是最合适的。[25]尼采曾说："未能置你于死地的东西会使你变得更强大。"这可能并不是完全正确的（至少对他而言是不正确的，在他生命中的最后时日，他忍受着梅毒的折磨，但是梅毒并没有要了他的命，也没有令他变得更强大）。然而，即使是最痛苦的危机有时也会为你指出前进的道路。

第 3 章

资本主义的实质

> 资本主义具有不规律性、多端的变化、矢志不渝的冲刺、无法保持步调上的一致、事物和利益的冲突、被深不可测的寂静穿透的特色;它是由已经开辟的道路和未曾走过的道路组成的,是由强大的、有节奏的旋律,还有许多不和谐的、彼此矛盾的音律组成的。
>
> 总之,它就如同锅中煮沸的气泡。
>
> ——Robert Musil,*The Man without Qualities*(1930—1942)

想弄清资本主义将会成为什么,首先要知道它是什么,要做到这一点并不容易。资本主义包括一种市场经济模式,但是许多传统的市场经济模式并不是资本主义式的。它围绕着资本,但埃及法老与法西斯头目同样掌握着资本与盈余。资本主义包括对科技进步的系统性追求,然而很少有非资本化的社会完成这一点。并且大多数帮助计算机和航空产业运作的投资来自政府而不是个人。资本主义包括贸易,但贸易早在资本主义出现前就已经存在。[1]

从词源学角度对资本主义进行阐释也并不能有多大帮助。它的词根是"kaput",意思是头,指的是牛、奴隶或者动产的数量。在中世纪时,它指的是金钱或商人的财产。到 18 世纪,资本家仅仅指有钱人。但是,资本主义与富豪统治不同,富豪统治即是富人掌权,尽管有时它们两者很相似。

法国历史学家费南德·布罗代尔(Fernand Braudel)对资本主义的描述对我们了解资本主义可能更有帮助。他写道,资本主义是建立在洋葱和木材、铅工业和烹饪业等日常市场经济的一系列的层面上的。这些层面，不论是地区性的、区域性的、国家性的还是全球性的，都以更具抽象性的、居于顶端的金融为特征，它们处在伦敦、纽约等大城市中熠熠生辉的拥有玻璃幕墙的高楼中，它们谋求回报，不隶属于任何地区或产业，将所有的东西都变成了商品。

每个层面都从一个简单的事实中创造发展的动力，这一事实就是：资源分布不均，而且不可能与供需相协调。在较低的层面，市场分配日常商品，比如油、小麦、酒和技能。在最高层面，市场分配货币或产权和知识权。自从其不确定的起源开始，资本主义就与抽象的等级制度联系在一起。萌芽于布鲁日、安特卫普和阿姆斯特丹的资本主义主要关注国际贸易，不关注制造业，更不用说农业，其所具有的典型工具就是合同贸易，而不是商品本身。现在，同样的等级制度依然可见，从日常生活中的具体事物，到全球市场的抽象代表。人们很容易在一些主要城市的黄页电话号码簿或相似物中发现低一些的层面。在那里你可以看到餐馆、管道工、会计和建筑工人在竞争激烈、利润微薄的行业中你争我抢。尽管这种市场经济长时间地追寻资本主义，可是它与资本主义却是不同的。事实上，你可以将它看成是资本主义经济中公司力量的定义。它并没有出现在黄页电话号码簿上，但是它处于后面一个阶段中，提供信贷、大品牌以及庞大的分配体制。在这里你不会找到高盛投资集团或摩根大通公司。丰田集团会出现，但仅仅是以经销商的形式出现。发展中国家的较低层次的资本主义更加扭曲，大概50%的经济活动都是非正式的。

如果那些就是较低层面，那么布罗代尔所描述的高居顶端的、抽象的更高层面是什么呢？每年1月份在瑞士滑雪胜地达沃斯举行的世界经济论坛很好地阐释了这个问题。有几千人出席会议，还有几千名随从在其周围维护其安全。乍一看，它与其他的会议并无不同，由全体大会、小型的分会、正餐和招待会组成。但是仔细观察就会发现，一些会议与其他会议不同，其中不乏一些排外的层面，比如闭门会议只有持特殊证件的人才可以参加。一种显而易见的等级制度已经形成。最顶端是全球公司、银行和最具权力或最具声望的领导人，也包括一些被随从左拥右护的亿万富翁。乌克兰或中国等新成员可能会赞助一些活动以引起别人的关注,用金钱来赢得尊重。下一层圈子是信息技术公司和石油企业,之后的一层是咨询和会计机构,处于最外层的是受邀的学术人士、记者和公务员。

如果说曾经有类似的事物的话,那就是一条食物链、一种等级制度。然而,它是一种能够感受到回避等级制度的必要性、让每个人都能够平等交流的体制。其主导的观点是那些和参会人员的利益相一致的观点:青睐自由和开放市场,而不是更多的管制和税收。它反对党派意识和传统,更不用说社会主义。可能是基于知己知彼的原则,一些不同的意见得以发表。但是,在这里资本主义主要跟自己对话,掌控政治和经济脉搏,尝试新的角度,比如社会共同责任或开放创新的视角,来判断它们是否合适。

在资本主义早期同样存在这种变换的等级制度,例如,当商人和银行家在日内瓦、威尼斯、伦敦和布鲁日会面的时候。在伟大的阿拉伯人建立的帝国在地中海进行贸易时以及中国国内贸易经历周期性增长时,它们都是显而易见的。事实上,每个伟大的帝国所肩负的职责都和达沃斯著名的英雄们所肩负的职责一样:控制经济联系、独立市场间的联系、通过将新闻或知识转变成利润来获利。甚至就连伊斯兰,一个有时被描述成反对资本主义的反动体制,也是从贸易中成长起来的。穆罕默德娶了一个商人的女儿,许多商人鼓舞着他做出了向麦地那前进的重大决定。

问题只是变化的程度。随着资本主义由小规模的贸易和生产发展成为联合企业,享受着大规模生产和销售带来的规模经济效应和同样广阔的市场,现在这种等级制度延伸到了更广阔的领域中,经过了比以前更多的中间人、供应商、金融家及商人。价值75万亿美元的全球经济活动包括大约12万亿美元的出口额,这个比率要比以前高很多。结果就是延展的、更加分散的资本主义。因此,一名由身处加利福尼亚州的英国设计师设计的苹果牌平板电脑,是由中国深圳一家大型的、拥有大约30万名工人的公司生产的,而且这家公司是一家台湾企业(富士康),而一位巴西的消费者在芬兰就可以使用它的应用程序。[2]

没有人能够预测到谢菲尔德会成为钢铁城市,巴基斯坦会成为一大足球出口商，台湾会成为世界上微处理器和自行车的领头羊，丹麦会成为风能领袖，南印度会成为软件业的巨人，孟加拉会成为帽业的巨头，以及意大利会成为化妆品业的大亨。但是，它们共同归属于另外一个更大的事实，那便是：它们都是不断深化的独立中的一员。从 30 亿日均收入低于 2 美元的人到成千上万的亿万富翁，这种新型的独立至少拥有一种体制的某些特征，而不是一系列相互联系的市场。这种体制的最高本质是全球化，这种体制现在正看着我们，使我们不禁要问，这种体制的哪些部分是好的，哪些部分是不好的。

历史性数据证实了它的新颖。战争和食物主导了资本主义出现前的时代。战争是征税的原因，大多数人都从事农业。然而现代军事支出仅仅占据了国内生产总值的 2%，农业仅仅占 4%，而且越是先进的经济部门所占据的比重越小。资本主义经济出现前，经济体制是国家内部的，而资本主义经济就不限于此了。比如美国在 1790 年时，80% 的服装都是由美国本土企业生产的。过了一个世纪以后，90% 的服装都是由外国生产的。在资本主义经济出现前，中间组织很少，大多数的交易都是直接的。资本主义经济中充斥着中间组织，每一步都是通过价值和金钱的交换完成的。18 世纪 90 年代，美国只有 3 家银行，一个世纪以后，这个数字就变成了 12 000。

3.1 定义资本主义

如果这些就是构成资本主义的事实，那么我们应该如何定义资本主义呢？你可能期待着现代文明中的这个核心部分能够对其有个统一的定义，但是各种不同的观点激烈地对抗着。一些定义认为，对资本主义进行定义的最权威的力量就是那些处于其核心的人们，他们具有呼风唤雨的权力。有时候这些人被称为企业家，在之前的那个时代里，人们把他们称为"承办人"（德语是"*unternehmer*"）和"设计者"（16 世纪的英国），让-巴蒂斯特·萨伊（Jean-Baptiste Say）首次使之理论化。约瑟夫·熊彼特使得他们成为资本主义的主角，他指出这些人对价值的追求为整个体制提供了强大的能量。他们可能是受到了金钱或者熊彼特所称的"社会距离（social distance）"的驱使。[3]他们的所作所为并非都是理智的。用熊彼特的话来说，"所有事情的成功都依靠直觉，直觉是一种能够预测正确结局的能力，虽然事前是看不出来的。直觉也能够抓住本质的事实，放弃不重要的事实，即使人们并不能解释这样做是基于何种原则。"[4]最终，不是所有的直觉都是正确的，想一想亚历山大·格拉汉姆·贝尔（Alexander Graham Bell）的话——"在未来的某一天，美国的各个城镇都会有电话"——就会明白。通常最成功的企业家很少会是那些最具创造力的创新者，大多数情况下，先驱们都会眼睁睁地看着别人拿到奖励。比如是比尔·盖茨（而不是美国国防部高级研究计划局DARPA或者施乐公司）最大限度地开发了个人电脑。但是，通过这种企业家间盲目的竞争却可以促成一种更为有活力、有生产力的经济。

换句话说，不是企业家，而是投资者和资本家占据了主导地位。伟大的社会学家和历史学家查尔斯·蒂利（Charles Tilly）将资本主义定义为"一种生产体制，在这种体制中，资本的持有者得到法律和国家权力的支持，他们有权做出有关工作特点和分配的重大决定。"[5]依照这种观点，与企业家相比，投资者才是决定这一体制特征的人，并且他们通常会收到最多的回报。在一些社会中，不断累积财富的人才是真正地掌握着实权的人，他们控制着政客，或者有时干脆变成政客，比如意大利总理西尔维奥·贝卢斯科尼，还有纽约市市长迈克尔·布隆伯格（Michael Bloomberg）。50年前，组织比个人重要的现象很普遍，现在，这种现象又一次出现了。金融是相对隐形的，它是大型工业联合企业中顺从的仆人。资本主义意味着游戏规则由官僚化的诸如IBM、大众汽车、杜邦、可口可乐和通用电气等公司来制定。[6]

软件和程序时代所具有的另一个优势就是通过了解资本主义的生产规则、了解那些掌控着谁该做什么以及该怎么做的规范和原则等问题来理解资本主义。现代资本主义的遗传密码可以在一些概念和法律中找到：联合控股公司、产品的营销、产权法以及随着工业化到来的其他一些产权，这些都使得传统的顾客权力地位有所下降，不论是地主的还是普通人的。在资本主义诞生时，卡尔·波兰尼（Karl Polanyi）在其创作的很有影响力的《大巨变》(*The Great Transformation*) 一书中描写了许多使得法律得以改变、加强金钱作为世界通用交换媒介以及将劳动力转换成可以买卖商品的方式。法律经历了变革，既是为了给予事物自由，也是为了用新的约束限制它们。全球性的资本主义中心华尔街和伦敦充斥着律师，这并不是巧合，资本主义在很大程度上依靠的就是法律、法庭和变换的判决。自由市场事实上并不是自由的。律师的成本费用达到了美国国内生产总值的 2%。[7]事实上，世界市场的运作仰仗着法律和其他规范在大范围内的普及，任何一个尝试着出口一箱苹果或者一船汽车的人都会发现这一点。我们发现，自由市场依靠这些规则，标准化成为增长的发动机，一系列的通用语言使得贸易成为可能。贸易源自 19 世纪控制着邮政、电报和电话的规则，之后又扩展到会计领域，然后到条形码，条形码现在成为是一个巨大的、复杂的体制中的一部分，可以用来追踪受到非营利性组织统一代码委员会（GS1）监督的超过 4 000 万件的产品。这就好比是互联网的协议代码（超文本标记语言、全球资源定位器以及其他受非营利组织互联网名称与数字地址分配机构管理的协议）以及手机的标准。教训是很清楚的：交换依靠的是规则；私人财富依靠的是公共产品；竞争和合作息息相关。

另一种了解资本主义的方式是通过观察它的循环，就好像是了解身体可以通过检验心脏和血液所扮演的角色以及了解突触和信号的网络一样。曼纽尔·卡斯特尔（Manuel Castells）可能是最雄辩的现代社会构建的绘图员，他指出社会是围绕着"资本流、信息流、技术流、组织间的互动流以及影像、声音和符号流"构建起来的。[8]40 亿的手机用户，20 亿利用网络的人以及每年 50%～60% 的网络流量的增长都可以证明这一点。[9]

这种流动既包括比特和像素，也包括小配件和服装。伴随着合法流动的还有暗流，每年有 400 万人从事跨国走私活动，进行着价值 5 000 亿美元的非法国际贸易。化石燃料依然在能源流中占据主流，在未来的一些年里有可能继续占主导地位的化石燃料将使车轮不停地转[10]，在一个平均每人每年制造 45～85 吨垃圾的世界里，这一点与过去简直存在天壤之别。[11]

更加强大的可能是由算数法则塑造的金融流:"黑匣子"和"算法"贸易将一家由智慧的头脑组成的公司变得与另一家公司势不两立,为的就是创造出贸易的隐藏模式然后提出对策,这是一种数学上的军备竞赛,这种斗争极其迅速地发生且超出了人类的理解力。

自由流动既是手段也是目的:一种将资本和人力优化配置的手段,一种对阻碍人类生产能力提升的文化及传统的终结。经济合作与发展组织(OECD)的推测表明,人口占总人口的比率将大幅增长,到2050年,这一数字将占据大多数欧洲国家总人口的15%~32%。[12]在美国,少数族裔现在占据了人口的三分之一,预计到21世纪20年代,少数族裔的后代将会成为主流,这一趋势到21世纪40年代都不会改变,除非美国实行严格的移民管制政策。[13]未来的一种可能性是:每个地方,包括每个主要的城市,都会成为一个多元化、现代化的不规则的小宇宙,资本主义将成为一种庞大的推动机制,一种使事物不断运动的体制。亨利·勒菲伏尔(Henri Lefebvre)争论道,我们不能将城市理解为是由静止的图片或数据组成的,而应透过日复一日、年复一年的观察,以人和事物运动时的模式和节奏来理解城市[14],依靠观察运动中的事物揭示城市的真实特点。对于资本主义而言也是如此。每一个镜头都饱含寓意,因为就连今日小麦价格这么平常的小事都是由供给和需求、天气状况和生产技术这几个因素的相互作用所决定的。

3.2 资本主义——一种关于价值的想法

在这里,我提出了关于"资本主义的核心是什么"这一问题的不同答案。我并不想抹杀了解资本主义由谁掌握权力,或其规则、文化、流动等问题的重要性。这些都是组成我们所称的资本主义的维度,它们在塑造资本主义特点的过程中都起到了一定的作用。但是,最好将资本主义理解成为更简单的、一体化的东西,这种东西是深藏在这些表象之下的。从根本上来说,资本主义是一种想法、一种想象、一种看待世界的方式。这种想法便是对价值增长的追求,或者更具体地说,是对可以用于与其他人进行交换的价值代表物的追求。

布罗代尔对市场等级的描述可以很好地诠释这一点：在向更高层级移动的过程中，表现出的便是对这一想法更清晰的体现，同时，却也与日常生活渐行渐远。许多其他的想法都是由这种想法衍生出来的，其中包括大量的规则、技术、组织形式以及组成资本主义的多种衡量工具。从这种想法中衍生出了各种价值观和理想，这些都使资本主义成为一种文化、一种文明、一种经济体制。这一想法也衍生出了权力的逻辑，这种权力逻辑认为权力会向那些可以积累最多价值代表物的人倾斜。

如果价值真是如此重要，那么弄清楚它到底是什么就很关键了。价值貌似一个很固定的概念，尤其是当它体现在一种强势的货币身上，或者体现在央行金库中的黄金身上时。然而，我们也知道价值可以很短暂和多变——货币和股票市场的危机和公司虚假的账户都在很大程度上揭示了价值的真实本质。

价值的根源可以在作为一种生物物种的我们的本性中找到：我们重视那些对我们生活和繁衍有用的事物。我们知道如何辨别高兴和悲伤，安全和危险，舒适和难受。我们重视那些对我们的生存做出贡献、丰富了我们阅历的事物，和我们一样，我们的祖先也可以根据不同事物对生存或发展所做出的贡献来辨别它们的相对价值，比如一把斧子或者一具白骨。这些是"活着的价值"，一种真正的价值，一种可以在生活中的具体时间、具体地点实实在在感受到的价值。

一种十分不同的价值存在于其代表物之中，这些代表物是从日常生活中抽象得到的，比如货币、黄金，现代代表物种类剧增，从股票、国债到信用卡，其吸引力在于它们承诺了未来持续的价值，也提供了一种贮存手段、一种衡量工具、一种交换媒介，或许还提供了一种安全感和骄傲感。但是这些代表物的本质和它们所代表的事物是完全不同的。矛盾的是，当它们被处理或者被转化为真正的事物时，这些代表物只有在自身即将消失时才会体现出自身的价值。最终，价值只能在实实在在的地方和真实的时代才是有意义的。我们可能坐拥一个数字不断增加的银行账户或者一个装满黄金的金库，但是只有当我们用它来买顿饭吃、买所房子住或者花钱去旅行时，它的潜在价值才真正地实现了。

这些目的是很清晰的,至少在过去是这样的。许多过去的社会将价值生产分为两种,即是货物与赚钱,并用一种令人质疑的界定(亚里士多德用"oekonomia"这一术语代表第一种价值,用"chremmatistica"术语来代表第二种价值)将二者区分开来。对托马斯·阿奎那(Thomas Aquinas)而言,交换意味着各方都恰好得到应该得到的,他反对有息借款,认为这是违背原则的。随后的一位14世纪的作家尼古拉斯·奥里斯姆(Nicolas Oresme)总结了一个盛行的观点,他写道:"一种没有繁殖能力的事物,比如货币,竟能开花结果,并且繁衍增殖,这简直是荒谬的、反常的。"[15]置身于一种依赖金钱的经济中,这些想法可能听起来完全跟不上时代。但是随着现代经济(不同于古典经济)变得无法适应那些并未货币化的价值,我们已经丧失了一种很重要的洞察力。这可能是因为资本主义费尽周折来扩大它用来代表价值的方式,借助一切手段大肆宣扬这些代表物,例如从复式记账法到管理账户,从期货市场到保险精算表。在这些例子中,价值被抽象化了,被操控了,因此也就变得服从于数学的创造性了。承诺已经变成操控代表价值的各种新方式,这将导致现存价值的扩张,事实上,这种情况已经发生了。将未来的价值变成具体数字,这样更容易推动投资,将知识变成财产使得投入资源来进行研究变得合情合理。

但是,在很大程度上而言,资本主义的脆弱性也恰恰来自现存价值与价值代表物之间并不稳定的关系,包括激励掠夺行为、"搭便车"行为的巨大诱惑。当代表物被过分地扩展以致超出了它们本身代表的真正价值时,就会引发令一切失控的危机,包括资本主义内含的危机,这一点产生于一种自认为了解一切事物的价格,而事实上对它们的价值却一无所知的想法,同时也源于资本主义所做出的决定与其所带来的效果之间的距离所体现的道德沦丧。

我在这里描述的现存价值并不完全是物质的。从一些尽管没有直接用途的事物成为价值代表物的最初期开始,地位的象征,或者其延续性,或者其魔力,都拥有一种认知性的价值,尽管它们并不是物质性的。到了现在,内涵和价值依然很难辨别。事实上,如果我们意识到一瓶酒非常昂贵,我们就会更好地享用它;如果我们认为一件艺术品是正品，那么我们就会更好地欣赏它。我们更欣赏一些车或衣服，如果它们看上去很显贵气，而不仅仅是速度快或穿着舒适。正如亚当·斯密着重指出的那样，我们既欣赏一些体系和制度的设计上体现出的魅力，也欣赏它们的实用性。[16]

我也不想暗示价值的代表物是任意变换的。它们可能看起来很抽象，但所有的货币种类和其他的价值代表物都源自体制和社会关系。当国家强大、制度良好时，这个国家的金钱影响范围就会扩大，如银行、修士会和企业。在发生社会和政治危机时，货币的影响力也会缩水。值得强调的重点是，资本主义的特色在于它对价值代表物的管理，尽管它的实用性源自它创造真正价值的能力。资本主义将一种观察的方式制度化，这种方式和其他任何体制都不同。可以观察到的是事物交换价值的潜力，可以用来衡量交换或者储存价值的多种方式。可能性在一些没有活力的地方和事物上都存在。所有的事物都可以通过它们的使用和浪费程度来衡量。不是靠它们是什么、意味着什么这一标准来判断，而是靠它们潜在的价值这一标准来判断，不论是一块可以变废为宝的荒地、一座等待开采的铁矿，还是一种期待着人们能够发现它们所具有的市场潜力的曲调或才华。

另一些事物没有被观察到，它们是内涵、语境、信仰。从这种意义上来说，市场资本主义和克劳德·香农（Claude Shannon）所发展的信息理论与其他那些将所有信息都看作对等的、服从操控的、可传播的或者可储存的东西的理论是一样的。但是这种现象是在其他所有的事物都被忽视的前提下延续的，包括所有的内涵、语境和文化。[17]信息理论使得通信工具激增，从电脑到光导纤维的电缆，就像市场这一概念使得围绕货币和价值的创新剧增一样，比如应用复杂的概率理论来解决风险管理。

随之而来的不仅仅是一种工具，而是一种具有实用价值的经济体制。反过来，这种工具也塑造了我们，我们所了解的、有关认知的知识表明我们不是直接感受事实的。相反，我们创造了真实性的代表物，通过这些事物，我们与外部世界交流，我们将大部分精力用来维持精神一致。资本主义通过成为一种观察和思考的方式运行着，就如同人类文明中许多其他的组成部分一样,它兴盛的前提是成为我们的一部分。不仅是成为一种工具,而且是让我们只有通过观察这些代表物、观察它们可以买卖的潜力才能观察事物,就好比贝托尔特·布莱希特(Bertolt Brecht)的歌剧《采取的措施》(*Die Massnahme*)片断"商人之歌"中所唱的:

我怎么知道大米是什么?

我怎么知道谁知道它是什么?

我不知道大米是什么,我只知道它的价钱。

3.3 生产力的美德和资本主义的承诺

如果说资本主义昭示了一种观察世界的方式,而且这种方式经常与日常生活的道德相背离的话,那么它也宣称了一种道德目标,即将使事物变得具有生产能力当作是一种道德使命,反对懒惰、无节制和放纵。它所具有的严厉的一面是,肯定了要压制不具备生产能力的事物,诸如跳舞和狂欢等习惯,打倒那些使人们心烦意乱、无法努力工作的暴虐的地主,终结教会中歌舞升平的时代。价值意味着工作、秩序、自控能力和良好的规范。天主教经常将工作呈现为上帝对亚当罪过实施的惩罚,而新教认为它本身是件好事。实现价值是我们的任务,这是我们能够给予上帝的最大的服务。生产能力本身是一个道德目的,随之而来的是重要的责任。市场是有意识的、受到道德约束的地方,在这里谨慎和规范被反复地褒奖为重要的美德,个人要对自己的行为负责。

这一原则早已在制度中反映出来。19世纪早期,伦敦的银行被规范时,所有的银行,除了英格兰银行,都应有合作伙伴,而且每家银行的合作伙伴不应多于6个,按照法律规定,这些银行都应对它们所履行的义务负责(如果这些规范现在依然存在的话,那么现在的金融历史会有怎样的不同呢?这种猜想很吸引人)。两个世纪以后,相互间提供保障的最具国际化竞争力的公司确保了金融潮流向意大利转移的趋势。德国的公司受到监督委员会的监管,该委员会负责监管价值和关系。至少这些都尝试着构建一种相对而言不受贪赃枉法或极端贪欲影响的、基于道德之上的资本主义。清醒、生产力、责任共同创造了秩序，它们所提供的道路是一条充满美德的道路，一条创造的道路，而不是一条掠夺之路。马克斯·韦伯（Max Weber）很好地抓住了这种上帝恩典的观点，用它来干预经济：

> 与其他方式相比，如果上帝给你指明了一条合法的、可以获得更多的方式（不会玷污自己和他人的灵魂），而你拒绝了这种方式，并且选择了一条收获较少的方式，那么你就违背了上帝的召唤，拒绝做上帝的仆人，不接受它的恩赐，不愿在他需要时为他服务。为了上帝，你可能会辛勤工作而变得富有，虽然不是为了所犯的罪过。[18]

对于生产力的热情和关于美德、艺术的理想很好地匹配在了一起。下面是关于1612年约翰·斯温尼顿爵士（Sir John Swinnerton）被任命为伦敦市市长的一段描述，这是一个关于这种结合的较早的例子：庆祝会场的正中央安放了一辆象征着美德的战车，战车周围是代表七种自由艺术的形象，表明了伦敦对艺术、商业、科学和知识的热爱，它们被看作"走上美德宝座的阶梯，是唯一的荣耀和城市的支柱。"[19]现在，会计账房中没有耻辱，有的只是"荣誉"。

道德这一维度不仅仅是附加物或一片无价值的叶子，道德很重要，因为资本主义和其他人类制度一样，不仅仅是为了利益，它也依靠一致的意见和承诺。这些共同形成了一张稠密的网，这张网保障了这一体制代表价值的能力，包括承认货币自身的承诺、欠债还钱的承诺、遵守合同的承诺、分享利润的承诺、承认产权的承诺以及许多其他承诺。每种承诺都有自己魔法般的逻辑，但核心都是生产性创造带来的公平回报。

这些承诺就是有关哲学家约翰·瑟尔（John Searl）所讲的宣言的实实在在的例子。宣言并没有对错之分但是如果假定它们是正确的，并且强化它们，那么构建的社会体制将让我们吃到苦头。因此，资本主义不仅依靠一些很明显的、有法律效力的规则，比如那些铺天盖地的广告和交易标准以及禁止雇佣童工和保障健康、安全的规则，也依靠自我约束，人们选择被管理的方式，为了达成未来获得更丰厚回报的愿景。[20]

储蓄者储存金钱,而不是花费金钱,为的是未来的回报;投资者为了未来更丰厚的回报甘愿冒险;工人们放弃休闲时间和自由,为的是攒钱买房买车。物欲和贪念的诱惑在自我规范和耐心的帮助下得到了缓解,而且大多数都发生在组织内部,与能够提供一种建构和意义的承诺结合到一起,为的是创造我们的生活。[21]

没有宣言,市场和企业都不能长久地存活,在资本主义的历史中有关巩固这些宣言和承诺的道德呼声从未停止过。仅仅声称利益的重要性或宣称贪欲很好是不够的,一种更高的追求是必需的。

然而,正是这种更高追求的模糊性使资本主义的协定相较于与资本主义相关联的其他协定更加矛盾而且更令人不舒服,例如遵守民主选举结果的协定或者接受独立法院的判决的协定。追求价值的过程经常会与之相悖[22],并会滋生一种恐惧,害怕资本主义会毁掉它所依靠的信任、承诺和合作。在之后的章节中,我描写了资本主义是如何击退源自叛逆的年轻一代的威胁。青年一代不想工作,年轻的经理人厌恶等级制度。资本主义一贯的道德基础的缺失意味着它的道德变换是经常性的、难以预测的,因此现在的流行趋势是循环(这曾是贫穷的标志),是追求财富的人家变得人丁兴旺,而不是甘于贫困的人家变得如此;是追求苗条,而不是肥胖;是勤奋工作,而不是贪图享受。不久,富有的人们可能会以他们是否具有自给自足的能力来定义自我,而不是像仅仅在几年前那样,以拥有黑莓手机作为地位的象征。

如果其他所有的目的和道德都是不稳定的,那么至少金钱和表象价值看上去更加诚实可靠,这就给予它们可以构建一种行之有效的经济的可能性。"信誉"一词源自拉丁语"credere",意思是相信、信任。正是对金钱的信仰使得我们认为报纸和电视屏幕上的数字都代表了真实的东西。但是,这种信仰是不自然的,而且是直到最近才产生的。一直到20世纪,在大多数发达国家里,货币使用范围的扩大都是缓慢且适度的,当时在农村居住的许多人只是用钱购买一些他们无法制作的东西。古埃及和大多数的古老文明一样,并不是靠钱运营的。在古罗马,货币十分脆弱,随后便衰落了。中国在明朝时期创造了纸币,但是纸币的长期应用却很难维持。西班牙八片币可能是首个全球性货币,但是这并没有使西班牙成为市场经济的先锋，而且对大多数的市场并无很大影响。费南德·布罗代尔将金钱走入农民生活这一事实描述成好坏参半的事情：它到底带来了什么？是生活必需品价格的大幅变动？是难以理解的关系？人们在这种关系中既不能认清自己的习俗，也不清楚自己原有的价值观。他们的工作成为了商品，他们自己变成了"事物"。[23]

但是，货币的塑造者从未变得富有，因为好处都被那些懂得用最聪明的方式来让钱生钱的人捞去了，与此同时还保持着货币与实业生产的联系。在18世纪，英国与其竞争者相比最大的优势在于银行，因为银行可以吸纳存款，用它们投资制造业、商业和贸易。伦敦市"在大多数时间里，拥有像朗伯德街（伦敦的金融中心）这样的地方，赚钱有良好的保障，有人为可能的利润提供良好的建议，这些都是在世界上的其他地方享受不到的待遇。"[24]信贷既养活了商业，也养活了政府，信贷在增加债务方面是先锋（它摆脱了常识和国内逻辑的束缚，这两者认为债务是走向毁灭的必经之路）。比如金边债券（Gilts），是用来为海军实力扩张筹资的。越是将货币更多地用于流通领域，新型的商业便越快地产生和发展。[25]

货币始终是整个体制的黏合剂，它通过很微妙的方式做到这一点。直到20世纪70年代早期，布雷顿森林体系虽近乎瓦解，货币仍得到以黄金为主要代表的资产支持，黄金提供了真实的价值保障。人们将金钱瞄准一些真实的事物，这一方式被认为是必要的保障，这种保障值得信任，这些代表物代表了真实的事物。现在大多数的货币都是法定的。政府提供的盲目信心，这种信心的维持是因为人们相信在出现极端状况时，政府会帮忙还清他们的债务。政府仍然持有黄金，美国政府仍然以巨大的代价维持大约3 000亿美元的黄金储备。但是，没有什么可以应对真正的信心危机。因此，体制内的所有玩家共同分享着一种持续的信仰。正如中国国家总理温家宝所说："信心比黄金重要。"但是，很多人已经意识到，如果信心不足，货币体制会变得很脆弱，尤其是对政府筹集资金能力的信心。[26]2008年曾有几天金融体制似乎要停止运转了：各个银行都不再借钱给别人，因为它们丧失了对别人偿还债务的信心。如果不是各国央行采取果断的措施救市以恢复公众的信心和货币的流动性,那么所有的交易、所有通过自动取款机进行的现金支付、所有的收入汇款以及所有的贸易都会戛然而止。冰岛就是前车之鉴:它曾被人们认为是小国中拥有巨大生产力的典范,冰岛政府曾在世界银行"能力最强的国家"榜单中排名第二,在联合国人类发展指数的榜单中位居第一。2008年,在经历了一段时间的剧烈扩张和各类收购后,冰岛所有的主要银行都破产了,这个国家的国债高达国内生产总值的5~10倍。[27]这种下跌使得人们感到吃惊,几乎一半的人都破产了。这个故事带给我们的道德启示是:资本主义仍然完全地依赖对国家保障货币价值能力的信任。

如果货币的确是价值代表物,是一种有用的、以社会性为基础建构的故事(然而货币不具有任何气味,用拉丁文来表述就是"pecunia nonolet"),那么我们需要理解这些。符号学的鼻祖查尔斯·皮尔斯(Charles Peirce)曾写道:"如果一个符号不能被变换成一种发展的、更为完善的符号,那么它就不是符号。"对货币来说也是如此,至少是在它最为复杂的表现形式——资产和投资中。和其他的符号一样,每个符号都与其他的符号互相依存,每种价格都相互影响,每种涉及金钱的承诺或索赔都是互相依存的。它同时也受到周围交流体制的影响,商业报纸、电视节目、网络以及评论同样受到经济起伏的影响。流言、潮流以及情绪失控,就如同科技和潜在成本都是有力的影响因素一样,这就是为什么即使是基本物品的价格变化也会使得石油产业剧烈波动。经济部门之间相互依赖的情况在经济学中时常是隐形的[28],但是在经济危机到来时,它就变得很明显,此时人们的信心发生了动摇,央行的银行家们努力在镜头前用镇定的演讲安抚人们,在幕后却惊慌失措地筹集资金,以增强体制的流动性。

只有大胆的想象才能让人们看到这种脆弱性。因为如同其他社会体制一样,资本主义最伟大的成就是看上去要自然。我们这些生于这种体制中的人们努力想象着一个没有广告牌、信用卡和商标的世界。语言对人们的影响要比人们对语言的影响更大,作为一种生活模式的资本主义也是一样的,通过变成一种语言,一个用于观察和思考的三棱镜,资本主义将自己自然化了。通过塑造人类的本性,它成了人类本性的一部分。通过自然化的过程,它的不自然性被隐藏起来,就如同一种体制的脆弱性,不是通过表面事物展现出来的,而是通过信心和集体信仰表现出来的。但是,为什么一位老贵族、一间纽约的住宅、大量的碳竟然价值 1 000 万美元或 500 万美元,抑或一文不值,这个问题是没有答案的。每件事物都仅仅值它本身所具有的价值,因为别人都愿意相信,人们相信的是共同编选的故事,而不是牢固的事实。我们也不会太相信货币。银行具有创造信贷的能力,这种能力通常会被滥用,就好像政府经常会控制不住扩大货币供应,把通货膨胀、货币贬值以及事物的价格与价值之间的差距问题留给继任者。

3.4 资本主义和国家

那么要如何才能掩盖这种脆弱性?一种方法是让资本主义受到并非资本主义事物的保护。没有哪种社会或经济会是完全意义上的资本主义,非资本主义的部分是缓冲器。当市场崩溃时,政府便会介入。当没有金钱时,人们会更多地投向家人和社区的怀抱。于是脆弱性减少了,因为存在的是混合体,是部分的而不是完全的资本主义,资本主义存在于生活中的各个角落,但它并不是全部。资本主义精神在金融、投资和会计领域表现得最明显,我们能够识别最具资本主义特色的经济形式,因为在这些经济形式中,人们被给予了最可观的收入和最高的职位。一般情况下,与金融资本高度聚集的部门联系在一起的就是这些人,而不是那些最有创造力、最聪明或最具生产力的人。但是所有地方,甚至最具资本主义特色的社会中,在大多数情况下,资本主义潜在的原则都被隔离在家庭、宗教、健康和艺术之外。一个充满真实的资本主义家庭的世界仅仅存在于想象中,但是很快我们就会明白为什么这样的世界是不存在的。想象一下父母向孩子索要时间补偿和食宿费用,或者向他们出租房屋(需要承认的是一些身为童星经纪人的父母真的会这样做,但是通常也会因此丧失对孩子应有的爱)。你也可以想象一下,如果雇主要为雇员的培养和社会化全额付款的话,情况会怎么样呢?一种真正意义上的资本主义社会将是一个不可能的、糟糕的社会。弗里德里希·哈耶克（Friedrich Hayek）宣扬一种到处都存在的市场以及一些支持决定的体制（提供物价比较和推荐），这似乎是可以达成的。然而，在更加复杂和广泛的领域中尝试这些通常会遇到挫折。纯粹的理论与人们的本性及人类生活格格不入。最具持久性的体制将是多样的、经常是矛盾的成分融合在一起。它们是混合物种，是通过经验进行的粗糙改编。它们由联结和关联延展的网络构成，只有在与环境相结合并且自我控制时才会起作用，而且经常是那些如同家庭或公司那样的、不透明的组织。

资本主义部分性和不纯性的特点的最有力的证明是资本主义对于国家扮演的投资者、生产者和规范者角色的依赖程度。罗纳德·里根很喜欢描述政府对市场的看法："如果它运营了，那就收税；如果它继续运作，就规范它；如果它停止运营了，就补贴它。"但是，无论商人是多么地憎恶将辛苦赚来的钱拱手交给政府，任何一个观察者都会震惊地发现商业和政治的相互依赖性，例如与国家联手、将其作为技术投资的一个来源（硅谷40%的研究投入来自政府）。在住宅建设、大型的工业联合企业方面，比如韩国有掺杂着重商主义、共产主义成分的奇怪的混合资本主义以及东南亚以商业巨头为首的资本主义。[29] 在美国，88项创新（研发杂志年度获奖榜排名）中有77项是依靠联邦政府支持的，这就降低了对新想法投资的风险性，这些风险不仅仅出现在早期。[30]

这种相互依赖性并不是新鲜事。现代的银行业是出于国家的需要而发展起来的，从13世纪出现的首家意大利银行到建于17世纪晚期的英格兰银行，其目的都是为国王发动的战争进行融资。政府的违约成为唯一的、最重要的导致银行破产的原因[31]（英格兰银行向政府的首笔贷款收取了8%的利息，是其贴现贸易法案规定值的2倍）。然而，随着时间的推移，角色发生了互换，政府变成了"银行的最后融资人"，这一情况导致了当代与中世纪状况的巨大差异。那时银行最大的风险来自政府，而现在，可能政府面临的最大风险是来自银行的。[32] 难怪托马斯·杰斐逊（Thomas Jefferson）将银行体制描述成"比起军队，它对自由的威胁更大。"

但是，银行仅仅是政府和市场相互渗透的一个例子，这个例子令杰斐逊感到厌恶。从瑞士、中国台湾到美国，资本主义已经进化出了多种混合形式，比如中国政府[33]允许地方政府掌握当地城镇和农村企业的产权，这就取代了由中央政府或私有资本掌控的方式。[34]许多国家将公有资本作为一种良好的财政来源，比如智利已经长时间地将其出资额最大的铜产业作为国有产业。现在，世界30强企业中9个是基于新兴市场经济的，而且其中都有大量的政府股份。对卫星和火箭发射进行大量投资的国家，不仅仅有中国和印度，还有巴西和伊朗，这些都是政府与商业利益合作的经典例证，它们将国家名誉的提升和商业利润的提升结合在一起。

这些混合形式都在提醒着人们：从来就没有纯粹意义上的资本主义，只有一些领域中存在资本主义。英国和美国是例外，这并不是因为它们的规则，它们是可以被称之为资本主义自然成长的仅有的两个例子。在这两个国家里，资本主义生活是从之前的社会成分中自发成长而来的，在实行市场经济的同时保留着强有力的公共和公民的制度[35]，之后资本主义在发展新技术方面让政府扮演了一个重要的角色，包括从喷气式飞机、因特网到全球定位系统以及多触控式的显示器。[36]在其他所有的地方，新兴经济体制都是经过设计的、人为发展的，作为一种国家和官僚渴望维护政权的求生反应而出现的。从这一方面看，弗里德里希·李斯特（Friedrich List）的看法和亚当·斯密的观点同样具有深远的意义。李斯特宣扬并且随后帮助创建了带领德国走向经济富强的、非同寻常的培训和研究机构网络（虽然他认为德国想超过英国是不可能的）。他将竞争力应该受到规范看作理所当然的，并认为资本主义必须得到非资本主义制度的支持，只有这样才可以减少创造利益的压力。[37]

3.5 资本主义是自由和民主

最近的资本主义理论学者比如弗里德里希·哈耶克和米尔顿·弗雷德曼（Milton Friedman）很少提到这样的观点，除非把它当作一种需要克服的问题。对他们而言，资本主义意味着不受约束的自由，他们是对的。工人们赚取工资意味着他们摆脱了封建地主，自我雇佣或开创属于自己的企业都意味着逃离了老板的束缚（这依然是唯一的、最常见的企业动力），变得富有就意味着逃离凡事的约束，不必说抱歉，也不会被指责应对某事负责任。对于每个人来说，至少会渴望民主：我们并不需要允许或授权就能够找到各种表达愿望的方式。亚历西斯·德·托克维尔（Alexis de Tocqueville）对于美国民主的总结是对资本主义精神的很好的诠释："现在是少数人所有的，将来许多人都会想要。"

  自由的承诺就是一种权力的转移，从国家和大型公司到劳动者和家庭主妇，他们的"选择权"将会推动所有事情。这就是现代经济学的基本思想，它的主张就是所有的有关经济的决定最终都源自个体消费者"明显的偏爱"。它也为其他的领域提供了使命，例如设计师们努力设计奢侈品。柏豪斯建筑学派（Bauhans）的现代主义承诺用大规模生产来提高人们的生活水平（它曾超越了在其之前的对于艺术和工艺的承诺）。德国建筑家彼得·贝伦斯（Peter Behrens）监管德国 AEG 公司的营销、工厂和产品，几乎是单枪匹马创建了设计这一现代领域。这些设计者使得每个人都能够得到好的产品，在经历了几代人之后，他们的接班人将规模生产、数码技术以及工艺制作结合在一起，为人们提供了更加广泛的、价格合理的各类物品，这一举动有效地回击了批评者们关于规模生产和标准化会带来麻木地相互模仿的行为这一观点。

  自由的购买并不能实现一切。对安全、爱情或友情进行买卖从来就不是轻而易举的。但是市场却想将这些都转化为商品，通过间接地购买保险、通过婚介所或俱乐部就能买到这些，当然，早就已经存在一些提供娱乐服务的产业，从妓女、毒品到夜店。大多数的古老贸易都是和奢侈品有关的，其中包括黄金、珠宝、香料和美酒。在新石器时代，产自瑞士的、打磨好的翡翠斧就被带到千里之外，作为奢华的象征加以珍藏。但是资本主义使得奢侈品和珠光宝气的饰物成为每个人都触手可及的东西。现在的娱乐手段包括大量的技术，商业出售的不仅仅是性爱和毒品，还有冒险，例如在一条偏远的河流上乘木筏现激流勇进。一段关于未来资本主义的描述中这样写道：这种针对心理状态的商业活动变得越来越复杂，越来越强烈，更能够将某种具体经历与人们的某种欲望相匹配，将药理学和真实的世界联系起来。在这个故事中，我们脱离了那个充满物质的、无聊的现实世界，探索我们思想中更加广阔的外围空间。韩国已经拥有了 20 个电视游戏频道，它们现场直播电脑游戏锦标赛，许多人都借助电脑游戏（例如反恐精英和魔兽争霸）的成功成为了百万富翁。

这种民主理想，包括了几乎从家用汽车和按揭贷款到电脑游戏和国外度假的一切事情，这些都令资本主义的批判者们哑口无言了。如果资本主义的确能够保证"现在少数人所拥有的，将来大多数人都可以得到"那么其他的体制又怎会有立足之地呢？在世纪之交时，在诸如美国和英国这样的国家，低收入的人们可以享受贷款，这使得对于日益增长的不平等的气愤减弱了（这种不平等在金融危机中的作用也减弱了）。许多资本主义的批判者们使自己成为反对娱乐的清教徒，剥夺了贫苦人民最基本的舒适享受，还嘲笑新兴的繁荣，但是，当他们选择魅力而不是艺术、选择奢华而不是美丽时，他们很轻易地就将自己推入到了死角。最极端的批判者会成为日常生活的敌人。西奥多·阿多诺（Theodor Adorno）带领着法兰克福学派（Frankfurt School）的知识分子们一起据理力争，他们认为，艺术会令人们不高兴。它本应该对这种劣迹斑斑的资本主义持有批判的看法，并且让人们做好改变的准备，否则人们将一直承担被掌权者欺骗的风险，或者被卷入好莱坞或流行歌曲出版界幼稚的骗局中。这是一种智慧的、条理清晰的看法，但是这种论调的反民主倾向限制了它的吸引力。

一些资本主义的积极参与者声称自己是达尔文主义中所说的最适合的、最聪明的以及最狡猾的赢家。同时另一些人则声称拥有更加民主的理想。市场是残酷的，但它也是诚实的。它们是最终角逐的竞技场，奖赏那些有效率、有创新精神、有影响力的人，惩罚那些懒惰的人。它们是开放的——任何人都可以成为企业家，每个人都可以成功。它们是平等的——在市场中，人们是平等的个体，在有利可图的领域做生意，对那些不具利润的市场敬而远之。市场会注意到任何一个人的需求，只要他们有钱。它不会在乎你的父母是谁，你就读的是哪所学校，你信仰哪种宗教。从这个角度看，市场与那些等级制度和官僚制度的社会有所不同。它是开放性的，而且期待被发现。阿尔贝·加缪（Albert Camus）

曾说，民主之所以存在，是因为我们不是对任何事情都了解。这也是一种不错的、诠释市场的看法。

这种大致上平等的观点也是现代经济学的核心观点，这个学科是与资本主义同时成长起来的。现在它的理论描述了一种平等的世界，在这个世界里，买家和卖家就买卖达成一致合理的价格，激烈的竞争使得任何人都不能剥削别人。事实上，最终的价格是公平的，这一点意义深远——它们反映了需求状态和自然状态。如果有人失败了，那只能说明他们提供的东西并不是消费者需要的，或者太过昂贵。这是一个商人的世界，一个充满合同、交易、追求互利和贸易壁垒的世界。在更加极端的版本中，市场被看作是无比聪明的，它是实现人们不同愿望的天才。尤金·法马（Eugene Fama）的资产定价理论和有效市场假说详细地解释了为什么所有的价格都反映了所有可能的信息，他认为市场不仅是不能被阻止的，而且是不应该被阻止的。股票市场变得混杂这一事实，给其带来了比以前更加波动不定的投资，人们不应为之痛苦，而应感到愉快。如果说这使商人们不得不努力用引人注意的季度利润率去吸引的是非职业的投资者、而不是那些精通股票投资并懂得他们到底做了些什么的专业投资者，那么这就更不是问题了。无论如何，市场都能够用聪明的方法来实现结果的最优化。

然而，如果回到将资本主义定义为寻求交换价值的体制这一概念中，我们很快便会清晰地认识到，这些描述是很不完整的。从很大程度上说，这些不完整的描述既解释了资本主义真正的本性，也解释了资本主义带来的一些反应，还有为什么资本主义在其诞生两百年以后仍能够引发如此复杂的情感。一种发现了所有事物的价值的体制，其致命的缺陷在于它不能在许多人身上以及许多地方发现这种价值。过去，普遍失业曾经引发了人们对于资本主义替代体制的支持，现在人们也不难看出在苏丹、索马里和也门，高达40%的青年失业率与他们对恐怖主义的支持之间是有一定联系的。[38]那些被市场忽略和遗忘的地方很容易堕落成宿命论和愤怒的大本营。

但是，资本主义的另一个致命弱点就是它倾向于索取而非创造。在接下来的一章中，我将主要描述资本主义的双重性。

第 4 章
创造还是索取——创造者和掠夺者的角色

如果你想赚钱,那么你可以拥有两种最基本的策略。一种是通过将资源以某些方式结合在一起来创造新价值,这种结合的目的是服务于人们的需求和需要。另一种则是通过掠夺行为,即通过从他人那里榨取资源、金钱或时间来获取价值,不论他人是否喜欢这种方式。用简单的话来说,你所做出的选择就是做蜜蜂还是做蝗虫。

资本主义的倡导者看到了它巨大的潜力,作为一种"创新机器",它具有卓越性,是财富的巨大发动机,同时也是人类生产力的增值器。然而资本主义的批评者们却只看到了其掠夺性的倾向。这些既矛盾又统一的观点已经持续了两百年。正如安德鲁·伯恩斯坦(Andrew Bernstein)在他的著作《资本主义宣言》(*Capitalist Manifesto*)中所解释的:

> 考虑到资本主义在道德上以及在实际上所取得的巨大成就,在不同的世纪中,在遥远的大陆上,一种解释性的原则随即出现了:资本主义是一种出类拔萃的体制,它蕴含着自由的智慧力量。[1]

巴贝夫(Francois—Noel Babeuf)则处于相反的一个极端,他是法国大革命中左派的领导人,受到了马克思的敬仰。他说:

> 一个人只有在损害他人利益的前提下才能变得富有……我们所有的公民制度,我们的社会关系仅仅是被合法化的野蛮主义和海盗行为的表现形式,在这些制度中,每个人都会欺骗并打劫他的邻居。[2]

在此之前和之后的一个世纪里,这两段话都有一些和它们相匹的、来自另外一些人的观点。

然而，不论是倡导者还是批判者，他们都错了。两种特色——创造性的生产力和掠夺性行为——都是这一体制内在的，它们致力于发现和实现价值，二者都是资本主义经济各个方面所固有的，包括企业家精神、创新、金融和消费。

4.1 资本主义的生产力

资本主义首要的宣言是它能够提高人们的幸福感和福利。正如经济学家威廉·诺德豪斯（William Nordhaus）所说的那样，20世纪健康水平的提高和消费的增长对经济福利的贡献一样多。[3]在资本主义的帮助下，许多国家的生活水平的巨大提高是毫无疑问的。

这一点，即资本主义具有的生产性特点，已经被广泛地理论化了。事实上，现代经济学主要关注如何理解它。情况大致是这样的：资本主义可以使人变得富有，这一点激励着投资者的投资、企业家的聚集和创造者的创造。之后，消费者为买到更好的产品花费更多的金钱。只要资本能够轻而易举地为创造性的观点融资，市场便会自动推进，不断提高，创造满足我们愿望和需求的更好地方式。

然而，资本主义历史上最令人好奇的特色是：对于其生产能力的理解一直以来都是很片面的，而且经常是过时的。经济学在解释市场动力方面所取得的成功，比在解释整体经济动力方面所取得的成功更加巨大。一系列的理论都尝试着来解释增长，但是所有理论都面临着难以想象的诸多例外。

人们曾经认为资本的数量应该能够解释快速的增长，因为更多的投入会带来更多的产出。尽管许多的增长模型都尝试说明资本和劳动力是如何推动国内生产总值增长的，却都留下了一个巨大的、未能得到解释的漏洞。经济学家托马斯·巴罗格（Thomas Balogh）曾经讽刺性地将这第三个因素称为"忽视的相关性系数"。投资是增长的必要不充分条件，而且能够变得没有效率，这令人奇怪。诸如20世纪90年代的日本和60年代的苏联一样的经济状况说明，抽调大量资金来投资，到最后可能并不会带来真正的经济增长。

在其他时代，人们认为良好的教育在经济增长的过程中必须得到贯彻，经济发展与合作组织的调查显示，经济取得了适当的且可观的增长，随后的几年里，15岁孩子们的学习成绩会变得更好。这只是部分真实的，这篇论文同样举出了很多反例，最典型的是苏联和20世纪80年代的爱尔兰，教育支出和经济结果并没有明显的联系。另一系列的争论将增长归结于地理原因——温带气候温和、恶性疾病并不常见的地区是资本主义取得成功的地方。[4]毫无疑问，气候及其变化能够使得经济的命运发生剧烈的变化。由于气候的变化可能会帮助一些新的地区在经济上的繁荣发展，因此我们有理由相信，从美洲北部的加拿大到西伯利亚和斯堪的纳维亚都将强大的教育体系、扩展的全球联系和迅速改善的气候等优势结合在一起，以促进经济发展。[5]但是，如果认为气候是影响增长的主要因素，就落入俗套了，它不能解释为什么在过去这么长的人类历史中，温带地区一直是相对落后的，以及为什么诸如马来西亚和中国广东等热带地区现在繁荣了起来。

之后，文化又一次成为主导因素。对马克斯·韦伯而言，是加尔文主义，是一种表现上帝恩赐的需要，促成了资本主义的诞生。五十年前，瑞典社会科学家贡纳尔·默达尔（Gunnar Myrdal）在其所写的一本著名的书中解释了为什么东亚地区会由于儒家文化的影响而导致经济增长缓慢。儒家文化对风险和创新产生了不利的影响，对传统和等级制度的过分尊崇扼杀了进步。仅仅是在二十年之后，许多著作又认为儒家文化对教学和辛勤劳动的执著可以解释东亚地区的繁荣。

同样的争论将增长归功于企业家精神。一些国家的人更适合冒险。在美国，与结婚和生子这类事情相比，每年自己创业的人更多，而且人们都被告知在自己最初失败或破产的地方从头再来更容易成功。一种更容易接受风险的文化更有可能对创新和新想法有建设性的帮助，但是这也是事实和刻板印象不匹配的地方。最具企业家精神的国家并不是那些通常被认为有企业家精神的国家。最近的一项对于现有数据的彻底分析表明，"当研究者衡量人均新兴企业数量时，美国位于倒数第三位……

当衡量人均新企业创建时，美国位于众多国家的中间位置。"[6]随着经济的增长，企业家精神趋于衰弱（这主要是由于与放弃带薪工作有关的、不断增长的机会成本），如果有更多的人辞职去创业，那么许多经济体的增长可能会更慢。许多人自己创业的原因是不想替别人打工，大多数的企业家都不是技术奇才，而是开创新型服务企业的、典型的城镇和城市的中年人。不论他们的动机是什么，大多数人都失败了，即使一小部分的企业家的确变得富有了，政府对新兴企业的支持也几乎不能在经济上起到作用。企业家精神的确对经济增长至关重要，但是与数量相比，质量更加重要。

最近，道格拉斯·诺斯（Douglass North）极力宣传的另一套解释强调的是制度：制定了正确的制度，有法律的规范且运行良好的市场，增长便会随之而来。在一定程度上，这种观点是正确的，但是倡导这种观点的人们正努力尝试解释中国的问题。中国的经济发展状况很大程度上与西方理论家们的观点不符，然而它同样在增长（虽然中国的制度已经发生了显著的变化，它们依然与传统的观点相差甚远）。诸如印度这样的国家也挑战了一种普遍的观点，即猖獗的腐败和高速持久的经济增长是不相协调的。我们宁愿相信罪恶会受到历史的惩罚，但证据却证明了事实并非如此。

随后，许多理论将增长归功于技术以及对创造的激励。一百五十年前，卡尔·马克思就预言他所称的"普遍智慧"将成为一种生产力。他想象这种力量蕴藏在机器中，然而，它同样也蕴藏在技艺精湛的科学家、经理和律师等职业中。大致在同一时间，弗里德里希·李斯特写道："所有的发现、发明、提高、各代人追求完美的努力累积起来……形成了现在人类的智慧资本。"[7]他说服普鲁士不仅仅投资铁路，还要投资技术培训机构和商业津贴组织，这样就能使资本增长，这一策略取得了他未曾想象到的成功。

知识显然是经济增长的决定性贡献者。种类繁多的新产品和新服务对人类的幸福感有直接的影响。[8]最近的一项研究表明，对于一个年经济增长率在1.6%的国家而言，其经济的复杂性呈现的是一种标准的正态分布。[9]承认普遍智慧的重要性使基本研究公共补贴的增加和对投资者一系列的合法保护成为理所当然的事情。中国正在将投入到研究与开发中的费用增加到国内生产总值的 1.5%，预计到 2025 年，这一投入将占国民生产总值的 2.5%。印度将新建 800~1 000 所大学，而且印度现在每年的大学毕业生已经达到 300 万人。[10] 所有人都认为，国家在知识方面的投入越大，越有可能在更大的程度上促进经济的发展。但是，尽管政府财政支出正在不断增加，尽管美国专利局每天批准近 2 000 个专利申请，尽管现在世界上每两天所产生的数据量就达到了 2003 年之前历史上所创造的总量，却没有证据能够证明创新正在加快。研发支出和人均国内生产总值之间有一定的相关性（虽然直接的因果关系并不清楚），但研发支出的增长与人均国内生产总值之间并没有相关性。[11] 在 21 世纪初期，同样的情况也发生在公司的身上，当时，通用汽车在最终崩溃之前在研发上的支出是所有美国公司中最多的（全球四大研发经费支出巨头中三个都在汽车行业）。[12]

另外，日益复杂的民间金融领域与创新领域的联系也并不显著。风险投资为冒险性的、富有想象的想法提供了大量的资金，但现在即使在美国，也仅有为数不多的几家新兴技术公司可以得到资金支持。在整个商业领域中，创新的最大资金来源仍然是大公司的收入。硅谷就是持续依赖公共资金的最典型的例子，在技术方面，其他具有强大竞争力的国家和地区，比如中国台湾、以色列、芬兰，公共资金都起着决定性的作用。当人们在全球范围内观察时，令人惊讶的是，在创新融资方面，资本市场所起到的作用微乎其微，并不明显。

许多国家都声称它们要对有风险的、未得到证明的观点给予资金支持。但对于是否应该对与市场关联密切的基本研究或技术给予财政支持这个问题，它们的态度就变得很暧昧了。当一个国家的科学家在遗传学和聚合物领域取得重大突破时，他们毫无疑问为世界做出了贡献，但这并不能保证这些成绩对他们自己的国民产生相对于世界上其他人更多的益处。在一定程度上，研发的确会影响增长，这种影响既可以通过人，也可以通过显而易见的知识而产生。例如，具有天赋的博士到高科技公司上班。然而关于这些问题，衡量方法的不足使得做出确定性的结论变得很困难。[13]

知识产权在解释生产力和增长方面的作用更加不确定。知识产权既不是智慧性的（很难想到哪一项重要的知识进步受到了法律的保护），也不是确切的产权。相对论、计算机的发明以及脱氧核糖核苷酸的发现并未得到物质奖励，或被赋予财产权。青霉素是偶然发现的，它最终被商业化了，这主要是得到了洛克菲勒基金会（Rockefeller Foundation）的资助。因特网和万维网最早是由公共图书馆的工作人员创造的。一些国家对知识产权的保护意识很薄弱。日本被证明十分具有创新性，许多最近的重要研究，包括人类基因组和癌症基因组，都从属于公共领域。经济学家约翰·凯（John Kay）的评价是："来自知识产权的回报并没有回到具有创新能力的人们那里，而是到了那些具有能力运用法律程序将其变成知识产权的人们的手中，无论他们是否应该得到这种权利。"[14]受到保护的范围太过狭隘，受到保护的东西又被保护得太过度了。

其他一些经济学家，著名的有威廉·诺德豪斯，支持"想法和发明都应该受到法律的保护"这一原则，指出许多新想法和新技术所创造的好处都从其创造者那里逃走的，最后落入了与它们的产生没有太大关系的人手里。任何限制这些创造者的规则也极力地危害公共利益。与之相类似的是，保护某些知识有可能会阻碍创新，而不是有助于创新。美国专利法的延伸不仅仅包括了发明，也包括发现（例如乳腺癌基因）。将一种奖励想象的工具变成了一种掠夺性质的工具，阻碍了其他人想象力的发挥。很显然，财产权在鼓励投资和努力的方面起到了重要作用。最近的一段经济历史使之更像是文学，正如小说家理查德·鲍尔斯（Richard Powers）写的"一切想象的秘密就是偷窃"一样。所有的商业和文化都是通过不断的适应在发展，所有的适应都越过了剽窃的边界。[15]当比尔·盖茨和史蒂夫·乔布斯都承认两人偷窃了别人的想法来创造财富时，这一观点得到了明显的认可。"我们都有个富有的近邻名叫施乐，我闯进他家去偷电视，却发现你早已将它偷走了。"[16]

有关将大学研究商业化会促进增长的想法也是虚幻不实的，就正如一位著名的学者所说，这是一种"货物崇拜"。[17]21世纪最初十年的中期，IBM注册专利的数量大致相当于加利福尼亚大学的10倍、麻省理工大学的20倍。而在27 322种大学专利中，只有197项可以创造超过100美元的收入。这就再次证明了后进者比先进者更好的道理，曾经枯燥的领域变得无比光彩夺目（20世纪90年代，相比电信业而言，批发和零售业为美国的生产力增长做出的贡献更多）。想法的改造者变得比发明者更富有。[18]现在的中国可能是这一观点的很好的佐证，通过百度和谷歌这些公司就可以看出来，它们的目标是奔跑得"尽可能快……始终保持处于世界技术前沿的领先位置，而事实上它们并没有为前沿的进一步拓展做出贡献。"[19]

财产权所具有的模棱两可的作用使一些人强调另一种不同的关于知识如何促进发展的观点。法国社会经济学家杨·穆里耶·布当（Yann Moulier Boutang）曾写道：增长应倡导"认知外化"[20]，那些普遍智慧使异花受粉变得更加容易的社会可以创造更多有利可图的机会。这就是为什么一些人仍然塑造着创新的部分原因。在某些地方，密集的网络，如连接同类公司的水平网络以及连接供应链的网络的成长，主要是由于那些并未受到法律保护的知识流。

19世纪中叶英国的造船业是一个很好的例子。它建立在知识型社团和俱乐部的基础之上，在这些地方成千上万的工程师分享他们的观点，这些地方拥有很浓重的强调分享和开放性的文化，同时也有一种原则性的针对知识产权的敌意。事实上，"开放性的创新"所具有的各种特点在这里一应俱全，其结果就是产生了一个完全掌控了全球造船业的产业。[21]因此，创新和增长主要产生在那些形成新想法的元素早已存在的地方，它们以技术或实践的形式存在，与之相伴的还有技艺高超的中间人、经理人和联系人，他们可以将其以新的方式结合在一起。根据这种观点，知识和集体智慧都是公共产品，可以用很低的代价得到，一个人的消费并不会减少另一个人可以买到的东西。创新可以衍生出更多创新的观点当然是正确的，可以通过将现有的东西结合创造出新的事物。例如，苹果公司的音乐播放器（iPod）就是将早在十几年前就推向市场的电子音乐设备和由德国弗劳恩霍夫研究所（Fraunhofer Institute）创造的一种音乐压缩格式（MP3）的压缩软件结合在一起，用于播放的苹果公司最热门的音乐软件（iTunes）直接采纳了最先由纳普斯特（Napster）创造的音乐列表技术。拥有的元素越丰富，新想法得以产生的可能性就越大。所具有的设计和塑造它们的技艺越是精湛，经济增长的可能性就越大。

基于这一见解，新的工业和商业也已产生，它们不再是出售一种服务或知识，而是提供别人可以创造知识和服务的平台。易趣、谷歌以及网络电话都是这样的商业，它们免费为用户提供许多东西，然而它们的价值不仅源自自己的创新性[22]，更多是源自创建用户之间的彼此合作所创造的价值。这种价值反过来也依赖用户的认知能力，与早期的基础设施建设（比如马路或铁路）相比，新兴行业所需的认知能力要多得多。事实上，所有新兴工业都兴起于一种合作式的创新，这与传统经济对消费的看法有很大的不同。它们一起为经济的上层结构建造了一个数字基础，这一基础带来了对经济和一种更加有自我意识的社会的不断的反馈。从这一意义上来说，谷歌已经身处奔向公共服务的路途中。从精神层面来说，它与公共事业或大学更相似，尽管它也可以被看作一种更加有效的组织广告的工具（超过96%的利润仅仅源自一种卓越的想法，就是将目标性的广告与搜索引擎结合起来）。[23]一种反应更灵敏、更加智能化的经济可能对创造工作岗位没什么帮助。通用电气的资本化程度和谷歌相差无几，雇佣的员工数量却是谷歌的10倍。[24]

我们能够得到怎样的结论呢？我们知道，技术在经济增长中扮演了一个不均衡的角色[25]，从更宽泛的意义上来说，知识是起决定性作用的，而且可能会越来越重要。但是，我们对为什么会这样却知之甚少。我们不能准确测量出知识的投入或知识的产出，也不知道随之而来的会是什么，它可能是一种技艺也可能是一种科学。

另一些与资本主义生产力本质相关的问题同样重要，而且也未得到解决。人们曾经认为贫困的国家在它们利用西方发达国家的先进技术后，便会赶上甚至超越发达国家。然而在1960—2000年间，富有的国家比贫困的国家发展得更快。之后，人们认为不平等是为资本主义发展提供动力的部分原因，它创造了一种更加强烈的想要成功、不能失败的刺激。但是相对而言，一些最强势的人（即在资本主义社会中地位、权势较高的人）所获得的机会更好，有时他们会从财富和土地的重新分配中获取利益（比如在韩国）。因此，平等可能会有助于增长，富有的人们可能更倾向于投资一些并不具有生产力的事物，较贫困的人则不会这样做（想一想炫耀性消费）。推动针对那些较贫困的人、而不是富有的人的人力资本的开发可能会带来更多的回报，因为穷人们的才华可能更容易被忽视，他们的需求模式可能更加倾向于地方性的商品和服务。[26]在这里，还要强调一点，虽然不存在确定的模式，但可以肯定的是，平等或不平等都与创新的水平没有明显的关联。

美国前财政秘书拉里·萨默斯（Larry Summers）曾经说过，经济规律是普遍性的。然而，没有可以超越时空的、绝对正确的规律。更高的价格应该意味着需求的减少。但是奢侈品恰恰是个反例，许多公司在提高价格后获得了更多的消费者，这样的例子也并不少见。较低的利息率应该意味着更少的存款，但是较低的利息率却一次又一次地带来了相反的效应，要么是因为储户们关注未来的回报率，要么就是他们变得对未来更加缺乏信心了。经济学十分擅长洞察模式和规律，它为人们提供了一种规范的方式来看待人类行为和违反直觉性的、随意性的关系。但是，在那些被经济学观察到规律的领域中，这些规律又看似是因情况而异的，它们只是局限于特定的时代和地点，而不是像物理定律一样普遍适用。

资本主义理论家也没有在预言方面取得成功。举一个例子来说吧，有谁提前预言到了伴随经济增长而产生的中间人会急剧增多这一现象？在1870—1970年间，美国经济中的交易领域在国民生产总值中所占的比例从25%上升到45%，这是伴随着经济领域更加擅长处理自然和人类环境中的不确定性因素而到来的。扮演中间人角色人数的增加，是因为他们对生产力所起到的作用超越了成本，这也对那些认为资本主义将会经历中间人不再发挥其应有作用的剧烈变动的人们给予了有力的回击。熊彼特曾将官僚体制描述成民主制度不可或缺的侍女。而它同样也是资本主义不可或缺的女仆，这一点在文书工作、记录、记账以及现在的众多数据库方面甚至超越了共产主义，这些工作都是由众多的监督者负责的，包括信息经理、会计、审计员、律师、检查者和承保者。

如果说传统的关于资本主义生产力的解释至多只是片面正确的，那么将资本主义解释成为上帝的意愿肯定是有缺陷的。约翰·洛克菲勒（John D. Rockefeller）就将大型商业的增长看作"仅仅是自然规律和上帝之法的作用"。一百年以后，高盛投资公司总裁罗伊德·布兰克梵（Lloyd Blankfein）曾经说，他的公司做的是"上帝的工作"，他赢得了一些赞同者，但是这种解释至少是很难证明的。[27]

有人说资本主义对其自身而言都是一个谜，这种说法太离谱了。然而资本主义的确是不透明的，它透过漆黑的玻璃看自己，它令所有研究它的专家都惊诧不已。

4.2 资本主义的掠夺行为

如果说资本主义生产能力和创造性并不像它显现的那么清楚，那么它的另一种特色——掠夺性又是怎样的呢？对于掠夺行为的理论解释并不是很广泛，然而，它一直以来都是人性的一部分。在自然界中，猎手捕杀猎物，伏击、毒害或令其疲劳致死。这是一个双面的世界，一种生物存活了下来，另一种生物却死掉了。猎手们也面临着激烈的竞争，一只猎豹有50％的概率看着自己的猎物被其他猎手夺去，90％的猎豹幼崽都会在生命的最初几周中被豹子、狮子和鬣狗捕杀。

在资本主义及之前的历史中，我们经常会被掠夺者们所困扰。它们曾是隐藏在黑暗中的剑齿虎、野兽，此时的原始人类正围火而聚。当人们开始务农，蝗虫灾害成为新的威胁。但是从最早的时代起，掠夺者中也包括其他的人类。社会意味着狗吃狗，人吃人，残酷到极致。正如普劳图斯（Plautus）和随后的托马斯·霍布斯（Thomas Hobbes）所说的：一个人对其他人来说就是一头狼。历史上曾经存在的许多村庄和社区都被彻底荒废了，剩下的只有满目疮痍，被埋葬的、遭受屠杀的和被砍头的男男女女以及孩子的坟地。因此，我们的历史在逐步的发展中开始包含掠夺行为，为的是保护我们不受到别人的伤害。我们学习着将小团体和家庭中那些分享和轮流使用以及不倚强凌弱的原则进行扩展。历史可以被解读成不断努力地将社会从掠夺、邻里之间互相占便宜、公司剥削工人的劳动以及政客中饱私囊等行为中解脱出来的过程。

正如我展现给读者们的，倡导资本主义的人们声称要提供一种新的选择以替代封建主义和强大的国家掠夺行为，然而，反对者们将这一点当成是资本主义想要将投机者的贪婪和工厂拥有者们的强取豪夺行为合法化而加以批判。依照这种观点，资本主义一直都是权力不平衡的，毫无疑问，这种不平衡是赢家剥夺了利益，失败者一败涂地。权力越集中，掠夺行为的机会就越多；权力之间的关系越不明显，从别人那里渔利的机会就越多。[28]

正统的经济学理论观点和这些恰恰相反。它倾向于将所有交换行为看作发生在平等的个体之间的。我们在市场上与他人竞争出售我们的劳动力，但是我们是有选择的。作为消费者，我们到市场上按照自己的意愿花钱买东西。

掠夺行为的确在经济理论中占有一席之地，但是，这是极为有限的一席之地。掠夺被定义成垄断行为的额外产物，而不是一种规则。如果一家公司在市场上占有垄断地位，那么它肯定会剥削市场，提高利润和价格、同时可能会降低质量（这就使得竞争当局介入其中，并且将公司分解，或者取消反竞争规定，这一系列的行为都变得理所当然）。不是所有的垄断行为都是不好的，它们可能仅仅是源自企业精神的卓越——处于竞争中的领先地位。但是过分的权威通常会导致权力的滥用，这一点已为人们所认同。[29]

经济学通过另一种视角诠释了掠夺行为的合理性，即研究公司以及其他组织是如何获取经济租金的。按照贾格迪什·巴格沃蒂（Jagdish Bhagwati）的定义就是"直接通过非生产性的行为对利润进行追逐的活动"。[30]这种用"租金"来描述掠夺行为的方式是由亚当·斯密开创的，他区分了三种收入类型：利润、工资和租金。他的出发点是利润就好比工资，源自互利的贸易，然而租金却源自不具有生产力的财产和不平等的剥削。例如土地的拥有者们从租金中获利，虽然只有在劳动者经过了劳作后，土地才变得有价值。按照这种观点，利润是好的，租金是不好的。

虽然土地在现代经济生活中只扮演了一个小小的角色，但各种各样的租金却起到了更加重要的作用。自20世纪70年代起,"寻租"行为已经被描述为通过任意方式来获得收入的策略。价值创造并不包括在其中,这些策略包括游说、控制标准或规则、阻止新的竞争者进入市场。[31] 正如当代著名公共金融专家在对美国联邦政府70 000页税法的评论中所说:

> 之前未曾关注到的令人奇怪的特殊税收优惠,对于某些行业或是一个特定的公司价值达到几十亿美元。它们想尽办法来利用这些法律,这些行为有时会浮现出来,这使得每个人都为之惊讶,除了那些将它们安置于此或替它们游说的人们。[32]

曼瑟尔·奥尔森(Mancur Olson)认为这种寻租行为解释了一些国家的经济停滞这一问题:大公司的特权阶级、商会以及其他在职者利用他们的权力榨取了真正具有生产力的经济所创造的价值。[33] 在政治领域也是如此,在将经济学观点运用到国家层面的公共选择理论中,掠夺行为被认为是普遍的。官僚和政客在获得了诸如许可证的批准、公共采购等方面的垄断权力后,将会倾向于借此来获得更丰厚的回报,或者与那些根深蒂固的特权阶级同流合污。国家会倾向于收取高额的税收,机构倾向于过度收费。在任何情况下,这都是对阻止竞争和信息的自由流动的默许。

在一些行业里,寻租和掠夺行为比其他的一些行业中更常见,比如石油业和采矿业,它们都是在垄断的基础上建立起来的,拥有勘探、开采和挖掘的垄断许可,与政府的关系十分密切,而且拥有十分集中的分配体制。制药产业建立在专利法的短暂垄断基础之上,它和为基础研究融资的公共机构以及购买了大量研发药品的公共机构之间有很密切的关系。[34] 即使是看似充满活力的生物技术领域也开创了属于它自己的掠夺行为模式。最近研究者们已经发现了这一点,比如生物制药公司对投资者和那些拥有基于股权的薪酬企业高管给予丰厚的回报,即使在它们并未盈利的情况下也是如此。[35]

零售业和商业银行是另外一些倾向于寡头和租金的领域,部分原因是它们创造了地方性垄断。信息技术也倾向于建立起垄断,部分是由于经济体规模庞大,它们和软件(微软)、微处理器(英特尔)及搜索引擎（谷歌）相结合。一些政府利用经济理论来阻止掠夺行为，采用积极的反托拉斯和竞争政策，这些措施经常会带来更加有效率的公司。但是许多行业用在游说上的大额成本已经证实，由于与政权阶级比较亲近，通常情况下，它们所获得的回报比更好地服务顾客所获得的回报更丰厚。

事实上，如果没有更加严厉的措施来阻止他们，那么那些最富有的行业将会直接收买官员和他们所属的政党。华尔街和伦敦在金融业中扮演了如此重要的角色并不是巧合，之前的领导者们经常可以在投资银行中找到有利可图的职位。[36]

经济学家威廉姆·鲍莫尔（William Baumol）曾提出了令人信服的论断，他认为一个社会的制度的组织方式决定了它的企业凝聚力是集中于创造真正的价值还是集中于追逐租金，不论合法与否。在一些情况下，游说会起作用，积极的法律措施也会起到同样的作用。过去许多社会都会奖励那些最擅长获得国王和贵族青睐的人，而不是奖励那些最擅长创造有用技术或服务的人，最终都因缺少繁荣的形式而付出了代价。[37]在先进的资本主义社会中，游说和合法产业的规模就是掠夺行为继续盛行的一种表现，但是它们也使得一些公司有能力在主要的市场中处于拥有特权的地位，获得资本的源泉。这样一来就有助于它们获得源自其他人进行的创新活动所得回报中的最大份额。

在最近的40年中，对于掠夺行为的理解取得了长足的发展。但是，在日常的市场经济活动中，掠夺行为在很大的程度上还是隐形的，"最大限度的自由对市场是最好的"这种假设也并未涉及掠夺行为。这些有关经济的观点有助于我们给掠夺行为下一个更加准确的定义，有趣的是，这与道德的基本观点不谋而合。大多数道德体制的一个共同的根基，包括犹太教、佛教、基督教和伊斯兰教，都是这个黄金准则，即"己所欲则施于人"。在一个完美的市场中，人们是按照黄金准则行动的，这也是自由市场的道德基础，它建立在自由和互利的基础之上。在亚当·斯密的公式中，利润遵循黄金准则，租金却打破了黄金准则。

黄金准则并不是要求平等，事实上，它可能会导致非常不平等的结果。我们可能会愿意支付超出自己收入的钱给医生、律师和音乐家，如果我们将这看作对他们为了成为医生所花费的时间,或者使得他们成为律师的智慧,或者造就他们成为卓越音乐家的巨大才华的一种公平的认可。相反,一种具有掠夺性的贸易或交易违背了这一原则,而且它们也不是互利的。

这一原则很简单而且很容易理解。然而,通过这种方式定义的掠夺行为并不能很容易地确定。经济学一直在努力地区别利润(自由交换的结果)和租金(不平等权力的结果),因为真正的市场很少涉及权力和信息的平等。通常情况下,在回首时掠夺行为比在前进时更容易察觉(这一点对于技术而言是正确的,这个问题我将在第 8 章中涉及)。比如,从什么时候起超市的掠夺行为凭借低廉的成本和积极的营销将小零售商赶出了市场?什么时候起一群教师的掠夺行为使得所有教师都应该有教师资格证?在所有这些情况中价值观和可测量的价值是交织在一起的。

这可不仅仅是唯一的问题。考虑到所有的资源都分配得不平衡这一状况,对于什么是剥削而什么仅仅是保护自我利益,并没有准确的定义。从本质上来说,最大限度地从你所付出的努力中获得利益并不是掠夺性或剥削性的。然而,在这两种极端中有灰色区域,这两种极端的一端是像圣人一样将你所有的资源都贡献出来,另一端则是利用资源来损害、侮辱别人,使他们变得无能为力,这些人其实比你更需要这些资源。"己所欲则施于人"这种境界还有许多值得探讨的地方,我们通常都接受那些有才华或被给予石油资源的人应该享受一些不均衡的利益,即使他们所具有的才华只是凭借运气得到的。掠夺和剥削指的是那些过分运用优势的行为,这些行为明显违背了黄金准则。

掠夺行为还存在另一种模糊性,这一点我会在之后的章节中再次提到,但是在这里有必要先提一下。至少一些企业家的精神是具有掠夺性的,即使它为别人创造了真正的价值。最佳的企业家注重寻求机会,而且喜欢追逐带来的刺激感。他们的饥饿和食欲有助于促进变化和创新,就像艺术家和科学家根据他们的想象和好奇而产生的对创造的饥饿一样。

与掠夺行为并行的是"搭便车"的现象,通常不用成为一个掠夺者也可以从这种行为中像掠夺者一样获利,一个搭便车者不用做出贡献就可以获利。他们可能是某支队伍或某个家庭的一部分,在这里其他成员都在努力工作。很显然,无论他们行动与否都违背了黄金准则。考虑到我们的历史很大一部分都是以小群体和家庭形式发展的,所以,我们对于搭便车者很敏感,而且很容易憎恶或者惩罚这种行为,这一点并不令人吃惊。但是,在复杂的资本主义社会中,"搭便车"现象并不是很容易就能辨别出来的。早在19世纪,那些凭借他们的股份过着衣食无忧生活的食利者是个很明显的"搭便车"的例子,这违背了资本主义推崇生产性的和辛勤工作的美德。从不断上升的房价中获利的拥有房产的中产阶级和那些仅仅是追踪市场的股票持有者,从严格的意义上讲也是搭便车者,但是在他们获利的同时谁受到了损失是很难看出来的。同样的问题也围绕着继承权而展开,一种道德基础源自生产力的体制创造了一批根本不用工作的人,过去这些人是靠父母养活的,而且,现在变得更明显的是,他们靠那些服务于他们的需求、辛勤工作的人来养活。

经济学对在垄断行业和寻租中存在的掠夺行为的定义很薄弱[38],对于资本主义的掠夺性之中所包含的细微事物进行钻研的经济学家更是少之又少。其中的一个例外就是托尔斯坦·凡勃伦(Thorstein Veblen),他以一种发展的视角来看待经济学,他认为,经济学是由人类竞争、好奇以及父母承诺和掠夺性等属性塑造的。出版于1904年的《商业理论》(*The Theory of Business Enterprise*)一书描述了人们对于信任和联合的不可阻挡的动力,这种动力是由新兴的产业固有的规模经济带来的。按照凡勃伦的观点,商人是新兴资本主义产业中的掠夺者,只有工程师才是真正的创造者。自然而然地,这两个群体经常处于矛盾之中。在展望未来的过程中,凡勃伦担心这种掠夺的态度可能会进一步扩展到商人之外。到时候,它就可能"成为习惯性的、而且是公众认可的精神态度",两个群体间的争斗将"成为现代生活理论的主导音符"。

当代资本主义充满了掠夺行为和不寻常的生产能力,大多数的掠夺行为都是经济理论未曾充分描述的。金融监管者一直在努力控制他们在投资银行、对冲基金和衍生品等方面察觉到的多种形式的寻租行为,金融衍生品提供者们利用知识的不均等的优势,通过更加复杂的金融产品来获利。他们也在努力地控制掠夺行为的诱惑，这种诱惑在地产和产权方面十分常见，这些貌似是承诺给人们不需要努力或不需要冒风险的利润。但是，当价格崩溃时，它们会一次又一次地成为周期性危机的源头。

掠夺行为是可以看得见的，它们很少被掩藏着，与金融以及经济中的其他领域都是相互关联的。金融家因为面临股份持有者对于可见利润施加的压力，采取掠夺性的方式榨取尽可能多的财富，这一点似乎是合理的。1947年，金融领域的产值仅仅占美国国内生产总值的2.5%，但是到了2006年，这个比重上升到8%，在今天的美国，每5美元的公司利润中就有大约2美元是由金融业贡献的。关于应该如何合理地解释金融业怎样贡献了如此大比重的真正价值这一问题很难回答。从系统性的，要么就是复杂的角度来看，掠夺行为是唯一可以使得这种奇怪的扭曲变得合理的解释。当然，掠夺行为使得一些人变得很富有。2002—2007年经济高速发展期间，三分之二的收入都被占总人口中10%的最富有的人群纳入囊中，位居前50名的对冲和私人期权基金经理平均每年获得58 800万美元的报酬，这个数字是普通工人的19 000倍。[39]锦上添花的是，与他们的清洁工和秘书相比，他们只需交很低的收入税——15%。这些并不是他们因为创造了价值而获得的回报。相反，它们反映了一种复杂的模式，这种模式使得一些人能够剥削不均衡的权力和信息。

在世界上大多数的国家和地区，生产性活动的投资需求只能由现金流来满足，然而，金融市场仅仅是循环利用金钱，将它们与真正的用途脱离开来。难怪美联储前主席保罗·沃尔克（Paul Volcker）评论说："我希望某个人可以给我提供一点点证据来证明金融创新对经济是有益的"（他能够想到的、唯一的一个例外就是自动取款机）。

掠夺行为也存在于雇主和雇员关系中。按照马克思主义对资本主义的批判来说，那些表面上看似公平的、自由的交易实际上都使得资本家可以榨取工人身上的剩余价值。为了保障剥削的条件，资本家需要建立一种机制，使大多数人都不得不接受这种具有剥削性质的工作。这就是卡尔·波兰尼基于19世纪自由主义者的思想之上设计的社会体制，这种体制可以使产业兴盛。

出于人道主义的观点，流浪汉应该得到帮助，为产业的利益着想，失业者应该得到帮助。失业者无须对其命运负责这一观点并不重要，重点不是他有没有可能找到工作，而是他正处于挨饿的危险之中，他只能选择那个可恶的仓库栖身，否则工资体制将会瓦解，将社会置于一片凄惨和混乱之中。[40]

社会学家皮埃尔·布赫迪尼（Pierre Bourdieu）认为，不稳定性是一种统治的模式，这就是为什么政客和商业领袖经常会故意夸大变化的不安全性和不可避免性。他们的目的是令人们害怕，这也是为什么对失业的恐惧可以让雇员好好工作。它可能看上去是多余的，然而它所扮演的一个角色就是阻止离开的自由和选择的权利、逃离每一天邪恶的剥削权利、阻止经理对于工人的掠夺行为的权利。

这些并不是事实的全部，也不能轻易地解释收入的增加、工作条件的改善以及现代经济所保持的长时间的接近充分就业的现实。但是，它们的确包含了重要的事实，即任何一个雇主都知道他们正在和雇员玩着非零和正值游戏（这种游戏规则是更加巨大的生产力，对双方都有益）以及零和游戏（在这种游戏中，工人们得到更多的报酬意味着投资者和经纪人得到的会更少）。

可能一种更加赤裸的掠夺行为是在家庭中发生的。资本主义经济建立在家庭的基础之上（"经济"一词的词根最初指的就是家庭）。但是，妇女在家中工作，她们抚养孩子，照顾老公，但是，她们没有领到工钱。一直以来，她们都被雇主以及一代又一代的男性经济学家忽视了。在社会中，妻子将她们的财产给予了丈夫，她们受到了双重的削弱，被视若外人，她们的时间和自由已经不属于自己了。有夫之妇的法律身份让她们变得从属于自己的丈夫，这种惯例统治了整个工业化时期的英国和美国，根据一些历史学家的观点，正是以这种不用支付薪水和不被认可的工作为前提，工业革命才得到了快速的发展，它们的贡献和西班牙的黄金及英国的发明一样重要。[41]

伴随着家庭掠夺行为的可能，更加危险的是对于思想的掠夺行为，对于精力和想法的控制。20世纪中叶，这种有关精神掠夺行为的威胁论引发了争论，与此同时，广告业迅速发展，商业活动采取了一些新的方式让人们更加需要厂商的产品。在万斯·帕卡得（Vance Packard）所著的《隐藏的劝导者》（*Hidden Persuaders*）一书中，作者就广告所具有的潜在的劝导作用向人们发出了警示，半个世纪以后，整个行业都成长了起来，靠的就是人们精神的脆弱和沉迷。在信息近乎免费的经济中，关注变得更加有价值，更加有竞争性。一个典型城市的居住者一天中要看到超过1 000个商业形象，它们在争相获得他的关注，在他的头脑中植入一些想法或是不满。这些东西占领了一个人的精神空间，否则这些空间可能会被朋友、家庭或上帝所占据。这些有时是被想象出来的，但是它们很大程度上违背了黄金法则，我们越是了解它们就越不想看见它们或者被它们控制。这种故意将信息强加给人们的行为经常也会造成人们对于竞争性信息的排斥。私人经营的比萨店、商场和游戏厅在现代城市中都在迅速地增加，城市通常会禁止公民的一些行动或交流，比如请愿、拉条幅以及摆摊。在伦敦奥运会期间，"禁止品牌区域"占据了奥林匹克公园周边一平方公里的地方，这是一种尤为奇怪的、对于产权的肯定，它禁止为与奥运会官方赞助者相互竞争的品牌做广告，也禁止观众穿着竞争品牌的服装。

在这些情况下，就如同在工作场所和家里一样，掠夺行为是靠权力的不均衡来实现的，掠夺行为也反过来加剧了权力的不平等。它也会导致不正当的依赖关系，使猎物与猎人之间建立了一种密切的关系。斯德哥尔摩综合征是这种关系的极端变体，受到劫持的人质与劫持者合作。家庭暴力则是更常见的变体。通常情况下，对变化和未知的恐惧使得受害者们被牢牢地锁在这种关系中。有时这仅仅是一种"自甘堕落的奴颜婢膝相"，这种情况发生在猎物没有能力像猎手那样组织自己时。但是，我们在面对掠夺行为时都是不堪一击的，这仅仅是因为太多的人类活动都涉及了对于别人爱情、承诺和时间这三者的控制，为的是他们自己不用花费心力。使得人们联系在一起的种种特质也同样使得人们有可能剥削他人，我们那种找到归属、被认可或者成为一个大型组织的一部分的欲望使自己变得脆弱，我们只有与世隔绝才能完全逃离掠夺行为。

有时候受害者甚至会接受猎人的思想观念。这些思想观念涉及褒奖掠夺者、赢家和主人的思想。尼采抓住了他们的世界观,纳粹主义也抓住了他们的世界观,新自由主义以及列奥·斯特劳斯(Leo Strauss)的非保守主义都抓住了他们的世界观。艾恩·兰德(Ayn Rand)将同样的观点转换成了一种商人更加容易理解的语言,带有对于软弱者、失败者、无能者的鄙视,也有对于来自基督教和其他伟大信仰中同情哲学的轻视。按照这种观点,温顺的人们并没有得到恩赐,他们仅仅是弱者。

这些观点对于成功者很有吸引力,这一点是很明显的。马克斯·韦伯写了有关"好运的自然神学"的专论,认为那些成功的人们是多么想知道他们理应如此,即使事实上他们更像搭便车者,而不是自己财富的创造者。他也提出了一种镜像理论——"受苦的自然神学",这一理论向失败者、倒霉蛋以及贫困者解释了为什么他们要受苦、为什么他们要接受世界的残酷。马克思称之为"错误的自我意识",当然,我们都希望相信世界的意义,相信它自有它的道理,这就是使那些处于统治地位的人们认为那是自然的,即使我们本性的另一部分会抱怨这种不公平。

4.3 毁灭的方式

用生产力来解释进步是不全面的,因为它并没有解释进步与毁灭之间的密切联系。在 18 世纪,当塞缪尔·约翰逊(Samuel Johnson)抱怨"这个时代已经在追逐创新中变得疯狂了"对他引用了"泰伯恩刑场在创新的热潮中已经自身难保了"这样一个例子。[42]几十年过去了,法国以自己的断头台为傲(一个世纪以后,参与竞争的作品中有一个便是巨大的断头台模型,这场竞争带来了埃菲尔铁塔)。在美国,死刑电椅是进步的象征。现代制造的许多逻辑都来源于军队。奥兰治的慕黎思王子(Maurice of Orange)为军人设计了 32 个开火和上弹药的具体步骤,让他们近乎痴迷地练习,不论是在实际战争中取得的显著胜利,还是作为一种加尔文教改变懒散的军事生活的方法,它都是一种被证明为合理的方法。随着战争中工业机械化的进程,自动化也在发展。计算机是源自军事上对于高射炮和密码破译的需求而产生的。近年来,从国防部高级研究计划署到因特网,军事开支不断增长。

每个在经济方面占主导的力量,在军事方面也有同样的地位,这并不是巧合。威尼斯人、荷兰人、英国人以及美国人,他们的贸易实力都和海军、陆军实力旗鼓相当。商人们需要保护,不论是来自反复无常的政府,还是来自海盗的保护。但是,军事所扮演的角色却不仅仅如此。占领打开了市场,军事实力控制了贸易的条款。资本主义和历史上不寻常的超级大国并肩齐驱,荷兰的联合省、大不列颠联合王国、美利坚合众国,这些名字都揭示了它们与围绕着一个核心力量建立的传统大国之间的不同。在每一种情况下,财富都不仅仅是赚来的,而是大笔地拿来的。早期的资本主义理论家可能在这一点上比后来的理论家更诚实。托马斯·莫尔在他的《乌托邦》(*Utopia*)一书中将殖民化说成是使得土地更加多产的方式,然而约翰·洛克(John Lock)争辩道,抢占未开发的土地,甚至违反当地居民的意愿,这种行为的美德何在?约翰·戴维斯(John Davies)是最先倡导将爱尔兰殖民地化的人(他的想法致使我生活在多尼哥的祖先流离失所),相信让土地尽可能地具有更高的生产力是上帝赐予的权利,甚至是职责。生产力和对于可交换价值的追求都被他们描述成一种道德律令,粗鲁甚至残酷,却是人类更高的目标。

帝国和殖民化也是亚当·斯密关注的重点。他在书中详细地记录了许多远程的交易,交易的货物是海豹皮和羊毛,这种交易是借助银行体系完成的,他称之为"空中的高速路"。他的创作伴随着与法国之间的长久战争,所以他很敏锐地意识到军事力量和财富之间的关联,与此同时却忽视了发生在他身边的工业革命。

国家并不总是能够很明智地借助军事力量来服务于它的经济目的,例如,美国极端的军事霸权对其商业和其他方面的策略只起到了很有限的作用。帝国倾向于被过分地扩张,它们是荣耀和欲望的牺牲者。但是,不论是现在还是过去,人们都很难看到一个经济强国和另一个军事强国同时存在。想象一下,就国内生产总值而言,中国迅速地超过了美国,然而美国依然是超级军事大国。那么,它们会如何运用自己的力量呢?中国会将自己的财力用于发展军事科技吗?美国会运用自己的力量来阻止中国进入市场或者切断它的原料供应吗?[43]

第 4 章
创造还是索取——创造者和掠夺者的角色

如果从市场动力的观点出发，军事力量和掠夺行为是很难分开的，然而另一种掠夺形式可能更加重要。这是一种极其细微的、有时甚至是观察不到的行为，是整体经济对于经济生活所依赖的体制的一种掠夺行为。经济看似自给自足，按照经济理论来说，它是一种循环的封闭体制。事实上，现代经济学所经受的剧烈破坏源自这样一种观点，即经济中存在一个属于生产和消费的领域，它与其他的社会现实相分离，也可以被理解成是自我控制的。但是，真正的经济，尤其从长远的角度来看，并不是自我控制的，它依靠来自其他体制的各种力量的影响，其中最重要的一种就是科学知识。它既可以被理解为是属于所有人的，也可以被理解为是属于私人的。但是，在过去的几个世纪中它正在不断增长，从很大程度上说，这是由对于真理的追求引导的、开放性的、属于大众的事物，而不是一种私人的拥有物。另外一项重要的经济收入源自家庭，家庭创造了准备好投入到工作中的孩子，他们经历了社会化和道德的谆谆教诲，也培养了团队工作的能力。奴隶制消失的部分原因是人类的繁衍成为一种不划算的买卖，即使成本是很低的，即使奴隶主手中掌握着巨大的权力。

比这些更加重要的可能是自然体制，正是从这里衍生出了许多在经济中出现的价值。如果商业需要为洁净的空气、清澈的水源、垃圾的管理和农业生产支付全额成本，那么这些经济模式很快就会消亡。经济既依靠自然资本，也依靠金融和人力资本的观点是在20世纪50年代时兴起的，如今已经被更广泛地接受了。[44]肯尼斯·阿罗（Kenneth Arrow）和帕萨·达斯古帕塔（Partha Dasgupta）都是著名的经济学家，曾尝试测量这些模式。他们研究了"综合财富"，一方面将教育水平纳入考虑中，另一方面也将环境资本考虑进去。[45]从这种观点来看，在20世纪的最后25年中，许多发展中国家的地位都已经恶化了。商业和政府索取了比它们应得的更多的份额，而且最近的一项评估将环境价值的恶化定位在每年大约2万亿～4万亿美元，与经济危机的损失程度相近。[46]

生态承载力是有限的，人类的需求却是无尽的。因此，在那些消费超过了"环境安全界限"[47]的领域，我们的行为就具有了掠夺性的效应，不论这些行为的意图是多么的好。经济和自然之间这种不平衡的关系可以从人类对于有限的煤、石油和天然气的不断加剧的开采中看出来，在接下来的 25 年中，世界能源的需求量预计将增加大约 50%，与此同时，经济增长和能源利用的增加会继续密切相关。[48]生态学家默里·布克金（Murray Bookchin）将人为的和自然的掠夺行为都归结于等级制度和统治权，那些认为他们有权剥削别人的人也会将剥削地球和生态环境中的资源视作理所当然。"人们在市场中所表现出的剥削特点，与资本对于地球自然资源的剥削是一样的"，这种观点在大众文化中比在学术分析中更为常见。比如 2009 年的一部名叫《阿凡达》的电影，描述了一个原始民族的土地受到外来的、具有先进技术、冷血的、残酷的公司的攻击，这家公司的目的不仅是抢夺自然资源，而且还要摧毁这个社会。这是文化上一种常见的比喻。很显然，数以百万计的人们都对那些成了猎户公司猎物的生物的命运更有认同感。

在每个领域中进行的掠夺活动并非都是不理智的。通常情况下，就拿《阿凡达》来说，它就过于理性了。如果一家企业的目的是利润最大化，那么它就应该尽可能地从其他企业中榨取，而且给予其他企业尽可能少的回报。声名狼藉的大众媒体理论家马歇尔·麦克卢汉（Marshall McLuhan）将艺术定义为"你所能侥幸逃脱的任何事物"。掠夺性的资本主义可以用同样的方式定义。

这是市场经济丑陋的一面，而且经常被经济学家忽视，他们会用比较婉转的词来描述，诸如"外部性"和"租金"。然而，这些不同类型的掠夺行为已经统治政治很久了。迫于公众的压力，政府和立法者尝试着控制这些邪恶的行为，包括剥削童工和破坏生态。政府自身在进行掠夺时不会心慈手软，但是其合法性一般源自它们有能力保护人们不受其他掠夺行为的侵害，不论是军阀、帮会还是剥削者。

展望未来，掠夺行为的新机会还会出现。一些会来自经济实力和军事实力互相加强的领域，在经济迅速发展的俄罗斯和中国，它们采取行动加强对重要原材料的保护，迫使其他国家为它们的产品开放市场。掠夺行为在网络上也很常见，从有组织的犯罪集团到货币交易。一些最恶毒的新型掠夺行为的例子是网络攻击，例如 2010 年的震网病毒[49]，这些病毒通常来源不明，破坏性极大。但是，在法律范围内也产生了新的机会。以掠夺方式运用知识产权，比如那个模棱两可的、争辩激烈的、宣称人类基因工程的所有权的问题。网络整合者获得了巨额的利润，他们仅仅通过使得那些并不是他们创造的信息变成用户们可共享的资源的方式来获得利润，这是一种新形式的、经典的垄断权力的典型代表。

所有这些都提出了一项理论挑战，尤其是对于经济学来说。20世纪30年代，经济学取得的巨大成功体现在它对于"经济是如何运行的"提出了一系列系统的观点和看法。作为一种工具，国内生产总值的发明可以从综合的角度对经济进行测量。20世纪20年代，政府没有办法知道经济到底是增长了还是衰退了，它们可以观察股票价格、铁路的货运量，但是从总体上看，它们就如同无头苍蝇一样盲目地乱飞。与此同时，一群受到凯恩斯理论影响的经济学家开发了理论模型来解释经常是反直觉的宏观经济动力。不久，这些就成了现代政府兵工厂的一部分，成了维持经济发展不可或缺的工具。

我们依然需要经济学以便更好地掌握存款和投资、消费和贸易、需求和供给之间的互动（国内生产总值需要不断提高以便更好地理解公共服务的生产力，现在这种能力是根据它们消费了什么，而不是它们产出了什么来衡量的）。但是，我们可能更需要一种这样的经济学，它可以从更广泛的意义上进行系统思考，为经济和其所依赖的体制之间的相互作用带来活力。比如了解社会恢复能力和自然系统的恢复能力之间的相互作用，或者理解当家庭被挤压得过头时会发生什么。这些就是正在进行的、致力于创造新的测量指数的、具有活力的工作（生态资本或幸福指数的衡量），为的是进一步补充国内生产总值的在测量方面存在的不足，这些和各种体制边界所存在的、有关动力的新思考，比如有关时间账户的研究，是相互交织的。关于自然系统是价值创造者的研究提供了诸如纯净水和垃圾清理等服务，为人们展现了这张图片的另一面：全球1 300位科学家参与的联合国千年生态系统评估项目的目的是估计诸如食品生产、水源以及作物间的授粉的价值。[50]其他的一些估计展现了一种对于生态系统价值的全新方式的思考，比如全球渔业的总体收入，如果采取可持续的方法对它进行管理，那么可以获得的潜在的总收入将增加500亿美元。蜜蜂的价值预计是它们产物所具有的直接价值的5倍，当测量经济学里所称的"现存价值"时，我们愿意付出成本来确保一些事物的存在。研究表明，欧洲家庭愿意以每年每公顷 46 美元的付出来保护巴西的雨林。[51]

这些现在还处于初创阶段，而不是能够指导政府政策的确切估计。但是它们提供了一种全然不同的观察世界以及思考体制间相互关系的方式。

第 5 章

对于资本主义的批判

> 对于一个延期的梦想会发生什么呢?
> 可能它只会像沉重的负担一样一直下沉,
> 或者,它会爆发吗?
>
> ——Langston Hughes,"A Dream Deferred",1926

早在 18 世纪就已经存在许多资本家了,那时"资本家"这个词意味着有钱人,但是对于资本主义世界的大肆宣扬并不是很多,这一点倒是很令人惊讶。亚当·斯密宣扬自由市场以及自由经济的公共政策,但是在他所勾勒的画面中并没有大型公司和资本的聚集地。有关资本主义体制的观点是随后才出现的,人们一般会把资本主义体制这一观念的提出归功于法国社会学家路易·布朗(Louis Blanc)。[1]布朗认为世界资本主义描述了一种尤为令人不悦的邪恶,社会所遭受的所有诟病都是竞争压力造成的,有钱有势的人将贫穷脆弱的人逼向了死角。资本主义是最新的、却是最危险的例子。它与人性格格不入,更肯定的是,它违背了人类本性中善良的一面。所以它就应该受到攻击,政治为此提供了最好的方式。因此,布朗要求工资平等化,公共利益应该照顾到个人的利益,"按照每个人的方式索取,根据每个人的需求给予"。而且布朗也设计了方案和计划使富有的人所掌握的权力能够转移到穷人的手中。

由于 1848 年革命,布朗进入了政府,突然间,他有了将自己的理论付诸实践的机会。因此,他引进了"工作的权利"这一观念,还努力游说建立合作性的研究所,认为这将成为未来经济的先锋,新兴铁路所创造的财富变成了支持新兴工业经济的巨大来源。他的计划并没有成为现实，因为1848年革命的希望被国王和君主联合起来成功地打破了。在19世纪，布朗所持的资本主义观点是很常见的。在19世纪最后的几年中，一组名为"资本主义体制金字塔"的漫画对其进行了完美的再现，这组漫画描述了一种死板的等级制度，在其顶端是巨大的财富，处于底层的是那些可怜的人，处于顶端的君主抱着一种"我统治你们"的态度。下面是牧师，他们抱着一种"我愚弄你们"的态度，之后是军队，他们则持"我毙了你们"的态度。最广泛的阶层是资产阶级，他们则抱着一种"我吃了你们"的态度。处于最底层的就是工人。在产业化时代，对于那些接受资本主义权力的人们来说，令他们吃惊的是这个体制所具有的魅力是那么的微乎其微，即使工资的前景和城市的生活也许比那些可怜的替代体制要强得多。那时候很少有资本家会心甘情愿地接受普选权的观念，即给予工人们选择他们所愿意生活的社会体制的权利。这种体制已经使得他们变得太过富有，他们根本不可能让大多数贫穷的人来自由地选择。相反，工厂所有者和商人更期待英明的独裁者或给予他们产权的议会来确保他们自身的利益。

对于剩下的人来说，资本主义就意味着掠夺。直到今天，高度一致的反资本主义论调依然存在，这一点令人吃惊，一代又一代的激进者和知识分子给这些论调赋予了新的活力。批判者已经发生了改变，比如基督教徒、路德分子、震教徒、社会主义者、无政府主义者以及保守的君主主义者和教徒中都有生态保护者、新时代人以及反对全球化的参与者。虽然资本主义已经从工厂和纺织厂转变为网络空间和超音速飞机，但批判的内容基本上没有改变。两百年前，那些针对科学、民主和法律的批判，现在看来是有点过时了。相反，那些对于资本主义的批判，除了语言上的不同，无论是过去还是现在，在内容上都是基本一致的，这一点与针对科学、民主的批评有所不同。通常情况下，它们会取得胜利。最著名的对于社会主义者的评价是他们很擅长斗争，但是他们的斗争不是与资本家之间的斗争，而是他们彼此之间的斗争，这一评论的适用性可能更广。然而，批判者也在批判中取得了令资本主义的缺失之处得到改变的成果。接下来我会对五大延续至今的批判派系进行论述，它们所具有的一致性不仅使得它们本身很有趣，而且也在一定程度上揭示了资本主义未来的去向。

5.1 资本主义赋予了强者统治弱者的力量

第一类针对资本主义的批判，到现在我们已经耳熟能详了，它认为资本主义是强者统治弱者的阴谋。资本主义所声称的平等和开放都是虚伪之言，为的是令人们迷惑，误导人们，为其在掠夺行为中取得的成功找到合法的借口。资本主义的形象经常表现为榨干了穷人的血汗，是贪婪、暴饮暴食和不加节制的象征。在电影和小说中，有权力的、没有面孔的公司都被描绘成破坏普通人与自然和谐相处的阴谋，而且代表了死亡与生存间的抗衡、丑陋与美丽间的对抗以及暴力与爱间的较量。

按照这些理论，经济就是一种零和游戏。一些人获得利益的同时就意味着另一些人有所损失。高额的利润意味着更低的工资。商人们住着豪华的府邸，工人们只能住在破旧窄小的棚屋中。恶化的不平等现象是普遍的，这不仅仅是一种商业体制不幸的副产品。[2]

在一些对于这些理论更加详细的描述中，焦点转向了这种阴谋是如何得以实施的，而不是它的效果。公司背后隐藏着权力网络，正如最近由瑞士联邦理工学院的体制理论家对于约 43 000 家跨国公司的研究所显示的，不到 1% 的公司（而且这其中大多数是金融公司）有效地控制了另外 40% 的公司。[3] 另一些人研究了交叠的董事会成员，这些人利用职权交换内部信息，他们是掌控着谁能参与游戏而谁不能参与的掌权者。人们的注意力转移到了由资本主义革命性力量和等级制度的反对力量结成的联盟上，比如官定的宗教、军队和政权（这些都完全地与之前描述的金字塔漫画相吻合），这是由于这种联盟是使资本主义形式的生活得以传播的联盟。

如果将资本主义看作有组织性的掠夺行为，那么先进的资本主义社会早就已经成形了，这一事实并不令人吃惊。你可能会期待一种市场经济，它可以以一种几乎服从正态分布的形式来创造利润，这就意味着位于顶端和底部的人都很少，大多数人都属于中间阶层，这是对于人才或他们承担重任能力的大致分配。但是，几乎没有哪一种市场经济是这样的。相反，分配使得顶部过分地被拉伸，使得资本主义社会就像是一滴被拉长的眼泪，很少的一部分人获得了几乎是魔术般的回报，大多数人都处于平均水平以下，还有一大批极其贫困的人处于最底层。在经济繁荣的时候，这种分布会更加显著。1979—2005年间，美国处于顶端的1％的人，其税后收入增加了176％，与之形成鲜明对比的是整体69％的增长以及最底层仅仅6％的增长。[4]

这种情况有时被认为是信息技术和交流的产物。在联系高度紧密的世界里，最棒的歌手和工程师可以增加他们的收入。这个观点很吸引人，它反映了工作中重视精英的现象。但是，回报的模式却没有与这种观点相吻合，并没有解释为什么一些全球化公司的工资差额比其他公司更小（通常是因为它们主要分布在德国、日本或瑞典等国家，这些国家对太大的差异很反感）。而且，它也没有解释为什么处于顶端的1％或0.1％中的许多人可以通过继承来保有财富。

一百年以前，维弗雷多·帕累托（Vilfredo Pareto）曾说，这种不平等的分配体现了自然规律，更加具体地说，收入分配遵循的是"幂定律"。当一件事情或一种特性随着某一特性的变化而变化时就会出现幂定律。因此，城市中一个特定群体的人数是随着其总体人数的变化而变化的。这种幂定律在自然界中很常见，从石油储备量到传入电脑中文件的多少，都存在这种幂定律。帕累托发现财富的分配也遵循幂定律（帕累托原则认为20％的人口将拥有80％的财富），他认为这是自然界中一种自然的事实。然而任何针对某些社会的具体分析都反对分配是自然而然发生的这种观点。统计学家的分析表明，基尼系数（收入不平等的测量标准）的变化很大，历史学家则认为，长期以来维持不平等收入的规则是很复杂的，而且很难理解。和其他的阴谋一样，不平等的分配需要辛勤的工作、明确的合作和彼此间的妥协。许多统治阶级都未能做到这些，因此它们丧失了优越性，不论这些是因为分工、诈骗还是过分剥削造成的。

即使是慷慨大方也可以被视为阴谋，一种掠夺行为的伪装。奥斯卡·王尔德（Oscar Wilde）在他的《社会主义下人们的灵魂》（The

Soul of Man Under Socialism)[5]一书中颇具煽动性地写道：

> 这就如同最糟糕的奴隶主是那些假装伪善友好地对待奴隶的人，因为他们可以凭借这样做来阻止那些受折磨的奴隶奋起反抗，这样的话，体制的噩梦就不会到来……因此，在英国现在的世态下，那些努力做好事的人才是带给人们最多痛苦的人……同情和怜悯会造成更多的罪恶……用私有财产来减轻源自私有财产体制的可恶罪行是不道德的。

他的确太过愤世嫉俗了。但是，即使在经济最发达的国家里，慈善捐赠额也仅仅是国内生产总值的 1%～2% 或者稍多一点，这一比例与那些传统的社会中基于税收的福利和救济金相比要少得多。

5.2 资本主义摧毁了真正有价值的事物

第二种针对资本主义的争论早在路易·布朗的时代就被一再提及，它批判了资本主义重视的东西，资本主义将物质和金钱看得比人更重要。一种追求可交换价值的体制必须降低一切事物的价值，这就意味着忽视甚至毁掉那些美丽并具有真正价值的东西。结果就是资本主义的通向天堂的道路和通往地狱之路并无本质性的区别，从弗里德里希·恩格斯描述的 19 世纪中叶的迅速堕落，到只关心利益的曼彻斯特，再到罪行和疾病猖狂的伦敦或巴黎的东部街区，这些都是典型的例子。即使在政治开明的时候，这些人们会聚集到一起进行交易的城市也是典型的滋生罪恶和使价值沦陷的地方。比如在重商主义早期的伦敦，一种受欢迎的话剧就警示人们"在良心和爱情之城中没有永恒的东西"[6]，有一则比喻揭示了这样一个事实，即那些重要的东西是在这个城市里买不到的。

这些针对资本主义所具有的、摧毁真正有价值事物的趋势进行的愤怒且持久的批判吸取了世界上所有宗教的反对物质主义的思潮。《圣经》中就充满了反对财富的劝告，从它的评论（一个富有的人想进入天堂比一只骆驼穿过针眼还要困难）到它对世人的警告（金钱是万恶之源）这些都是证明。《圣经》和《古兰经》中不止一次地提到诱惑会使人们误入歧途,在伊斯兰世界有一个传统,来自沙漠的入侵者要洗清城市的罪恶。伊斯兰教义和基督教教义中对有息贷款的限制意味着抵制可以导致毁灭和剥削的诱惑。《古兰经》将高利贷者描述成"那些被撒旦的触碰弄得精神错乱的人"。大多数禁令都体现在实践中,尽管宗教领袖、商人以及银行家有共同的利益。然而,宗教有时会重新定位自己,提出经济应该如何经营的想法(通常这些想法都是从事制造业或商业的人们所厌恶的)。比如,解放神学的创始人古斯塔沃·古铁雷斯(Gustavo Gutierrez)认为,经济发展与宗教重建是有联系的。他写道:"我们正从一种过分关注一位存在于这个世界以外的上帝的神学过渡到一种关注现世上帝的神学。"[7]历史意味着"不断地揭示上帝人性的一面"。这就意味着从资本主义的不公平和贫穷中解放出来,创造一种基于不同原则基础上的新型经济,它将人们从服从和依赖中解放出来。换句话说,与发展和经济增长相比,解放是一种更加受欢迎的目标。

  佛教从没有像基督教和伊斯兰教一样对贸易充满敌意,这可能是因为其早期的信徒中有很多都来自商人阶层。但是,佛教的教义告诫人们禁欲是避免受苦的唯一途径。如果想过上幸福的生活,就要放弃贪婪、仇恨和欺骗这三种邪恶的行为,在最近一些年中,佛教的著作不仅仅为个人也为公众提供了资本主义的代替物。最著名的例子出现在舒马赫(E. F. Schumacher)写的《小即是美》(*Small is Beautiful*)[8]一书中,他写道:"既然消费仅仅是人类幸福的一种方式,那么我们的目标应该是用最少的消费获得最大限度的幸福……用于瞎折腾的时间更少一些,那么我们就有更多的时间进行艺术创造。另一方面,现代经济学将消费看作所有经济行为的唯一目的。"因此,佛教成了另一种谴责资本主义欺骗的来源。资本主义不仅摧毁了自然,而且摧毁了我们与自然间亲密无间的关系。

  还有就是对于财富的浪费。富人肆意挥霍,他们拥有10幢房子、20辆赛车或2 000双鞋子。这就是资本主义体制令人不解的地方,作为一种以自己的效率为傲的体制,它所取得的伟大成就竟和如此大的浪费相联系。从新教中成长起来的体制厌恶封建主义毫无节制的浪费和对奢华的纵容。然而它却带来了与之相差无几的情况，21 世纪的超级富豪与封建主义时期的富人一样暴殄天物。他们只想着花几百万美元来办个聚会或婚礼，或者乘坐私人飞机去参加有关未来环境的会议。

如果说自然是资本主义扭曲价值观的一个牺牲品，那么另一个牺牲品就是人际交往。工业的兴起带来了农业社会关系的断裂，而它青睐的是城市那种雾化的痛苦，这使所有人都陷入了彼此算计的战争中。与合作相比，竞争受到了更多的重视。关系没有任何价值，因为人们既不可以买它，也不可以卖它（或者说，我们只能在不断兴旺的咨询和陪护行业中买卖虚假的关系）。如果我们在对待他人时只是为了使自己的经济利益最大化，那么我们很快就会失去朋友，因为友情跟爱情一样，一定程度上靠的不是它们能为我们提供什么，而是在不同情况下，它们能够提供什么样的承诺。我们需要的朋友和爱人是那些在我们遇到问题时不离不弃的人，我们怀疑那些能够同甘不能共苦的朋友，以及那些只会算计个人利益的朋友，占有会使人变得缺乏信任和吝啬。加州大学伯克利分校的保罗·佩夫（Paul Piff）[9]通过一系列的实验（实验内容是给予人们虚拟的信贷让他们来自主分配）证明，越是富有的人越不愿意做慈善，更有甚者，即使只是鼓励人们认为自己比实际情况更富有也会令人们的慷慨程度有所减弱。结果显示：在拥有同样的信贷额度时，那些处于底层的人们，其慷慨程度比位于高层的人们要高出 44%。通过给富有的参与者们看一些适度的、唤醒人们同情心的信息就可以使他们变得更加富有同情心。但最终的结论是：更加富有同情心是穷人们的生存工具，拥有更多的钱就意味着你可能会有理由憎恶别人，要么是因为他们想要你的钱，要么是因为他们使你感到惭愧。

5.3 资本主义助长了放弃思考

第三类批判是对上述批判的承接。如果资本主义只能看到一些有价值的东西，这就意味着资本主义是不动脑筋的，它是文化、理智和反思智慧的敌人。这就是传统的保守观点对于市场的反应，生意人之间的规则使高雅的文化被挤进了角落。大众的口味凌驾于少数人的口味之上，许多不学无术之人的欲望超越了那些美学家的欲望。这就是为什么那些浪漫的人、贵族以及改革者对于工厂、制造厂、铁路以及之后出现的大众广告和大众媒体会有所抱怨。将市场民主化意味着将所有事情都简单化，快餐、小饰品和闪亮的装饰物所具有的是诱惑，而不是智慧和反思。市场不可避免地意味着喧闹、噪声以及买东西、花钱、借钱的压力，这种精神与庙宇和图书馆的精神截然相反，也与反思和深思时所需的宁静背道而驰。

批判的形式多种多样。迪斯雷利（Disraeli）在他的小说《女巫》（*Sybil*）中描述的黑乡镇来源于现实生活中斯塔福德郡的威恩霍尔，它还描述了人们可以得到新产品所带来的影响：

> 周一和周二，镇上所有人都是喝醉的，不论他们的身份、年龄和性别，甚至连应该吃奶的小孩子都是喝醉的，因为他们都喝了许多戈弗雷氏香酒，这里充满了放松和快乐。如果说这里的罪恶比人们想象的要少的话，那我们必须记住贫血和持续的疲劳会控制不加节制的行为。无论是近乎完美的道德家或是品质良好的警察，他们都会遭受食物的匮乏，而且同时还要辛勤劳动。并不是说人们不道德，而是因为道德丧失暗示了一些早有预谋的邪恶想法；也并不能说他们无知，因为无知是相对的。但是他们如同动物一般，是无意识的，他们的头脑一片空白，他们最糟糕的行动源自粗野的和不文明的原始冲动。[10]

一百五十年后，我们不再过分担心不文明的本性，但是我们担心大规模的信息流对我们的思考能力所产生的影响。我们可能更加清醒地意识到选择的多样性以及被我们所放弃的机会，但这并不能增强我们吸收和运用信息的能力。随着商业竞相争夺人们的关注[11]，宽度的获得是以牺牲深度为代价的。正如诺贝尔奖获得者、人工智能专家赫伯特·西蒙（Herbert Simon）所说，"信息的丰富导致了注意力的匮乏"。

相关的争论一直在继续，而且更加深入了。它们警示人们：资本主义体制缺少对道德的关注，更糟糕的是，资本主义机制侵蚀了人们的道德意识。资本主义不仅毁掉了真正有价值的东西，而且使得人们很难看出这一点，它扼杀了一个社会可能走向另一种不同社会秩序的选择。公正也可能无视一些事物，但这种无视使它能更加公平地判断。相反，资本主义的迷失则将公正排除在外。

因此，投资者和交易者故意地培养道德迷失，他们将对行为后果的关心与对交易链上各个点的衔接的关注看作软弱或非职业主义的标志。在市场范围内，无知表现为那些已经毁坏的物品的卖家所采取的防御措施："我只是在对需求做出回应，而且，如果我不这么做，另外一些人也会这样做。"这就是武器和海洛因制造者的普遍借口，它几乎是无知的典型。

资本主义不仅忽视原因，还将原因殖民化，用它们侵蚀人们思考和判断的能力，他们习得了买卖的习惯，养成了算计但不思考的习惯。这就促使人们过度地消费和借贷。英国记者、社会运动家威廉·科贝特（William Cobbett）不断地催促他的读者们去询问："没有它我能行吗？"资本主义鼓励无知的侵犯和沉迷的行为，比如赌博。从这种情况来看，网络成了选择性奴隶制的最新形式。贝尔纳·曼德维尔写的有关蜜蜂的寓言强化了这种观点，市场的运营是因为我们变成了无知的、任人摆布的机器人。在这种体制内，无知的行为是很普遍的。投资者和商人被比喻成高速路上的赛车手，他们只关注自己与别人的速度差距，希望开得更快，直到他们中的一个人犯了错误导致所有人都陷入一场可怕的追尾事故。这样的故事在经济泡沫以及掌控着股票或房产市场的、不正常的投机行为中一直在反复上演。塞缪尔·泰勒·柯勒律治（Samuel Taylor Coleridge）对此做出了一个十分恰当的比喻，他用发烧来描述市场的动态变化，这个比喻准确地把握了在市场的每一次繁荣中都存在的愚蠢行为。正如花旗公司的首席执行官查克·普林斯（Chuck Prince）在2007年经济危机之前所提到的："如果是由于流畅性的问题导致了音乐的停止，那么事情就变得复杂了。但是，只要音乐一直在继续，你就要随着它起舞。"[12]

市场的无知揭示了组织内部的不理智。资本主义是由许多想要获得员工及消费者忠诚和爱戴的大型组织组成的。这种庞大的官僚体制中充斥着为了安全牺牲自由、为了将来的回报牺牲今天的快乐、为了享有公司更大的份额牺牲自己身份的人。但是，市场的思想观念否决了承诺及任何可能阻挡资本积累的事物。

任何经济都存在这样一些部分，对于这些部分而言，矛盾是无关紧要的。在那些充满了新兴企业的领域里，从业者大部分都是年轻人，他们没有孩子和按揭贷款的负担，能够尽情地拥抱世界，这就是商业书籍中所赞扬的世界。但是大多数的经济并非如此，增长靠的是承诺、用心和足智多谋，这也就是为什么许多公司付出大量努力来创造自身的文化、神话和意义。理查德·塞尼特（Richard Sennett）引用了一位现代经理的话，他说，在他的公司里没有人拥有独特的角色，没有人享有对未来的权利，尤其是过去所做出的贡献并不能为员工赢得一席之地。[13]这种思维方式是与我们的本性相悖的。在其他的组织中，从家庭到俱乐部，从学校到政党，我们都认为过去对未来是起到一定作用的，忠诚很重要，否定这一点是一种奇怪的、无知的庆祝。

如果说资本主义组织可以放弃思考，那么投资者同样可以放弃思考。马克斯·韦伯将投资的思维模式看作是不自然的："一个人并不是天生就想赚好多好多的钱。"[14]卡尔·马克思描述了资本主义自己走入的陷阱：

> 就在它督促人们坚持不懈地为了生产而生产时……通过这种方式，它和穷人们一起分享对财富的热情……为了维持经营，竞争促使它不断地加大资本的投入，然而，它只有通过不断的积累来增加资本。[15]

正如马克思所认识到的，从最本质的形式上看，资本主义并不仅仅是、或者说主要是让人们变得富有的体制。资本的存在更是为了获得资本，资本不应该脱离循环。每一种收获都应该进行再投资，让它循环起来，使它变得具有生产力。放弃单调的工作是承认失败的表现。许多华尔街与伦敦的践行者所具有的对于不安全性的迷恋是一种心理上的怪癖，很明显，这种怪癖对人际关系或幸福都没有益处。[16]

最近，另一场针对资本主义是不会思考的这一特点的批判瞄准了世界的组织形式对数量的关注，那种认为只有能够被测量的东西才能够被管理的观点导致了一些病状，当政府也接受这种观点时，情况就变得更糟了。仅仅依靠数字，或者盈利和亏损的规则意味着故意忽视其他的判断标准，对于价值、美丽、尊严、公平的判断。这种行为意味着将无知制度化，机械的决定代替了认真的思考。索取的倾向越来越强烈，实体经济，诸如食品、电脑、理发，与它们的虚拟价值之间的鸿沟变得越来越深。现代经济靠的是经济的价值代表物，但是现代经济也会成为这些代表物的牺牲品。人类学家卡伦·何（Karen Ho）曾描述了新古典主义经济是如何参与到"有意识地令真实的世界服从于虚拟的影像的努力"中去的。正是这种在经济思维中"走向抽象和虚拟的行动"创造着一种现实的规定性模型，一种可以简化的、虚幻的事实，这种事实也可以造成决策的错位。在商业领域中，分销和外包行为都将那些本可以持续的关系变成了市场交易。最终掌握决定权的高层管理者变得可能根本不知道发生了什么，不知道他们经营的服务项目成功与否。相反，他们都是通过媒介化的数据和信息来运营的，这些数据和信息通常是有意义的，但是当我们发现屏幕上显示的数字能够在虚拟世界中加总，却不能在现实世界中求和时，我们意识到这些数据同样也是无意义的。

资本主义的历史和不断的创新是相关联的，这些创新为的是解决现实和价值代表物之间的差距。重要的事物都可以测量，管理顾问的陈词滥调是：任何不能测量的事物都是不能管理的（每个人都希望这种论调在他们的生活中并不成立）。但是，衡量经常是一种挣扎，因为价值从来就不是客观的。测量是根据事实捏造出来的。马克斯·韦伯将资本主义定义为依靠"利润机遇的价值和证实"，其中涉及"总财产的价值……在以营利为目的的企业建立之初，将其与一种同样的价值进行比较……"[17]但是数字并不是客观的。金钱涌入商店或工厂中的确是事实。但他们是如何与能量或劳动力的投入相关联？却与工人和店员的相对贡献又没有关联的呢？答案既是技术性的（如何组织复杂体制的负责机制，比如一个飞机制造厂、一个游戏厅或像沃尔玛一样的零售业巨头），也是政治性的（你争我抢要求奖励反映了每个玩家都具有相互选择的权利，他们可以选择离开或选择留下来与别人做生意）。

现代资本主义经济的致命弱点就是不可靠的测量措施。标普公司因在 2008 年给予即将破产的投资银行以很高的评分而名誉扫地，希腊的经济在即将破产前看上去还很繁荣。因测量问题受到控告的职业声称自己遵循节制、谨慎的原则，对硬性的、客观的事物有偏爱，审计师也声称自己是中立、谨慎、不受他人影响的（虽然一些人早已成为心甘情愿的帮凶，为了客户的利益，他们会夸大数字）。他们对于测量的迷恋经常被批判为违反人性的盲目行为。但是令人们奇怪的是，另一种与之相反的现象——同样无知的过分评价以及不正常的兴奋同样受到了批判。资本主义体制需要评估的工具，这些工具可以预测未来，可以评价未来的回报。商业计划、前景预测或对曾发生的一些案例的分析都是评估工具。期货市场试图确定期货的价格，这些估计的目标要做到客观。但从本质上来说，资本主义是一种乐观和充满希望的文化，它时常会脱离现实，之后会再次回到现实中，这种充满激动和失望的循环是必要的。它所具有的先天的乐观主义精神与它将希望看作有效的功能之间是相互联系的，它希望让工人们工作、让投资者投资、让经理扩张产业。我们只需要想象一下在一种宿命论的文化中，资本主义会变成什么样子。乐观主义也可以帮助人们继续奋斗和努力。一项著名的研究显示，一个人进入大学时的欣喜程度可用来预测他16年后的收入水平，这建立在许多变量（包括父母的收入）得到控制的前提下。在拥有富有父母的孩子中，最为欣喜的孩子每年比最不欣喜的孩子多赚25 000美元的薪金。[18]但是，制度化的乐观主义也会促成一种流行性的对于夸大、夸张的数字以及没有保障的信心的偏好。

  这种乐观主义不可避免地与资本主义扩张的特征联系到一起。这种希望是指希望事物、利润与金钱扩张的愿望，而且还有范围，即那种认为一切事物都可以买卖的观点。正如卡尔·马克思所预言的，资本主义倾向于摆脱束缚，它的本质是扩张性的。19世纪的资本家以同样享受的态度收买政客、购买艺术收藏品、风景画及大学文凭。现代资本主义同样很轻松地对待公司的赞助、奢侈物及旧贵族，还有软件系统和太空旅游。它的方法已经延伸到保健、土地管理和慈善等领域（甚至连"慈善资本主义"这种认为富人们是解决贫困和不平等的最佳人选的超现实的想法都已被渲染上了这种色彩）。[19]金融成了政党融资的主要来源（在美国最高法院诸如"超级政治行动组织"这类判决的影响下，美国富人掌控政治的局面得到了很大的缓解)。结果是资本主义的价值及文化表达形式(不论是镶嵌钻石的艺术品、公司艺术、广告视频、《阿凡达》,还是对于风险性投资的慷慨减税)形成了我们的文化。但是,另一种结果是抱怨的不断蔓延,抱怨这些事物是真正文化的反面。

5.4 资本主义令人悲惨而不是快乐

资本主义最强有力的道德宣言就是:与其他体制相比,它更好地满足了人们的需求和愿望。它将欲望与生产力相联系,通过这种做法,使人们变得更高兴。回溯40年前,大约135个国家都有完整的数据资料。从这些资料来看,人均国内生产总值翻了一番,期望寿命从1970年的59岁上升到2010年的70岁,小学和中学的适龄儿童入学率从55%上升到70%。那种悲观地认为世界将堕落的观点希望这些以及许多其他的措施都被人们所忽视。

但是,反对这种乐观观点的则是一种长期以来的抱怨,抱怨认为将对于交换价值的追求说成是追求快乐的盟友与事实不符。价值的代表物削弱了现实。资本主义将工人囚禁在工厂中工作,需要养家糊口的工人拼命地工作,为的是能够得到升职的机会,但这种愿望从未实现过。消费者掉进了更多地消费的陷阱,从一种期望到另一种期望,从来就没有真正得到满足过,同时,小额投资者被束缚在希望股价能够突然飙升的美梦中,让他变得富有并且前提是不会有工作上的变动。所有这些在那个定义得十分差劲、但在现代世界中普遍存在的流行病——经济萧条面前都显得十分脆弱。[20]

当我们环顾周围时可从看到,毫无疑问,资本主义的繁荣的确是和不断增长的幸福感相联系的,国民会变得更加开心,当他们的人均收入上升到10 000美元时。个人幸福感的增加要高于这个水平,根据最近的一些调查,如2009年针对美国公民的大型盖洛普民意调查显示,超过了60 000美元左右这个数目,更多的钱并不能增加人们的幸福感。但这的确能提高人们对于生活的满足感,可能是因为提高了人们的成功感。[21]

成功经常是模棱两可的。19世纪的英国带领世界走向了工业化，但据说英国当时也承受了很高的自杀率，这就促使许多欧洲大陆的批判家将这些归咎于太多的自由和过高的期待。自从知道了幸福是对经济学最直接的挑战以来，越来越多的批判对人们提出了警告。艾弗纳·奥弗尔（Avner Offer）说，资本主义"富有滋生不耐烦的作用，而不耐烦削弱了人们的幸福"；佛朗哥·贝拉尔迪（Franco Berardi）说，资本主义已经成为一种"制造不幸福的机器"，它加大了人脑能力与对它进行冲击的不断增加的信息量和压力之间的差距。[22]

理查德·伊斯特林（Richard Easterlin）是最先系统地观察到增长并不一定会带来快乐的证据的经济学家之一。在最近的一项数据调查中，伊斯特林在报告中有如下表述。

> 在对16个发达国家长达21年的经济数据进行研究后，得出的结论为：经济增长率与生活满意度的提高之间并没有明显的关系。在对另外7个正在市场化的国家的14年的数据以及在市场化前一段时间的数据进行研究后，得出的结论为：经济增长率和人们的生活满意度之间并没有明显的关联。在对13个分布在亚洲、非洲和拉丁美洲的发展中国家的时间跨度达10年的数据进行分析后，得出的结论为：经济增长率与主观幸福感之间的关联性也不是很明显。将所有的36个国家的数据总结起来，经济增长率和生活满意度变化之间的关系也不是很显著。[23]

其他的研究似乎也证实了这一观点，即经济增长与幸福感之间关系并不明确。[24]

然而，这些结果并不是十分明确的。[25]之所以认为幸福感与经济财富之间的关联度是不显著的，其中一个原因是边际收入上升对绝对幸福感的提升的影响微乎其微。当利用对数数据作图时，收入与幸福感之间有很强的相关性。更多具体的分析证明了为什么数据会呈现这种状况。盖洛普世界公民调查（Gallup World Poll）对人们以前所经历过的感情进行了研究。那些生活在相对富有国家中的人们更可能感受到爱情和快乐，他们有关气愤、忧郁或无聊的经历相对少了很多。历经时间变化，模式并没有变，趋向于更加强化的幸福感（美国是一个例外）。

因此，经济增长对幸福感是有影响的。但令人们吃惊的是，这一影响竟然如此微不足道。最好的例证就是21世纪初发生的经济危机。2007年，英国平均生活满意度是7.3，这一数字在2008年上升到7.5，2009年时下降到7.4，然而在2010年，伴随着一场几代人以来最严重的经济危机及失业率急剧增加的情况的到来，这个数字又重新回到了7.5。在美国，盖洛普日常民意调查发现，人们的幸福感仅仅从以前的89％下降到了2008年的87％。为什么会这样？为什么经济的下滑反倒会令人们更加开心呢？虽然结论仅仅是边际上的。可能是因为人们有更多的时间来陪伴朋友和家人，而且人们很喜欢这样，还有较低的利率让大多数人觉得很富有，他们感受到了比经济繁荣时更多的同事情谊。另一个答案是所有衡量幸福感的措施都倾向于缓慢地前进，对于不幸福感的测量措施并未和幸福感的测量措施达成一致，与幸福感的衡量措施相比，不幸福感的测量措施有时甚至更加敏感，这一点令人们惊讶。据说，美国的失业人员比有工作的人更容易担忧，但是前者的不幸福感仅仅低5％。[26] 结果显示，很大程度上，经济危机增加了人们的压力和焦虑感，尤其是在那些涉及债务的领域中。

另一种回答是我们能迅速回到对于幸福感的固有看法上，即使是在经历了严重的危机后，如疾病、残疾或配偶的死亡，这既是对政策行为的挑战，也是对市场所具有的希望的挑战。[27] 也可能是因为塑造幸福感的因素非常多，如基因组成或孩提时代的经历，这些都不是市场所能驾驭的。[28] 有一些影响是可以买到的：对女人而言是外表的魅力，对男人而言是身高，这些都和幸福感有关，它们可以通过适度的化妆美容或适当的鞋子来改变。甚至连血压都与整个国家的国民幸福感相关联（有时是负相关的），原则上来说是受到我们所购买和消费的东西的影响。然而，对于幸福感来说，最重要东西是用金钱买不到的。

关于资本主义造成了痛苦的控诉只不过是没有得到证实罢了，资本主义声称对人们的幸福感起作用这一点也是如此。这是很奇怪的，因为经济学已经构建了有关理论和分析的宏大体系，这些都是为了让每个人的选择都为实用性服务，这种实用性最初意味着幸福。通过在市场上购买物品我们的欲望和需求得到了满足，因此我们感到快乐。工作是一种消费方式，同时消费也是一种工作方式。更多的钱意味着更多的消费，也意味着我们会更快乐。但事实并不总是如此。东亚的经济奇迹——韩国就是一个很好的例子，它证明了资本主义是如何吞噬幸福感的。20世纪50年代，韩国的国内生产总值比许多非洲国家都低，然而在随后的几十年里，它冲进了最富有的国家的行列。在韩国，人均国内生产总值从1970年的800美元增加到2008年的19 000美元。然而，经济发展与合作组织的调查显示，韩国在1990—2002年间，人民生活满意度的水平从61.1%下降到47.3%。[29]埃及是另一个例子。2010年底，正好在埃及政权垮台前，只有9%的埃及人可以被称为是富有的，这个数值比巴勒斯坦和也门的数值都低，尽管当年有5%的增长。虽然经济强势增长，但是除了最富有的人以外，对于其他人而言这些数值都有所降低。[30]进步意味着更长的寿命，人们过得更加富足，更加满意。尽管金钱和消费可以为时间服务，但它们也可以令时间贬值。事实上，最近的研究表明与发达的市场相关联的自由和选择可能与幸福感是对立的。对来自许多国家的数据进行对比的结果表明，经济自由与生活满足感是负相关的（在其他的因素，如收入、健康和信任这些变量都保持不变的情况下。）[31]

最近的研究也调查了一些更加微观的有关市场经济和幸福感之间关系的证据，这似乎证实了至少在某些方面消费反而有可能使我们感到不满足，即使这一点与人们原本的认识是相反的。一个最先对消费与幸福感之间关系进行调查的人总结道："那些对价值（如金钱、占有物、形象和地位），有强烈追求的人，他们的主观幸福感并不高。"[32]症状和原因是相互联系的，人际间关系的不和谐以及相互间的不满使得人们更关注物质的东西，这些会使他们在建立和保持关系方面变得更加无能。人们"经历了不安全的感觉，生活在鼓励物质价值的社会模式中，会变得以物质价值为导向"。[33]如果你向年轻人介绍极其有魅力的女人，他们会在女人面前说别人坏话。在一项研究中，81名男性室友看一个流行的电视节目，其中的主角是3名非常有魅力的女性，这些男性被要求给一个长相普通的女性打分（这个女性被描述成是另一个宿舍的居住者的约会对象）。他们给这个女性的打分比一个对照组的打分少了很多。另外一项研究发现，那些不断地被暴露在漂亮女人面前的男性变得不满足于他们现有的异性关系。

对于恋爱对象（那些实际上他们可以得到的，而且可能对他们感兴趣的女性）的最初印象受到了极其相反的影响，男性对此不屑一顾。魅力程度的自我评价也会发生变化。"那些被其他漂亮女人围绕着的女性，不论是日常生活中、电影中还是照片中，都会对自己的魅力程度感到不满，认为自己不是理想中的婚姻伴侣。"这些压力可能会影响到更年轻的人，因为广告商以那些年龄小于13岁的女孩为目标，促使她们购买化妆品及时尚用品，这是一种能够受欢迎并获得幸福感的最简单途径。针对消费者进行的调查表明对于物质价值过分关注和占有欲会对心理上的幸福感产生负面的影响[34]，对于自尊的影响也是十分明显的。但是，它们对于态度也是有影响的。[35]人们越关注物质，就越会感受到失望的风险，因为新的潮流、化妆品和香水并不能带来它们所承诺的东西。对于物质的关注也会阻碍其他的关系。这些是一项针对英国儿童进行的研究所获得的发现，该研究旨在观察欲望和幸福感间的实际联系。[36]研究发现，花很多时间看电视或者玩电脑的孩子更加的物质，物质化倾向更加突出的儿童往往自我认同感并不强，他们往往会看不起自己的父母，更容易跟父母亲争吵，往往会很自卑。[37]

物质主义和反社会行为之间也存在明显的互相强化作用。那些跟父母交流较少或者从父母亲那里获得的负面信息较多的孩子倾向于更加关注金钱。[38]正因为如此，他们对商界的信息抵御和识别能力更差。许多广告都依靠从不断的社会对比中制造不安全感，这就使许多苗条的女士觉得自己胖，美丽的人觉得自己丑，成功的人觉得自己还不够成功。[39]

不同类型的资本主义拥有不同的效果。美国的人均广告消费额是欧洲大陆的四倍，英国的两倍。那么这会给社会形态带来怎样的影响呢？它会导致一种更加物质化的倾向，使人们选择更加辛苦的工作，为的是赚到更多的钱，而不是花更多的时间来陪家人和朋友。看上去像是这样。那么这会对人们的幸福感有影响吗？答案是肯定的，人们倾向于用沉迷来弥补失望。在美国，罗伯特·弗兰克（Robert Frank）研究了这一问题。[40]他让人们在两个世界中选择，其中之一是世界 A，这是一个你每年能够赚到 110 000 美元的地方，其他人可以赚到 200 000 美元。另外一个是世界 B，在这个世界里你每年可以赚到 100 000 美元，其他人赚到 85 000 元。结果表明，大多数的美国人都会选择世界 B。这是为什么呢？可能是因为嫉妒，也可能是承认别人比我们更富有会让我们不满足。这种不满足会成为推动人们更加努力工作并勇于冒险的动力，最终它也可能是陷阱，尤其是在那些媒体报道有关保时捷、百达翡丽表、奢华假日和赛车信息的地方。门肯（H. L. Mencken）曾经将富人定义为那些赚的比其妻子的妹妹（姐姐）的丈夫赚的多 100 美元的人。[41]同样的压力会使一些人更努力地工作，而使另外一些人深陷债务困扰。我们都知道拥有东西或赚很多的钱并不能使我们快乐。学着变得快乐通常是让我们学会控制自己的感情，学会如何告诉别人我们的需要，学会如何满足别人的需求。然而，资本主义经常会滋生自恋，这是最不可能获得幸福的途径。[42]

5.5 资本主义威胁到生活

　　第五种对于资本主义的批判是最为致命的，这些批判声称资本主义是反对生命的。对于交换价值的不懈追求将资本主义置于反对有生命的劳动者的境地。马克思将其描述为吸血鬼，无生命的机器要靠吞噬有生命的劳动者才能得以存活。威廉姆·布莱克（William Blake）将其描述成撒旦工厂的使者。按照这种观点，资本主义本身就如同一场战争，一种自我毁灭的能力，将死亡伪装成健康的活动。如果资本主义成为了首要性的，这就意味着自然丧失了原有的地位。人类也同样如此，被看作是一次性的商品，需要时买来用，没用时就扔掉。难怪在西方工业化初期，人们的期望寿命会急剧下降。最近这种现象又再一次出现在一些发展中国家，它们正在经历着历史上最剧烈的工业化，这伴随着人口预期寿命的显著下降。[43]自然环境又一次成了这场追逐利益竞赛的受害者。

认为资本主义是反对生命的想法似乎有点扯得太远了。就拿一个典型的市场比较一下，如菜市场或鱼市，这些地方是最具资本主义特色的地方。市场中充满了生机，人们忙忙碌碌地与其他人交流，基于一种大致的平等。从诸如杰利科和乌鲁克这些城镇开始的最早的集会到现在的市场已经经历了几千年。就连股票交易市场也有一些这样的特点。再比较一下那些标志性的资本主义市场：城市是由汽车主导的，庞大的工厂生产着消费品。一切看起来都像是生命的反面：重复性的、冷淡的、无精打采的，不具有任何人类居住地该有的生机和社会性。它们与极权主义美妙地结合在一起（公司的总部，比如高盛投资公司，故意装饰成黑色，鲜有或根本就不具备色彩、细节、人性的元素，这类丑陋的特色成了高效的代表）。所有这些地方都选择表现一种阻碍性的文化，这种文化反映了资本主义和市场的不同。在国内，资本主义大多是一种冰冷的现代主义，艺术成为一种不具代表形式的艺术，就更不用说人了。广告经常暗示各种品质，但是从来不描述卖的是什么以及为什么要卖这种东西。建立在直接交换和人性的给予与索取基础之上的那些市场，资本主义在这方面是"遥不可及"的，资本主义自身的道德和审美表现了这一点。

这一点很重要，因为我们都能够立即辨别出那些有生机的地方和那些死气沉沉的地方。资本主义在公共关系方面存在的问题是：虽然我们可能很喜欢资本主义带来的产品，而且这些产品在我们日常生活中的用途也很广，但资本主义作为一种体制，与我们所珍视的东西是背道而驰的，它是反对生命而且反对生命的原则的。大自然是循环往复的，资本主义则关注积累和聚敛财富。自然是通过多样化实现其和谐的，而资本主义的构建通常是有意识地反对美好的事物，它是由那些无趣的、重复的摩天大楼以及工业园区组成的，这些都不认同森林、花园和大海是富于变化且令人向往的事实。

协调自然与资本主义之间关系的尝试早已出现。关于可持续性的想法，首先是在 1987 年被联合国布伦特兰委员会（the Brundtland Commission）将其定义为"既满足当代人的需求，又保障未来各代人能够满足其自身发展的需要"。最近，生态化的象征已经渐渐被引入经济思维模式，这经常是间接地通过转变复杂的理论来实现的。这些理论赋予了资本主义些许生命力，将其市场模式比喻成自然界，它们同样都具有相同的法则，比如力量法则、随意性、混乱以及复杂性。随后，我将描述人们如何将一些生态的做法用来减少生产中的浪费，使其更加具有循环性，与自然更加和谐。但是，批判依然具有说服力，最纯真的资本主义形式是抽象的，任何真正抽象的东西都会很容易变得与人性和自然相悖。

5.6 自然主义：基于批判者与倡导者的角度

大多数针对资本主义的批判及倡导都共同分享着一个显著的特征：它们都声称自己更关注人性，而且是从事实的推导中得出结论的。资本主义声称它表现了人们所具有的最基本的人性，即贪婪、自私、徒劳及物质。掠夺行为可能很不堪，却是自然的、不可避免的。用金钱来衡量一切事物的价值或许很庸俗，却是与我们贪得无厌、斤斤计较的个性相吻合的。如果消费者的行为变得很盲从，那正好是他们表现自由的方式。

批判者以一种相似的观点进行反驳。他们认为，人类的本性是善良的、利他主义的、热情的、合作的、精神性的。如果是暴力的或自私的，那这仅仅是具有缺陷的社会体制造成的后果。如果将他们解放出来还他们自由，他们会回归善良的本性。

每一种观点都暗示出了它的结论。第一种观点基于"人性是由个人利益组成的"这一观点，这就要求体制完全是在惩罚和经济刺激的基础上建立起来的。第二种观点是基于利他主义和慷慨大方的人性建立的，这种观点靠志愿的工作和同情存活（甚至连纳税都是自愿的）。一种是狗咬狗的、残酷无情的竞争，另一种是狗帮狗（考虑到狗很少做这两种事，这不禁令人心生好奇）。

在今天看来，这些两极化的观点很奇怪，如同历史上有关神学的争论一样。当我们很清楚地知道这两方面都是人性所具有的,而且人性不仅仅如此时,我们很难相信任何一个人会真正地采纳这种片面的观点,并且演绎出一套完整的政治、经济哲学。两种观点都反映了人们对于一种更加单纯的世界的渴望,这是一种更容易解释的、更具有意义的世界。现在我们知道个人利益很重要,但它并不是全部。有时候金钱奖励会鼓励很多人,但这并不是长久之计,也并不是对所有人都起作用的,这种金钱奖励可能会带来负面影响。许多社会心理学都尝试着更好地修正人们的品性,它们是从保持金钱奖励与道德承诺的平衡中得到启示的,因为道德承诺在扮演不同角色时似乎是起到了最好的作用。[44]

社会心理学并不是一门成熟的科学。但在有关人性的问题上,它已经形成了一些更加真实的看法,为我们做出决定提供了启示,在认知方面也有所帮助。它所具有的最良好的本质是去观察,而不是去假设。从人们生活的方式观察人们重视什么,你可以看看他们是如何花钱的,这是经济学所偏爱的方式。你也可以简简单单地观察他们是如何消磨时间的,或看看他们将爱好和关注放在何处。第一种观点强调住房、饮食、汽车和衣服(即吃穿住行)是最重要的,第二种观点强调的是家庭、朋友、热情和信仰。正如我所展示的,与时间和爱情有关的经济可能会成为现在乃至将来更加重要的东西。

如果说这持续了两个世纪的争论对人们有所启示的话,那就是我们的本性既不是固定的,也不是变化的。我们能够找到一些将我们和过去联系在一起的模式,经常会感受到对食物、性爱和名誉的饥渴(我喜欢拳击手的评论,那些永不退让的人会达到顶峰,当他被问到如果他远离女人和酒,那么他会获得什么时,他的回答是:我打拳击就是为了女人和酒)。但是,这些动力仅仅是一部分,我们一直在压制它们、转移它们以及控制它们,每一种机构,从家庭到公司,它们存在的部分原因就是为了这些。修道院、军队、学校、婚姻等制度性的方式都是用来塑造人的品性的,没有一种将本性看作天生的。通过鼓励、奖励、惩罚以及同辈人之间的影响,它们将人们塑造成新的东西。它们好的方面最多也只是强化了我们的本性,使我们变得更加具有创造力,更加具有同情心，更加勤劳。它们最坏的方面不过是强化了我们的劣性，使我们变得更加暴力，更加充满仇恨且更加贪婪。

在两个世纪的时间里，批判者的少数派联盟发表了许多反对资本主义和资本家的激烈言论。宣传册和报纸、无数激烈的游行以及愤怒的罢工如同投石机与弓箭向资本主义发起了攻击。现在，从比较有利的方面来看，它们得失兼具。它们的失败之处是资本主义仍然存活着，甚至取得了胜利。获胜的地方是资本主义在前进的每一步中都做出了变革。

第 6 章
反资本主义的乌托邦和新托邦

奥斯卡·王尔德在他最著名的讽刺中说:"一张不包含乌托邦的地图根本就不值得一看,因为它将人性的栖息之地也剥夺了。当人性着陆时,它会放眼观望,看到更好的地方后又会再次起航。"在资本主义大部分的历史中,人们都十分关注接下来会发生什么,对于其后的继承者,人们会有很多美好的想象。资本主义发展得十分迅猛,在一些国家就像是一夜之间形成的,将生命和假设全部颠倒了,这使得它将再一次被另外一种更加不同的体制所取代这一想法变得合情合理。那人们不禁要问:这种将世界翻得底朝天的体制还会自己再纠正过来吗?

在长达两个世纪的时间里,那些想象中的资本主义替代体制做到了这些,它们将资本主义翻得底朝天。许多人都认识到了资本主义最显著的特征,想象到了与其截然相反的一面。因此,在那些资本主义赋予资本家权力而剥夺了工人权力的地方,社会主义和共产主义就会让工人掌权。工会会管理企业,利润会流到工作的人那里,而不是那些遥远的投资者手中。在乌托邦式的国家中,公共财产代替了私人财产,没有金钱的社会代替了那些充斥着金钱的社会,新的、公正的要求代替了责任制。

正如我将在第 9 章中写到的,这种颠倒的技术将关系或权力模式倒置,已经成为一种更加实际的社会变革工具——将农民变成银行家,将病人变成医生,将学生变成老师。在乌托邦式的国家中,这种方法的延伸是十分普遍的:采纳一种现有的想法,将其延伸到它的极致,或者利用转嫁方式,将一个领域的想法移植到另一个领域中。

资本主义文化的可塑性依然在继续孕育着乌托邦主义的思想,即那些对可能到来的世界的蠢蠢欲动的想法。然而,就资本主义而言,大多数想象的世界都没有意义,而且是自相矛盾的。当亚瑟·米勒(Arthur Miller)被问到他的戏剧《推销员之死》描写的是一个人的经历还是大萧条时期的普遍状况时,他的回答是:"鱼离不开大海,大海也离不开鱼。"任何像资本主义一样复杂且具有劝导性的体制都是既在我们之中,又超脱于我们之外的,乌托邦国家的任务之一就是将鱼从海水中捞出来。

一些乌托邦国家是完全成型的想象中的社会,它们具有每一种细节,从人们穿什么样的衣服到精确的法律。另一些则是实实在在的实验,而且经常是大规模的实验,比如受到梭罗(Thoreau)启示的19世纪美国的市镇,或者以色列的基布兹(合作居留地)。还有一些虽然最开始是看似十分荒谬的想法,后来却变成了现实。从约翰·洛克到约翰·罗尔斯(John Rawls),这些政治思想家都对原则进行了详细的阐述,他们希望一些具有指导性意义的想法可以推进一种良好社会的形成,如果说不是乌托邦社会的话,至少要是同一类型的社会。勒内·卡森(Rene Cassin)所倡导的全球人权的想法虽然的确很理想化,然而这种想法已被载入联合国宣言。韦伯夫妇有关全民免费医疗的想法最早在20世纪初就已提出,在四十年后,他们的想法变成了现实。最近的观点提议每个生长在地球上的人都应该享有固定的、平等的碳分配,现在看来,这种想法显然是理想化的,但是在将来可能会成为常识。所有的人都在发表看法,从这些看法中我们可以推导出很多其他的东西。所有的观点都蕴含着非常激进的想法,它们认为未来会影响现在,而不仅仅是影响过去,认为我们是由创造力和自己的学习能力塑造而成的。所有的观点都表达了恩斯特·布洛赫(Ernst Bloch)所称的"希望的原则",这种渴望是与生俱来的,有时候会成为行动,另外一些时候则会代替行动。

最令人印象深刻的乌托邦想法是那些与现在具有一致性和连贯性的选择,新社会的出现好像是出自法令的规定一样。它们作为一种工具,如同俄罗斯的形式主义者所称的"使之变得奇怪",它们帮助我们看清了有体制的奇怪所在。这种传统的渊源可以追溯到柏拉图的《理想国》,其现代的形式起源于托马斯·莫尔的《关于最完美的国家制度和乌托邦新岛的既有益又有趣的金书》，简称《乌托邦》，这是一本写于 1516 年的书，书中描述了一个坐落在大西洋上的想象的岛屿，为这种形式奠定了基调。虽然它的出现比现代资本主义早了很多年，但其中的一些主题在之后的反对资本主义的乌托邦思想中依然可以找到。它承诺了一种没有货币和财产的体制，工作应该被分享，工作的日子是有限的。伴随着乌托邦思想的到来也会有一些古怪之外，每个人都必须在 8 点时上床休息，社会上最邪恶的罪恶，如贫穷和痛苦，都被废除了。更加好的一点是，乌托邦国家中几乎没有法律，因此也没有律师。它很少会将市民送到战场上，但会从好战的邻国那里聘用雇佣兵。

在法国大革命前后，乌托邦写作的传统凝聚了力量。在 18 世纪，一个典型的例子就是路易斯·塞巴斯蒂安·摩萨（Louis Sebastien Mercer），他呈现了一种与极端的、等级制度森严的法国君主制度相反的乌托邦式的对应物，在这种制度中，税收是收入的 2%，由于热心公益，人们自愿地做出贡献。人们穿着简朴，而不是极尽奢华，享受着禁止使用机动车的城市生活。公共服务是令人们印象深刻的，有干净的水和公共健康服务。

几十年后，圣西门描述了一种具有生产力的乌托邦，在那里，无所事事的富人和牧师的权力被取消了，经济是围绕着工厂建立起来的，科学（这一"牛顿宗教"的基础）和工业一起塑造了社会。不幸的是，他将皇室列入了懒惰者的行列，所以他被逮捕了。他写的有关欧洲联盟的计划是不成熟的，但是，他的视角是符合时代的，如同他认为科学将帮助塑造乌托邦一样，因为它将所有事物的本质都显现了出来。他写道，"信仰的荒谬在于认为最好的时代已经过去"，"事实是未来才蕴藏着最美好的时代"，"巨人们会回来，不是那些身高上的巨人，而是理智上的巨人"。[1] 之后，哈耶克将他的观点描述成工程师的宗教，他的理由很充分。圣西门将法国大革命看作一个被浪费了的传播工业主义的好机会，相反，工业主义走入了法律和权利的死胡同。在他的乌托邦中，对于军队和警察的公共支出被投资到具有生产性的活动和公共事业中（"发明院"发掘想法，受到"执行院"的监督）。世界被看成是具有可塑性的，理智和经验可以塑造它，但是方向是不会错的，都是朝着一个更加美好的世界前进。

在埃蒂安·卡波特（Etienne Cabet）的乌托邦式的伊卡利亚岛中可以发现一种更加明显的政治变体。这是一种极端的理智之地的化身，承诺了绝对的干净和绝对的对称，基本上，法律规定了从事物到衣着的一切，所有市民都可以参与政治（选举也是一样），他们得到了统计部门数据的支持，可以得到自己需要的数据。伊卡利亚式社会在法国所有的工人阶级中传播，之后到达了美国，在得克萨斯州、路易斯安那州、伊利诺伊州、密苏里州、艾奥瓦州以及加利福尼亚州都建立了集市。

在大革命时期，法国经历了最饱满的世界可塑性，也见证了在短短的时间里到底可以发生多大的改变。复辟后，对于拿破仑法典的坚持，反击了反动派声称的改革是徒劳和违背自然规律的说法。但是法国也面对现实的限制，诸如一周包含 10 天、一天包含 10 小时的改革，以及设立一系列新节日和荣誉的尝试，尽管它们都充满了乌托邦的精神，但是，这些尝试都失败了，这就证明了不是所有的事物都是具有可塑性的。对一个新世界的希冀并不能保证一切，即使已经合法化了，也不见得能够得到保障。

在 19 世纪，英国倾向于城市化水平较低、更加具有田园气息、更加具有怀旧风采的乌托邦。他们对于资本主义之后世界的展望与资本主义之前的世界在精神上是很接近的。哈德逊描写了一种城市将会被重塑为乡村天堂、手工业代替了工业、蔬菜农场成长起来代替了工厂和火车站的乌托邦，这是一种很受欢迎的变体。最具影响力的是威廉·莫里斯，他在《乌有乡的消息》（*News from Nowhere*）一书中描写的一种充满民俗节日和手工业的世界，市民们高兴拆除了铁路，这里变成了中世纪的伊甸园，没有带薪的工作。塞缪尔·巴特莱特（Samuel Butler）的《埃瑞璜》（*Erewhon*）也同样受欢迎。在他描写的这个国家里，疾病被认为是罪恶，生病的人被丢进监狱中，生病是他们自己的过错，就连悲伤的人也被关起来，因为悲伤被看作是不幸的标志，人们被认为应该对自己的不幸负责。相反，那些抢劫和谋杀的人得到了友好的对待，而且被送进医院进行治疗直到康复。在《埃瑞璜》中，机器是不允许被使用的，因为一位哲学家警告人们：机器会飞速地发展，而且会统治世界。

还有成千上万其他的例子，这些例子经常会详细地描述它们构建的世界，这些世界拥有法律、制度以及领导人。尼古拉·车尔尼雪夫斯基（Nikolai Chernyshevsky）的《该做些什么》（*What Is to Be Done*）于1863年在俄罗斯出版，还有爱德华·贝拉米（Edward Bellamy）的《回首》（*Looking Backward*），这些都是畅销书。这些作品代表了一种对于现在的希望和失望的特殊倾诉。他们的作品都和席勒的作品在精神上是一致的，为当代人注射了一种超越的元素以"翱翔于时代之上"，"在镜中若隐若现的将是未来的黎明"。

在19世纪时，资本主义蓬勃发展，它对这些乌托邦的想法所起到的作用是模棱两可的。资本主义经常被视为敌人，而不是可以依靠的基础。卡尔·马克思能够洞察到资本主义是进步过程中不可缺少的一部分，这种见解是不寻常的，他认为资本主义是一处怪石嶙峋的风景，是人们在到达社会主义充满阳光的高地过程中的必经之路。从一定程度上说，资本主义中有一些乌托邦的色彩，这些在书中并不多见，但是在实践中较常见。有关丰裕的承诺在各种盛大的丰收庆典中得以展现，比如1851年伦敦大展中展示的宏大的玻璃制宫殿，1893年在芝加哥充满霓虹灯和磷光灯的街道，参观人数达到2 700万（它所具有的那种不知疲倦的乐观只是由于市长在距离该展览结束前不久被杀才部分地受到了削减），以及1900年的巴黎，参观人数达到5 000万，他们谈论电影和电梯。每一种都是乌托邦式的，每一种都强调了另一个阶段，这是一种不断扩张的阶段，人们认为公众和国家受到了保护，高科技娱乐以及运输都在迅速发展。他们的设想最终变成了事实，一堆可以改变生活的事物出现了。

如果说资本主义的确承诺了乌托邦的话，那么更多的也是对个人而言的，而不是针对集体而言的，这是自然的，当资本主义的想象力的确是乘风翱翔来打造七彩世界时，结果会变得模棱两可。有关20世纪80年代网络朋克式的科幻小说，在某些方面是一种对当代新自由主义和资本主义的故意的极端化，他们是华丽的、个人的、持有反对意见的、沉浸在商标和虚幻现实中的，将全球性的合作世界看作理所当然的。它的确描述了一个有趣的、令人激动的世界，但那并不是大多数人想要生活的地方。

对于一种由物质和技术推动的进步得过多的信心，既令人们充满热情，又使人们感到烦恼，令许多人更渴望时间可以倒转回那种集体生活的时代，生活于自然界之中的乡村田园世界。在 19 世纪，官僚和工人一样因为资本主义而感到困扰，他们发现自己正好是这些理想的代表，他们的乡村财产是一种更加公平的版本。克鲁泡特金（Kropotkin）表达了回归集体田园生活的想法：一个没有国家的世界，鼓励互相帮助和相互联系，在这里所有的生灵都找到了"为生活奋斗的最佳动力"。自愿的合作和交换将会代替一种被金钱和权力腐化的世界。托尔斯泰写到了同样的东西，他尝试着在俄罗斯的土地上创造一个小小的天堂，他提倡的是一种道德的转变，而不是一种暴力的变革，强调唤醒人们内心的自我，就如同他在一本书中提到的，"上帝的王国在你的内心中"。这些都是有关社会的幻想，在这些社会中，没有工业和技术，有的只是一种基于劳动力的、更简单且更诚实的平等，而不是那种可怜的、卑微的工厂中的工作，是一种能够美化手工业者和农民心灵的工作。

这是许多乌托邦思想的普遍主题。他们希望劳动仍然是日常生活的主题，但他们希望工作不是为他人而做，不是令人筋疲力尽的累活，不再被转化成商品。马克思批判乌托邦，但他也描绘了一种未来，在那里我们上午狩猎，下午打鱼，晚上放牛，晚饭后批判世事（虽然从女权主义者的角度看，他没有说明到底是谁做饭）。自动化生产带来的新的放松时代将给予我们更多的如同法老般的自由，这种自由不是用于消遣，而是用于创造性的工作。在资本主义制度下的工作是一种与众不同的工作，在这里"活动意味着受苦，力量意味着权力，生产意味着如同被阉割了"。但是，未来的工作将和我们真正地融为一体，将和我们作为人类的深层次需求融合。另外，如果说有人担心竞争力太小、工作"将让人变得无聊"的话，那么威廉·莫里斯提供的答案预示着"过去的生产被称为艺术，但现在我们对生产已经没有定义了，因为生产已经成为每个人日常生活中一个必要的组成部分"。

由于经理人权力的增长、对于时间和运动的研究以及弗雷德里克·

第 6 章
反资本主义的乌托邦和新托邦

泰勒（Frederick Taylor）对于思想和行动分离的倡导，20 世纪的资本主义越来越演变成一种官僚体制的繁荣，与此同时，乌托邦式的理想却变得越来越渺茫了。詹姆斯·伯恩汉姆（James Burnham）很好地压制了这种恐惧，他阐述了在一个由策划者和经理人占主导的世界里，为什么亨利·福特和约瑟夫·斯大林都同样要遏制人类的自由，如果说这种主导源自资本主义公司或共产主义国家的组织，那就无关紧要了。这两者的等级制度，甚至连建筑看起来都是类似的。一万年以前，在捕猎和采集的自由社会以后，农业将人们禁锢在令人压抑的辛勤劳动中。现在资本主义正在强化这种征服，但希望这是在为真正的自由铺路。

如果对于一些人而言，自由意味着诚实的、具有创造性的、不再是另类的、实实在在的工作的话，那么对于另外一些人而言，自由就意味着逃离工作。保罗·拉法格（Paul Lafargue）（马克思的女婿）提出了"懒散的权利"，许多人都希望进步能够将我们从必要的工作中解放出来，而不是以交给我们另一种工作作为答复。

不论哪一种方式，更加理想化的自由意味着联系更少。在资本主义铺设铁路、开通电报、设置宽带网络和卫星系统的时候，大多数的乌托邦主义者则从托马斯·莫尔那里得到了启发，并且开始描绘乌托邦式的岛屿。比如欧内斯特·卡伦巴赫（Ernest Callenbach）的《生态乌托邦》（*Ecotopia*）提出了一种封闭式的新型国家，它是由加利福尼亚州、俄勒冈州及华盛顿州这几部分组成的，这个国家想要在逆境中找到一种新的生活方式。小说在某些方面反映了事实，因为在封闭的、孤立的古巴，石油资源受到限制，被迫适应城市农业以养活人们，随后成为激进的美国人效仿的模范，努力地绿化他们的城市。

许多作家要么从实践开始，要么将他们理想化的思想付诸实践。在托马斯·莫尔提出理论的一百年后，杰拉德·温斯坦利（Gerard Winstanley）及其共同谋划者曾着手在圣乔治山上建立了一个乌托邦世界，一个极其公平的社会，在这里没有等级制度和军队，但是最终却被地主和军队镇压了。但是两百年之后，乌托邦的情况得到了改善。花园城市运动就是最好的例子，这次运动的灵感源自一部乌托邦小说《回顾》（*Looking Backward*），是由埃比尼泽·霍华德（Ebenezer Howard）建立的，它们被想象成大约 30 000 个自给自足式的社区，在周围的区域里是混合的家庭、工厂以及农场。霍华德的见解是在 1898 年出版的《明天：通向真正改革的和平之路》（*Tomorrow：A Peaceful Path to Real Reform*）这本书的基础上发展起来的，描述的就是这样的一种花园城市，所有的周边城市都是中心城市的卫星城，数量达到五万个，这些城市都是由铁路联系在一起的。其中有两个花园城市是在他的有生之年完成的，一个是莱奇沃斯花园城市，另一个是韦尔温花园城市，两座城市都坐落在英国的赫特福德郡，他的想法被证明在美国是很有影响力的，从波士顿的伍德博纳到皇后区的杰克逊高地，以及更遥远的地方，从阿根廷的帕勒玛花园城市到澳大利亚南部阿德莱德的上校灯光花园。

回首过去，许多乌托邦理论家也很现实。威廉·莫瑞斯对于未来的描述可能有些遥不可及，但他作为纺织品与壁纸的生产商取得了成功（他甚至在维多利亚女王的委员会中工作）。艺术和手工艺运动是资本主义的一个替代者，为人们提供有用的产品（虽然最终主要是为了财富）。罗伯特·欧文（Robert Owen）将对于未来合作的想象与位于欧洲的最具生产力、最成功的制造企业结合在一起，这些企业在格拉斯哥附近的新拉纳克。乌托邦主义者最多也只是将人们从思想和行为本性的束缚中解放出来。有趣的是，虽然马克思十分强烈地谴责乌托邦主义者的天真的想法，却认为他们的确将空想化为了尝试，他写道："在傅立叶、圣西门等空想主义者的想法中有对于一种新型社会的预测和想象性表述。"[2]

最近的一些乌托邦主义者重新给许多同样的主题赋予了生机。有一些极端的版本，如伊凡·埃弗雷莫夫发表于 1958 年的《安德洛墨达》（*Andromeda*），书中极其详尽地描绘了一个和谐的、没有阶级的世界，在这个世界里，筹划者对世界进行了重新改造，几乎是对城市分区的拙劣模仿（在这里政见不同者被流放到一个"无名的岛屿"去定居生活）。一些想象经常是更加温和、更加真实的，有时候是将他们的乌托邦式的想象的发生情况设定在工业文明被摧毁后，人们在捡拾碎片时发生的。我们又一次看到了人们对于合作的渴望，对于乡村规模的社区及有意义的工作的向往。最近的乌托邦思想展现了一种针对浪费的反面现象，呈现了一个可持续发展的生态世界,在这里物品是经过反复应用的,建筑高楼的土地从空中看和未开发前一样,工厂排放的水可以直接饮用。

其中最好的代表之一就是娥苏拉·勒瑰恩的作品《一无所有》(*The Dispossessed*),作品的场景是在安瑞纳斯星,即乌拉斯行星的一颗卫星,在这里,改革者创造了一个没有政府和压迫性权威体制的社会。这里所用的语言很少是用来表达占有的,衡量人的标准是他们做了些什么,他们为别人做了什么,而不是他们拥有什么。这是一个贫穷的社会,是一种物质匮乏的环境。小说的主人公物理学家维克渐渐意识到改革所创造的社会正在一步步地停滞,正在形成的权力结构从未存在过。结果就是一种模糊的乌托邦思想,这种思想并不会假装认为一个完美的世界是可能的。

现在,想象性的乌托邦思想通常存在于无政府主义者和社会主义者的传统中,存在于在世界社会论坛召开时发生的运动中(口号是"另一种世界是有可能的"),存在于在所有重要的宗教边缘,存在于围绕着因特网的激进的亚文化中,存在于世界上成千上万的公民企业的适度形式中。它们也存在于一些有关运动的、详尽的哲学之中,比如永久培养,这种哲学倡导一种全面的农业方式。不同的变体可以在各种开放性软件的亚文化中找到:它们重视技术,认为它是自由和民主的使者;它们怀疑所有集中的权力、私有财产和利润,同时也使电脑黑客和网络战士成为英雄。危机使得这些群体都成了找寻意义的追随者,这是一种在混乱和困惑的经济体制中寻找意义的方式,这种经济体制为自己无形的手采取的盲目行为而骄傲。

他们以及当代许多反对资本主义文学的人〔比如戴维·科顿(David Korten)、温德尔·贝里(Wendell Berry)、李比兹(Alain Lipietz)和麦克·阿尔伯特(Michael Albert)〕的弱点是,他们并没有提供任何有关如何实现他们想法的方法,也没有克服根深蒂固的追求利益思想的方法。在一些书中——比如《回顾》及《乌有乡的消息》——乌托邦的思想是靠例子来传播的,其他作者则仿效了那些别人作品中的东西。事实上,变化从来就不是简简单单的。结果想法都如同空中楼阁,很吸引人,可以自圆其说,但是没有实现的可能性。有时候,它们会激励一些行动，要么是一种食盒计划，要么是一种有机农场，一个合作性的网络，从这个意义上讲，与威廉·莫瑞斯，以及其他人的现代的等价物是很接近的，他们将乌托邦的思想与小规模的实际行动结合起来。但是他们依然是边缘化的，只能在现代市场上找寻最小的角落栖身，依旧无法动摇资本主义的力量。它们被给予了变成鼹鼠的自由，挖掘自己的鼹鼠洞，但是它们并不能塑造自己的理念。

可能这种无能也是源自一种矛盾，这种矛盾认为所有的乌托邦思想都是个人的幻想，然而他们都期待这是集体的幻想。它们所具有的普遍元素（每个人都能吃饱，有房住，心情愉悦，有自由的想法）同样具有两面性。它们的组成元素，那些最有趣和具体的元素，相反倒是最有可能刺激到读者的元素。每一种乌托邦思想都应该传递创造它所需要的公共必要条件，然而，即使号召了公众，也不能确定人们就会选择已经规划好的乌托邦。

因此，乌托邦以及它们的用途对思考资本主义以后的世界有什么帮助呢？它们是想象行为的一部分，本身就是有用的，它提醒人们要提防永久性的被固有体制所制造的固定幻想，尽管它们有宏伟的建筑，有似乎不会过时的宪法和宗教礼仪。牧师和古生物学家皮埃尔·泰亚尔·德·夏尔丹（Pierre Teilhard de Chardin）的评论是正确的，他说："乌托邦主义者……虽然他们的想象会令我们发笑……却反映了人类社会现象的真正维度。"我们需要时刻提醒自己牢记我们的希望及世界的可塑造性。智慧的根是不确定的（这就是为什么圣·特蕾莎因为她的疑惑而被称为圣人）。面对大国强权，面对生态与原子能诅咒所带来的恐惧，面对那种我们被囚禁于市场之中而没有办法抵抗的处境，我们的心理很容易变得混乱，因为这是我们的本性。悲观者确信一切正在进行中的尝试都是徒劳的。正是乌托邦主义者的思想使可塑性成为可能，这一点值得我们珍惜，对于伴随着软件、程序及诸如模拟城市这类游戏成长起来的一代人而言，这可能更加自然，因为世界的确是可以被发明和重新规划的。

现代性使得完整地想象一些全新的世界成为可能。其他一些基于非碳元素、拥有生命形式的星球或虚拟的模拟世界都遵循自己的衍生规律。在更加日常的层面上，对于可能的世界的想象开启了新的思维方式。比如：不用任何文本或书面形式就可以设计一个工作的地方或城镇，唤起人们对于虚拟语言的注意这可能对新的移民有帮助，或对有学习障碍的孩子有帮助。设计一座没有停车场的城镇可能会开启人们思考设计建筑的新方式。将玩耍和游戏与一整套教学课程相结合，这样设计可能会为学习提供新的动力。重要的一点就是对于可能性世界的极致的想象也许会给我们平凡的日常生活增添更多色彩。物理学家沃尔夫冈·泡利（Wolfgang Pauli）曾经提到了一种并不令人印象深刻的理论，"它甚至连错都谈不上，这种理论就是如此的糟糕"，意思就是它并不能作为人们判断正误的标准。好的理论并不总是对的，却一定是有用的。乌托邦思想倾向也许是错误的，但即使是错的依然很有用。

最佳的空想存在于诗歌和散文碰撞的地方及这些想法实现时所具有的美感。英国音乐家和作曲家布莱恩·伊诺（Brian Eno）写道："我们不仅对过去有亲切感，而且对尚未到来的未来也有亲切感，对于现存体制的变体也感到亲切，我们怀疑这种变体和我们想要生活的世界并行不悖。"我们指望着乌托邦主义者们去想象未来应该做的事，那也只不过就是"打乱现在"。

但是，乌托邦思想并不是转变体制的最佳武器。它们过于纯真，而且经常很复杂。最好的人类创造物应是出现并且不断发展的。在城市规划中最常见的教训就是：对于一个新的社区或房产的规划越精细，规定和建筑的形象就越具体，社区成功的可能性就越小。正是那些不完整的计划运作起来才是最好的，它们将大部分的空间都留给居民们自己来填补。

完整的社会也会面临同样的问题。两百年前对于圣西门的批判现在依然存在。如果没有体制动态化发展的意识，人们根本不可能设计或想象什么将会到来。大多数有益的变革都是发展的，具有可以尝试的空间。我们需要的并不是乌托邦（对于"不存在的地方"的幻想），而是新托邦（neotopias），新的地方，已经准备好生长和适应未来的胚胎。然而，首先我们要理解变化的动态机制，即在什么情境下我们应该采取行动来改变体制或避免体制的改变。

第 7 章

变化的本质
——一种制度如何转变成另一种制度

佛教是第一个认识到事物具有流动无常本性的思想体系。佛祖提醒我们不要过度贪恋，因为最终一定会以失望痛苦告终。但是他没有看到蕴含在不断变化中的内在好处，这正是世界构成的方式。

资本主义是变化的化身，它的拥护者支持不断的变革，赞美"一切固定的东西都会烟消云散"的观点。卡尔·马克思认识到了这一点，并把它作为对资本主义做出了定义的一部分，这点值得赞扬，其他很多人也很愉快地接受了这种见解，并把它转变为自己的理论。不断寻找价值需要摧毁旧事物，需要毫不留情地终止任何没有生产力的事物，需要拥有一种渴望去找出可能创造价值的新事物和新想法。

由于一直在关注变化，资本主义和随之进化的经济学缺少可以解释为什么它自身也会发生变化的理论。有许多理论可以解释一个传统社会如何转变成资本主义社会或共产主义经济如何进入自由市场，但是经济学无法解释这之后会发生什么。

这就是资本主义精神生活的悖论。它的理论家可以对生意盈亏、技术和生产体制的起起伏伏做出冗长的、有说服力的论述。如果根据目前的趋势推断，不难发现全球的经济规模到 2050 年会增长 3 倍，中国的生活水平和美国相比不会落后太多并会拥有更大的资本存量。更富经验的预测者可以预见到一些不那么显著的动态特征，比如在发展的初级阶段能源效率会降低，之后会再上升或中国的劳动力水平（也许是指其增长率）在 2020 年后会降低。

但是，资本主义理论家和经济学学科对资本主义作为一个活着的体制所能做出的论述却少之又少，也很少能够描述它如何经历非线性变化。它的拥护者认为资本主义可能就是最终的演化路线。他们唯一能想象的未来是一个更广阔、更密集的资本主义经济。哈耶克把它称作"交易经济"，一个完全的市场经济，社会中的所有东西都被转化为商品进行交易。

因此，理解资本主义更长远的、动态的任务留给了批评家。他们满怀热情地迎接挑战并发挥巨大的创造力，论述资本主义如何自掘坟墓。自由主义者（包括19世纪和当今的自由主义者）都倾向于认为世界历史由两个阶段组成：原始阶段和进步阶段。进步阶段由代议民主和不断扩张的市场下的更大自由组成。相反，激进主义者倾向于将历史看作由三个阶段组成的。关于前两个阶段，他们认同自由主义者的看法，但是第三阶段被设想得更为进步，即走向社会主义、共产主义或国家的消亡。他们认为这三个阶段或时代能自然地从一个阶段发展到另一个阶段。这可以类比为人体和器官发育的阶段，暗示着人类除了观察这些巨大变化之外，没有其他选择，至少这是马克思有时持有的强硬态度，他这样写道："人类能自由选择社会的形式吗？绝不可能。"[1]他们可以选择加快一个阶段过渡到另一阶段的速度，但是他们不能改变历史的既定道路。

在经典的马克思主义论述中，技术起着决定性的作用。它注定会推动变化，成为变革力量，这是通过生产力、工厂使用的技术以及支配雇主和工人相对权力的生产关系这三者之间的矛盾来实现的。技术变革将使工人的生产率实现前所未有的提高，但是生产关系将保证雇主获得最大份额的利润，使工人阶级比以往更贫穷、更悲惨，直到他们别无选择最终奋起反抗。在20世纪修改后的论述中，知识工人力量的增强（一些论述中称之为无产阶级化）将成为决定性因素。不管是哪种方式，资本主义都将自掘坟墓。

危机将使这个体制陷入混乱，然后建立起新的秩序。马克思预测到利润的下降将使资本主义陷入前所未有的危机。它很有可能会导致生产过剩，仓库中堆满了未销售的货物（仅仅在这一理论提出后的半个世纪，资本主义就遭受了生产过剩的灾难性危机，或者称之为大萧条）。竞争这一理想的方式将被垄断替代。预言再次成了现实，这体现在约翰·洛克菲勒（John Rockefeller）等人身上，洛克菲勒游说停止"有损无益的竞争"（尽管反垄断法及时地监督着过度的垄断）。金融资本将与工业资本发生冲突。贫富分化现象将扩大（这一现象已经发生，世界上最富有的20%与最贫穷的20%的人之间的差距已经从5∶1上升为75∶1）。失业者的后备军将使工资和工作环境趋向恶化，反过来这又将使他们更加愤怒。

马克思的预测也不是没有错误的时候，虽然人们不得不承认这种概率并不高。但是，他误解了资本主义应对威胁和压力的能力，特别是误读了资本主义恰当地分配财富和积聚财富的能力。只有通过工人罢工、政府改革，资本主义才迫不得已地进行财富分配，这是历史的矛盾。如果资本主义任由资本家去决策，那么可能它已经被自身摧毁了。正是资本家受到的威胁拯救了他们。

马克思关于变化的论述中一些深层次的东西至今仍没有得到证实。马克思认为资本主义一定会被取代，因为它既是先进力量又具有残酷性，是一个奇特的混合体。它的残酷性会疏远工人，剥夺他们的身份和情感。他们最终会通过"社会强加于他们身上的赤裸裸的事实"发现并实践"真正的人性"。[2]

然而，工人们不仅找到了自己的身份，而且得到了合理的工资报酬，还获得了选举权并受到了尊重。最终的结果是马克思主义被推到了边缘，成为了少数派。学术界关于马克思主义的争论渐渐平息，使之成为抽象的文学理论，成为如哲学家雅克·德里达（Jacques Derrida）所说的鬼魂。

7.1　动态的不稳定性

然而，用马克思主义的方法去找出动态的不稳定性与矛盾和紧张仍旧是理解变化的强有力的工具。在无法确定社会和经济将延伸至何处、将如何遭到重创前，我们无法想象资本主义社会之后会是什么社会，或者资本主义会如何进化。

其中一个重要的因素就是人口学。一些论述认为，资本主义的精英体制会平稳地降低人们生育孩子以及为了无尽的家庭劳动而放弃工资和享乐的动力。因此，欧洲和美国白人的出生率会急剧下降，远远低于替代率。有显著证据表明，随着人口生育率的降低，全球的经济增长率也降低了。英国的人口出生率从5%降低到2%用了130年（1800—1930年），韩国只用了20年（1965—1985年），其他地方的下降率可能更快（伊朗的人口出生率从1984年的7%降低为2010年的1.5%）。

有些时候人口的不平衡威胁着社会和经济赖以生存的世代合约，越来越大的老年群体需要从越来越少的年轻工人身上获得更多的东西。这一争论再次使我们面临责任的"试金石"——储蓄率。当社会需要将30%左右的存款用来应对老龄化问题时，存款率几乎已经低到不能再低的地步了。这是一个明显的征兆，体现了资本主义失去了保障自身未来发展的能力。有趣的是，尽管中国的储蓄率很高，但它可能面临着更大的风险，因为独生子女政策把它从一个年轻国家快速地变为一个老龄化国家，这在人类历史上是前所未有的。独生子女政策可能保障了父母对孩子们倾注更多的爱，却无法保障孩子对父母奉献更多的爱。如今的中国年轻人不仅要照顾他们的两双父母，还要赡养他们的四位祖父母。

根据联合国2008年的修正，可以说人口增长率正在降低，最终会呈现人口负增长[3]，这在日本和其他一些国家已经发生。这样的话世界人口在不久以后就会开始减少[4]，在经历了几百年的增长后，会发生巨大的反转，现在主流的预测是世界人口将在2100年重回60亿以下。没有人能确定人口长期减少之后，经济会变成什么模样，但是，认为经济将努力去避免冲突、怨恨、面临资金减少而不是资金增长的压力的这种观点是合乎情理的。

另外一些批评者强调资本主义的成功非常脆弱。在制造业领域，非凡的生产力会带来奇异的效果，即降低其在国内生产总值中所占份额。一个部门越成功，越可能会销声匿迹，至少从数据角度来说是这样。以技术为基础的一个部门每年产品售价降低一半，为了避免出现衰退，市场份额必须得翻一番。一个充满创意的经济体制出人意料地沦为了商品的制造者。日本和德国的制造业仍占经济总量的五分之一，然而它们是发达经济体中的例外。大体上，制造业的比重在缩减。在英国，它占国内生产总值的13%（1960年占35%），只比法国和美国的12%领先一点点。制造业生产力的提高（得益于外包）使经济体对服务业产生了前所未有的依赖，然而服务业的发展更加困难，它也受到了生产力提高的影响，20世纪90年代对信息技术和物流的巨大投资导致了零售业（以沃尔玛为代表）[5]和银行（以自动提款机代替分行为代表）的巨大发展。然而，服务业不可能超越信息技术和制造业带来更大的收益。因此，批评者提出了这一观点：增长率从长期来说会下降，资本主义发展得越快，将越快地封锁其增长来源。[6]

同样，消费也具有脆弱性。资本主义在满足人们的一些物质需求方面做得非常成功。在发达经济体中，很少有人挨饿或无家可归。物质充裕乃至过度引发了很多问题——肥胖、酗酒、赌博和药物成瘾都是繁荣带来的恶习（即使他们更容易伤害相对贫穷的人）。在成功地满足了人们的物质需求后，资本主义面临着威胁。人们是否会对努力工作和挣钱失去兴趣，转而对新兴的咨询业、提前退休和三天周末感兴趣？如果人们用金钱换取时间，用休闲代替工作，那么资本主义的重要资源将干涸。如果人们不再勤奋，那工业文明意味着什么呢？

一百多年前，约翰·梅纳德·凯恩斯考虑到了这一可能性并预测到如下情况。

> 假设一百年内，没有重大的战争，人口数量没有出现巨大增长，那么经济问题可能会得到解决，至少解决在望。这意味着如果我们放眼未来，那么经济问题不是人类的永恒问题。[7]

他提到的经济问题是指物质满足的问题，在世界上大多数地方这个问题的确已经得到解决，人们拥有充足的食物、住所和能源。永恒的问题是人们如何生活，如何最好地利用有限的时间。

这与人们对资本主义未来做出的乐观描述相矛盾。主流的报道预测在未来的四十年内，中国的收入将增长十倍，甚至美国和欧洲的人均收入也将翻一番。如果这些预测是正确的，那么目前对饱和和过剩的反对趋势将变得更为明显。慢食运动、自求简朴和有机生活方式已经从少数的富足群体向更多的大众传播，另外，在中国已经产生了反对过度消费的征兆（正如出现在日本战后人口激增的一代那样）。资本主义对此的唯一反应就是更加歇斯底里地创造新的需求，这是受到人们为地位、美貌和体重担忧的推动，这一反常的结果可能会使发达资本主义比贫穷的资本主义国家更受心理困扰。另外，这也是一种不持久的求生策略，一种比疾病本身更糟糕的治疗方法。

与生态方面的批评相比，有关资本主义自我毁灭的趋势就显得微不足道了。过去的许多文明（从美索不达米亚的早期城市到玛雅文明都对人类赖以生存的环境进行了破坏），有时这个过程发生地很慢，以至于人们几乎无法察觉他们必须步行到更远的地方以获得食物和水源。被信仰误导的囚徒很难诊断自己的问题，更别说行动了。然后，生态崩溃往往与冲突同时发生，使曾经高度发达的文明重回平庸水平。比如，现在人们认为玛雅文明崩溃的原因在于人口过剩、干旱和社会冲突的共同作用。

在这个故事的现代版本中，盲目起了一定的作用。共产主义崩溃是因为它不让价格讲述经济事实，资本主义崩溃是因为它不让价格讲述生态事实。事实非常复杂，因为碳强度每年在全球范围内减少 0.7%。然而，人口数量几乎以相同的速度增长，国内生产总值迅速增加，两者共同作用的结果是对环境的加速消耗。全球足迹网络（The Global Footprint Network）利用来自斯德哥尔摩环境研究所（Stockholm Environment Institute）的研究，声称我们目前对资源的需求量相当于 1.5 个地球。和我们的祖先一样，我们也许会遭遇灭顶之灾，因为有认知能力理解正在发生什么的机构没有能力去改变它，而那些有能力改变的机构又缺乏认知能力去找出方法。上一代生态批评者并不走运，当罗马俱乐部（the Club of Rome）于 1972 年出版著作《增长的极限》（*The Limits to Growth*）争辩世界很快将用完所有资源时，持相反意见的人反驳他们远远低估了技术和创新的影响力。然后，批评者得到了平反，人们过度倾向环境悲观主义了。可是资本主义不会像霍迪尼（Houdini）那样永远都能逃脱自己设下的陷阱。

这些动态理论许多都和我们熟知的自然世界相呼应。进化会推动掠食者和猎物间的军备竞赛。但是，在短期之内掠食者有毁灭自我的倾向。如果狼群吃了太多的羊，导致羊群数目减少的时候它们就得挨饿，洛特卡-沃尔泰拉等式（Lotka-Volterra equation）从数学上解释了这种现象。[8]大型的掠食者在面对大型猎物消失时会变得非常脆弱。一旦掠食者减少，"营养级联"就会贯穿整个生态系统。资本主义连续的危机被解释为过度剥削的危机，对可耕土地的过度使用导致沙尘暴，对工人的过度剥削导致反抗，大自然的过度退化最终将毁灭我们赖以生存的生物圈。

然而，和生态观点一样有力的是认为资本主义从文化层面来说注定会失败或瓦解的言论。在上一代，美国社会科学家丹尼尔·贝尔（Daniel Bell）写下了最好、最纯正的辩证分析，其中至少援引了一些马克思主义的方法。贝尔认为，最突出的问题是"资本主义的文化矛盾"。[9]他认为，资本主义的基础是道德义务和责任，而它对维持这一基础几乎没做什么。资本主义要求人们，即使他们不能受益，也要乐意去努力工作、做出牺牲、延迟享受、节省金钱。然而，现代资本主义文化正倾向于毁掉这些传统规范。通过鼓励对自身利益的不断关注，推动人类本性的物质占有欲，主张消费是获取快乐的最可靠途径，资本主义腐蚀了人们努力工作、将遗产留给后代、避免过度享乐的决心，即使这些是资本主义成功的源泉。公司的成功取决于辛勤劳动和延迟享受，一大批人愿意忍受日常生活的厄运，耐心期待随后到来的奖赏，他们从结构的稳定和秩序中获得安慰，这一结构给了他们些许尊重。但是，资本主义正进入一种珍视永恒的文化——享乐和最容易的途径。个人主义和责任存在分歧，民主推动了人们对福利的权利意识的增强以及义务感的减弱，这使事情变得更糟，

丹尼尔·贝尔联想到了20世纪六七十年代令他厌恶的反主流文化。50年代，公司员工的孩子们沉迷于毒品、自由性爱和摇滚音乐，有时自恋地追求自我，他们希望在此找到意义（通常只能找到令他们非常失望的自我）。在同一时期的法国，商业领袖和评论家正为许多年轻人染上了"工作过敏症"而担忧。几年后，贝尔的作品问世了。90年代的

日本有一个更清晰的案例：懒惰的青少年愉快地放弃了父母忠诚的职业道德，这种道德曾对经济奇迹做出巨大贡献。他们拥有的是一种对漫画、运动鞋、随身听和苹果公司音乐播放器不断追逐的世俗享乐主义。他们开始被描述为"新人类"。美国的下一代人以不同的方式确认了贝尔的观点。1950—1990年，个人储蓄率平均为10.5%，最低为7.3%。审慎和责任意味着量入而出，为退休或孩子上学存钱。但到2006年，净储蓄率已经呈负数[10]，这是信贷膨胀的征兆，也体现出人们再也无法控制消费冲动了。

然而，贝尔没有探索资本主义最重要的一些文化矛盾。在过去的一百年里，由于经济的繁荣增长，最强大的经济机构一直担心最有能力、受教育程度最高的人会逃跑，他们拒绝从事单纯追求报酬的工作，而去从事艺术、公共服务等工作，或因市场提供的角色给他们带来的尴尬和羞耻而选择完全退出。在过去的几百年中，贵族将贸易和生产视作粗鄙的行业，与尊严和自尊无法并存，而目前，现代精英也得出了相同的结论。60年代作为麦肯锡的董事长和哈佛商学院的校长，马文·鲍尔（Marvin Bower），当着很多人的面哀叹"商业对精英的吸引力很弱"，那时这一担忧达到了顶峰。[11]

当自发式罢工在西方世界发酵时，每个人都可以看到生产线上的工人在反抗，自由消费的观念与从属工作的现实形成鲜明对比。经理们完全可以理解工人的愤怒，因为经理从小成长在平等的文化中，民主和自由不言而喻地被当作好东西看待。然而，在公司内部，经理被希望扮演独裁者的角色，这再次证明了资本主义不合乎情理的特点。

回顾过去发生的事情也非常有趣。有些情况下，严苛的市场纪律能结束抱怨。工人们只有两个选择：要么努力工作，要么加入失业队伍，这支队伍从20世纪70年代开始就一直在扩展。反抗是无法承受的奢侈。有报道称，菲德尔·卡斯特罗说过，比受跨国资本主义剥削更糟糕的事情是不受它们的剥削。大多数手工作业受到更紧密的控制、监控和分工，这很大程度上得益于新一代的技术，它们能详细及时地跟踪生产力。但是，作为劳动市场的雇佣方，企业对此的反应完全不同。对于更精英的知识工人来说，技术给他们提供了更大的自治和创造力。大企业的日常生活可能和以前一样，存在等级制度和官僚阶级，但是，至少现在有了一种官方信条。商业作家汤姆·彼得斯（Tom Peters）将这一信条描述为"个体能够主宰、完全表达他们情感的自由世界"。上一代不满者的抱怨被吸收并融入新的混合体，它将变化、流动性甚至不安全感视作有利的东西，它更强调工作的内在动机，而不是像上一代心理学家那样以人性化工作场所和办公室[12]为工作目的。[13]

在贝尔看来，宗教为资本主义提供了道德基础，在很大程度上为人们努力工作、忍受工厂的辛苦、公司的官僚制度和职业失望提供了外在动力。然而，有时候宗教具有文化矛盾的双重性。以加尔文主义的辛勤劳动为基础的经济体制，在面临励志演说家、日间电视节目和大教堂牧师宣扬的理念时，存在瓦解的风险。因此许多自主的卖家宣扬具有吸引力的观念：只要你信念足够坚定、消除所有怀疑，你就能得到你想要的任何东西。想象的可能性能够让它们成为现实，让你变得富有。积极思考的推崇者将现实描述得更为极端——与悲观者相比，乐观者能收获更多——将人们扭曲到无法再产生怀疑。这种狂热的积极性的反作用是暗示任何失败必定来自个人的错误，即信念不够坚定的结果。然而这也损害了人们坚持辛勤劳动的动力，这种动力是生活和工作成功的前提。

积极性在资本主义中起着非常重要的作用。资本主义本质上是乐观的。投资者乐于相信事情能得以实现，数百万计的存款者宁愿将自己的财务事项委托给他人，而不愿把钱藏在自家的床垫下。所有重大的商业冒险和每项新技术都依靠一种飞跃的信念。当然没有人有完全的信心确信新事物一定会成功。因此资本主义将冒险精神、寻找并征服新土地和潜在财富以及对成功者仰慕等制度化。当乐观战胜谨慎，资本主义就获得了成功。当乐观消散，经济就会停滞。金钱停止了流动，存款者取出存款，银行家再次学会了说"不"。资本主义乐观与谨慎和冷静截然相反，令人担忧的是，前者在大众文化的加固下会削弱后者，而后者是日常生活中家庭美德的基础。

这种文化可能会呈现周期性变化——奢靡和懒惰之后人们会珍视简单、真实和真正的生活。正如乔治·奥威尔（George Orwell）所说，我们努力去逃避我们长久渴望的安逸。我们中的一些人，身处安逸却觉得不自在，可能又回到了过去，太过安逸使我们对危机疏于防范。

这样的周期性模式与直线型的经济增长和技术进步模式相重叠。对我们来说，最重要的可能是创造性和掠夺性的模式。它们还没有被理论化，但常常受到关注。创造性周期似乎遵循一个相对稳定的模式。第一阶段是开放性和可能性并存的时期，那时新想法兴盛并受人们的拥护。随后是常规化的阶段，新想法被运用并制度化。之后一段时间是腐朽和停滞阶段。最后，在经历了危机或震荡后，体系又重回开放。这个模式在产品生命周期[14]中也能找到，在弹性理论的先驱宏林（C. S. Holling）的研究中也能找到相关的模型。在生态体系中，最优化时期（所有生物都找到自己的位置）常常不稳定，紧随其后的是多余能量造成的创造性毁灭时期。这为掠食者和寄生虫重归原状提供了机会。

这些创造周期和掠夺周期相交叉。在创造时期，解放和自由的精神将束缚移除，这种扩张文化为掠食者提供了更多的机会。但是，掠食者容易过度扩张，容易在危机发生时受到谴责。由于过度扩张，他们毁灭了猎物，最终危害自身。由于危机带来的成果通常通过规则和约束得到控制。这些模式在自然界中被广泛映射和模仿，我们也能在历史中找到这些模式。许多历史学家向我们说明了国家过度扩张、过度征税导致反抗的周期，精英们拿取过多直到某种事物崩溃的周期，农民过度放牧导致沙尘暴的周期。

下一章我将探讨创造性周期和掠夺性周期如何交叉。首先我要从一个更全面的框架中去思考变化，这个框架既适合创造性周期，也适合掠夺性周期。

7.2 如何改变制度

汤姆·斯托帕德（Tom Stoppard）在有关赫尔岑的三部曲《乌托邦海岸》（*The Coast of Utopia*）中写道，赫尔岑建议他的儿子和众人航行到乌托邦海岸，但不要想象在那里能找到真正的天堂。我提出过一些有望替代资本主义的想象中的乌托邦和想法。

我也描述过使资本主义失衡的一些制度上的动态特征。但是，这些事物是怎样慢慢累积导致制度中的变化或制度本身的变化的呢？什么能使整个社会认为它需要变化，而不仅仅只是进行研究的人这么认为？各种掠夺者是如何被推翻的呢？

这种变化很少但并非没有。其他制度转变成民主制度、市场经济转变为共产主义、共产主义转变成市场经济，这些是我们能立刻想到的。在所有情况下，掠夺性的精英和掠夺性的制度都被改变了，显著的事件标志着变化：聚集在城市广场的广大民众，伴随着振奋情绪和华而不实的声明，将无名小卒变为名人，将名人忘却。其他的一些变化更具渐进性，如福利国家、社会化医疗、消费主义、私有主义和解除管制等制度的创立。其他的一些变化更局部、更有潜力，如转变为循环经济。

我们可以找到很多关于变化如何发生的文献，有些试图得到一个单一的"变化理论"。我们有充足理由希望了解这个理论。没有它，我们想要改善事物的努力可能会变为徒劳——试图改变无法改变的，对本应该慢慢做的事情操之过急，对应该快速做的事情却行动迟缓，这样一定会导致失望。每个人都想找到一个发力点，找到打开变化之锁的唯一钥匙。许多关于变化的描述乐于关注供其他人追随的英勇领袖、特效治疗或高招。这把钥匙可能是一项技术，也可能是一个人，如拿破仑或亨利·福特。然而，即使这些解释回顾起来令人信服，对于想要做出改变的人也没什么帮助。如卡尔·波普尔（Karl Popper）所说，"历史发展最突出的方面是它的不重复性……我们能预测日食并不能证明我们能预测革命"。[15]

当然，所有企图找到唯一变化理论的行为注定会失败。本章的前半部分我们提到的许多理论都清楚地体现了变化正在不同的领域以不同的方式发生着——从家庭生活和消费到政府和技术。如果存在相同的模式反而会令人感到惊奇，尤其在人们理解（至少有些时候如黑格尔所说）历史带给我们的最大的教训是人们没有从历史的教训中学到东西的情况下。比如，资本集约型能源基础设施、政治制度、性行为规范和时尚的变化节奏都各不相同。另外，由于变化常常涉及竞争、新来者和现任者的冲突、掠食者和猎物的冲突，所以在一种情况下奏效的模式，不一定在其他情况也奏效。

我这里建议的不是单一的变化理论,而是一种包罗万象的描述,旨在提高我们的思维能力,思考什么将在资本主义之后到来,这种描述从两个简单的问题开始:为什么大多数时间,事物总是维持原样;为什么有些时候,事物又会发生变化呢?

7.3 保守主义的四种力量

大多数制度的变化常常是温和的。其他事物也一样,生活在不断重演。在进化中,成功的基因突变很少。典型的一天的节奏,睡觉、吃饭、旅行或工作的惯例体现了我们是习惯性的生物,孩子观察父母重复的动作学会模仿,人类具有创造性和好奇心,我们的人体机制却是懒惰的,我们总是寻求简单而非艰难的路径。这也就是为什么制度建立在重复之上,模式只会渐渐变化的原因——小学、工厂和商店依靠适应和不变得到生存。即使在变化发生时,也常常开始于单步而非跳跃。创新很少是飞跃性的——尽管从远处看起来是这样,但它们常常是一步步发展而来。

尽管缺乏想象、懒惰和教条构成了部分原因,但它们绝非唯一的原因。另外还有任何改革者都应该理解的惯性原因。事物倾向于保持原样,而掠夺制度能存在很长时间的首要原因在于效率。任何制度,不管它是一个行业、一所学校还是一座城市,长期以来许多不同因素的作用实现了彼此的最优化。它们已经适应了和谐共处,就像人们找到了最便捷的小路或开阔的草地。生意如何运作、职业如何培训、法律如何制定、家庭如何安排它们的时间以及构成日常生活的数百万种方式,它们的具体操作细节一步步发展,互相保持一致。作为一种生活形式的资本主义也是这样。它的每个因素,如关于个人信用、广告和工厂的想法,以及以小时或年度为单位支付工资的想法都是逐渐跌跌撞撞地发展而来的。随着时间的推移,人们对运用这些工具越来越有信心,与此同时,这些工具也变得越来越有用。

与现存的社会和经济制度间互相依赖的关系相比,任何新方法,无论设计得多好,其效率看起来总是非常低的。汽车在 19 世纪 80 年代首次推出时,几乎从任何标准来说,效率都非常低。作为从地点 A 到地点 B 的工具,汽车既不可靠又昂贵。从当时的环境来看,它们的效率甚至更低:完全不适应马厩、马市、马车夫和拿着铲子移除大量马粪的工人的生态环境。发明家和司机对汽车梦充满热情,正是在他们的不懈努力下才推动了技术发展,使汽车在国家中成为马和马车的有效替代物。

这些模式在工业资本主义的命脉——能源方面,体现得更为明显。能源体系建立的速度很慢,变化的速度也很慢,因为它们需要很多的事物来匹配。建立在石油基础上的经济不仅需要石油勘探者、石油井、精炼厂和分销系统,还需要为使用石油设计的机器以及使石油有效工作的技能。任何竞争性技术,不管有多大的吸引力,一开始都存在极大的劣势,因为它缺乏互补因子。

甚至从许多标准来说效率极低的公共部门也建立了他们自己的逻辑,如苏维埃共和国的军事基地是为了支撑当地经济,美国 20 世纪八九十年代建立起来的大型监狱也是出于这一目的。要改变任何制度都需要达成广泛共识,即认同制度的缺点已经超过了它的内在效率。

造成变化很难发生的第二个原因在于利益的力量。在任何成功的社会或经济制度中,许多人都和稳定性存在利害关系。掠夺者将他们的特权定义为这种信念:没有他们,受掠夺者将生活得更糟糕(任何社会中只占 1% 的上层阶级都深信另外 99% 的人能从他们的成功中获益)。与延续的好处相比,变化的风险就显得格外巨大。这也适用于探索新的耕作模式的农民、应对全球化的经理以及思考新的绩效工资的公务员。大多数人会将时间和金钱投资在他们不愿放弃的过去的做法中。在稳定的社会中,最紧张的状态要么被掩盖,要么通过妥协得以解决。害怕变化的另一个原因可能会使之浮出水面。同时,利益集团,即现状的最大受益者则学会了如何让制度为他们服务,如何把他们自己变得不可或缺。只有当有力的利益集团看到改变现状能让他们得到更多的东西时,资本主义才能控制社会。比如,19 世纪的土地占有者把自己重制为产品生产者,20 世纪末一些国家的官员意识到他们能够快速致富。

第三个因素是思维。任何制度都以设想、价值和规范的形式在人们的思维中巩固。制度看起来越能成功运行，越能给人们渴望的安全和繁荣，它的特点越能变得根深蒂固，越能成为人们身份意识的一部分。[16]稳定导致惰性，因为制度似乎在告诉人们，他们做的和想的是正确的。[17]如约瑟夫·熊彼特所写："社会结构、类型和态度就像硬币，没那么容易熔化。它们一旦成型了，可能会留存几百年。"[18]我们已经看到，掠夺者的意识形态不仅能在胜利者中扎根，同样能在失败者中扎根，失败者认为这是自然的，他们贫穷无助，其他人就一定是亿万富翁。然而，思维的确会发生变化，工业化的历史生动地记载了人们的思维是如何发生变化的，通常强制地把他们变成可靠、遵守纪律的工人，再把他们变成积极的消费者。政治在这方面很少会落后，因为政府的很大一部分工作就是塑造人们的思维——教会他们如何分辨好和坏、合法和非法、公正和不公正以及是否是国家的一员。

阻碍变化的第四个因素是关系的束缚。体制中有影响力的人物间的人际关系以社会资本和共同承诺的形式，创造了额外的稳定因素。现实中的市场经济既受到高尔夫俱乐部、桑拿场所等交际和人情网络的推动，也受到更可见的交易的推动。同样，政府的大部分事务也依赖于人际关系，它可能比正式的组织项目更重要。人情网络对制度中事务的稳定发展起着重要的作用，但也可能严重得阻碍新来者带来的巨大变化。大多数人不愿意破坏良好的现状或招来惹是生非的骂名，表达真实的想法可能会使其在社交中处于孤立无援的境地。[19]

这些力量对变化造成了极大的阻碍，在每个真实的资本主义经济体中我们都能看到这些力量。尽管企业家精神致力于推动变化，但是资本主义经济体致力于稳定。它们试图优化安排，比如如何雇佣员工、养老金在长期的相互适应中如何安排等。强大的利益集团不仅包括银行家和其他大量剩余价值受益者，还包括拥有养老金和固定职业的人。市场变成了我们思考的一部分：亏损的企业自然应该裁员，城市道路被广告牌覆盖是很自然的事情，晚间新闻告诉我们汇率只发生了微不足道的变化，这也很自然。人际关系将市场联系在一起，在技术理应使会议、人际网、俱乐部和持续的面对面互动遭到淘汰时，人们还在这些方面进行大量投资，除了人际关系之外，还有什么能解释其原因呢？

这四种力量共同解释了为什么制度被设计成现在这样，为什么规则呈现出现在的形式。另外，因为想法和利益一起发展，无法说明是哪个因素统治着世界，因为它们只有互相影响才能做到这一点。

与制度可能是怎样的相比，制度是怎样的具有强大的吸引力，它使人们忽略或不愿面对更深层次的结构挑战，如人口学、生产力或生态学。正如德国哲学家亚瑟·叔本华（Arthur Schopenhauer）所说，新的事实首先被忽略，然后遭到强烈反对，直到后来才被看作不言自明的真理。的确，只有当人们变化后，变化才可能发生。四十年前，托马斯·库恩（Thomas Kuhn）有关科学变化的经典论述使范例的想法流行起来，这一论述同样适用于其他的生命形式。库恩指出，甚至在科学的理性世界里，好的理论都不会自动取代不好的理论，因为证据和事实不足。的确，当现存理论失败时，自然的反应是更加努力地设法使这一理论运作。现有理论必须遭到大规模失败，它们的追随者要么过世了，要么放弃了，新的理论才能取而代之。在适应不熟悉的新衣服之前，我们需要体会全身赤裸、无比脆弱的感觉。

这些问题对所有的改革者提出了挑战。正因为人类社会纷繁复杂的因素相互适应，任何巨大变化都可能在短期内造成效能变差，即使长远来说会带来效能的腾飞。结束掠夺的受益者可能在获益前先遭受损失。新的模式一定要花费时间来优化效能并适应周围的环境。一大批从事变化研究的作家——从20世纪30年代的约瑟夫·熊彼特到70年代的唐纳德·舍恩（Donald Schon），再到90年代的阿米塔伊·埃特兹奥尼（Amitai Etzioni）和克莱·克里斯琴森（Clay Christiansen）——都强调这一点：改革者和创新者都要绷紧神经，紧紧抓住支持者，因为在艰难的过渡期，事情可能不会变好，而是变得更加糟糕。

那么事物如何才能发生变化呢？在社会和经济体内部，一些变化一直在发生。现代资本主义社会很独特，因为它将稀缺资源投入到发现中去——投入到研发、创造艺术中去探索前沿的新事物。带来创新的同时也带来了中断，伴随新想法而来的失败，伴随新技能和新工作而来的老技能和旧职位的破坏和丢失，就像亚当吃了智慧树的果实以后破坏了早期最优化的社会一样。然而，只有在以上这四种阻碍变化的力量发生变化时，或更辩证地说，只有产生足够尖锐的矛盾来瓦解这四者时，意义深远的社会变化才有可能发生。

7.4　是什么推动了变化

首先，是什么将有效率变成了无效率？我们已经审视了许多造成这一结果的动态因素——从人口统计和生产力效应到新知识的影响。原因有可能是外在的（由发展前沿技术而兴起的国家），也可能是内在的（资源枯竭）。

在许多层面上都可以感知到存在的问题。在商业领域，盈利能力是检验效率的试金石。旧制度的盈利能力减弱，新制度具有强大的盈利能力，由于这两者之间存在的巨大鸿沟而产生的制度变化少之又少。如约翰·皮尔庞特·摩根（J. P. Morgan）和比尔.盖茨带来了由临时垄断构成的全新的生产模式。对整个经济体而言，危机的征兆是增长缓慢、盈利下降和财政危机。这些反过来又使政府征税的难度增加并很难证明它们提高税收的行为具有合理性。政党发现赢得选票更难了，缓慢增长容易加剧紧张和狭隘。20 世纪 30 年代的欧洲和 70 年代的美国都可以视为一种警示：系统性能恶化后，人们变得更愤怒，他们开始寻找替罪羊并意识到：为了争得缩小的蛋糕，他们需要付出更多的努力。

数百万计的人们也感受到了压力，效率危机使他们在现实中看到自己珍视的价值和规范越来越不能得到验证。尽管有些人很擅长通过解释消除不快的结果和防止"认知失调"[20]，尽管精英阶层企图监督禁忌观点，但他们总会在某一时刻意识到现状将无法继续存在。当这一时刻来临时，维持稳定的四种力量就开始瓦解了。

效率危机总是伴随着解释危机，效率下降时期最痛苦的挣扎之一就是效率如何被定义或分类。最激进的变化不仅发生在物质现实变化的时候，也发生在分类发生变化的时候。19 世纪中期经济上的成功不仅开始意味着生产者的高成本也意味着消费者的低价格，因为生产者利益开始被看作掠夺者而不是社会的支柱。后来,改革者对私人公司的效率关乎一切这种观点提出挑战,转而强调公共领域的效率,对公共卫生、学校和基础设施进行投资的必要性。无情的工厂老板开始被视为掠夺者,就像几十年前的土地拥有者一样。1833 年,英国议会在女王马厩上的花费要比在儿童教育上的支出更多,但是到了 1880 年,5~10 岁儿童的学校教育成了义务教育,这归功于人们达成的共识,认为好的教育对支撑工业经济的发展至关重要。1858 年,泰晤士河骇人听闻的恶臭使政府和议会停止运行,但也促进了公共用水和污水管道综合系统的建立。四十年后,布尔战争期间(the Boer War),一半的志愿者体检不合格,第一次世界大战期间三分之一的应征士兵体检不合格,这推动了全民医疗的要求。20 世纪末期也发生了类似的变化,当社会和公司在寻求提高效率的新途径的同时,考虑到了生态浪费、过量消费带来的浪费以及未能实现的快乐和幸福,于是,他们开始将石油公司视为大自然的掠夺者而不是流动型社会的支柱。[21]这些挣扎有许多直到现在仍未得到解决,比如应该怎样看待能源效率,是从每一美元产出的数量看待,从持续性的角度看待,还是从每一单位的能源投资获得的效率看待呢?矿物燃料的效率在 20∶1 到 100∶1 之间,太阳能的效率则接近 10。在一个担忧能源安全和气候变化的世界里,生态效益更为重要;在一个充斥着汽油、不顾长远发展的世界里,经济效益可能更为重要。

当效率降低时,无论我们如何定义效率,保守的第二种力量都可能会发生变化,因为人们开始不相信他们的利益能得到现状的保护。经济繁荣时期,掠夺者不仅在金钱方面很富有,而且有很多朋友寻求他们的赞助。当经济状况不乐观时,他们变得更像是受鄙视的人。处于边缘的团体,如志愿者组织、工会、小型企业和自由职业者可能就是这类人的代表,有些时候他们完全参与权利体系,另外一些时候则决定退出。当社会网络动员大多数人,允许社会运动支持、忽略并吸收强势力量的反应时,弱者的力量变得更为强大。[22]当存在可见的、容易辨别的胜利者时,这些变化可能会加速发生。相反,如马基亚维利(Machiavelli)指出的那样,当失败者占少数、胜利者占多数的时候,变化更难发生。[23]不管是哪种方式,效率降低时增强的一方获得信心,而衰落的一方变得不满。

当有关意义和理解的战争进一步加剧，当人们改变看法时，保守的第三种力量也可能会发生变化，如埃里克·威尔（Eric Well）所说的那样，"当一个人对他的境遇感到不满时，革命就会发生"。当宿命论和容忍消散时，批评者开始崭露头角并试图重塑思维模式。特别是年轻人、边缘者、雄心壮志者和不满者开始倡导彻底变化并直接地挑战年长的同事，后者是融入现状最深，最难想象事情会发生变化的一群人。[24]艺术家、作家和诗人可能会在这一阶段崭露头角，运用故事、形象和比喻来帮助人们摆脱过去。另外一些人则更加紧密地依附于自己的身份，面对周围世界的认知流动性，他们更强烈地维护自己的民族、宗教与价值观。美术史学家克拉克（T. J. Clark）很好地捕捉到了这一点：

> 艺术找出了边缘的东西和边缘的理解，因此，它最喜欢的形式是讽刺、否定、不动声色以及无知或纯真的幌子。它偏爱未完成的事物：制度上不稳固，语义上有残缺的东西。艺术在展示的内容以及内容的展示方式上创造了差异，因为最高的智慧能理解到事物是无法拼凑的图片。[25]

相比之后的巩固时期，在动荡时期艺术更乐在其中。正是在动荡时期，艺术得到了解放，向人们展示了掠夺者是怎样的，并为个人感觉提供了公共认同。同时，在这段时间人们也觉得，是时候将历史抛入他们眼中的尘土拂去了。

公共机构并不会理所当然地拂去尘土。制度性危机时期对于强调秩序、一致和遵守规则的政府来说特别艰难。那些从现有制度中富有起来的人以及在官僚制度和政治分层中居于高位的人，可能是最后看到制度缺陷的人。对他们而言，或许更复杂的描述能解释为什么现状能保存下来，为什么只要适度的改革就足够了。纽约证券交易所所长在1929年9月发表了臭名昭著的讲话："很明显，我们正处于大家都熟知的商业周期。"与他相比，八年后他的同行目光更为短浅。旧制度处于危机新事物不够强大的时期可能会延续很多年，因为政府进行着狂热的修复企图掩盖裂痕。在大公司内部也是这样，昔日辉煌的弊端就是给了领导者犯错和继续犯错的余地（拥有权力的一个好处就是能逃避因犯错误而受到惩罚的能力)。沉重的、失败的历史,如通用汽车及花旗公司,被打上了缺乏远见的标记,因为他们的决策者被过去的成功所禁锢。

但是当效率、利益和心理范畴发生变化时,将整个制度联系在一起的社会资本也会失灵,人们远离过去的承诺和关系,找到新的伙伴和同盟。[26]一些处于多个人际网络边缘的个人可能忽然变成强大的仲裁者,向易受影响的大众指示风向。千变万化的情形如何定型既取决于战略也取决于策略,不仅依赖领导者的个人素质也依靠强大的历史力量。冲突最激烈的时候可能是残忍或践踏尊严的时刻(如警察暴行)。但是,最终最为重要的是组织的力量,需要存在这样的组织,它们有方法使最多变的想法和关系集中起来,赢得决定性的战役,在事情看起来困难的时候增强支持者的信心,在发现敌人防御缺口的时候蓬勃兴起。[27]

当过去叛乱分子从当权者手中接过对统治力量(军队和警察)和通信设施(电视站)的掌握时,事情就会出现转折。如今的权力中心更分散,跨越政治、媒体和金融等多个部门。

因此,导致保守的这四种力量都可能成为推动变化的力量,当它们推动变化时,物质因素和观念也同时发生着变革。有关社会长期变化的解释大多关注其中的一点。继黑格尔之后,有些人找到了在现实世界已经得到实现的观念,这些观念改变了人们的想法、视角和行为,比如人权、自然契约及超人类主义等观念。从马克思以来,占主导地位的解释大多与物质因素有关——下降的利润、过量生产、减少的能源供应和气候压力,这些因素导致了权力结构的变化。但是,这两种解释本身都无法令人满意。只有用正确的方式解释时,物质因素才会成为推动变化的力量。收成不佳、低增长、高犯罪率和气候不稳定都可以被解释为运气不佳或不可避免的,而不是根本性失败的征兆。当有权势的人相信变化只会使事情变得更糟,没有权势的人无法集中他们的想法和力量时,一些社会制度能通过否认自身弱点存在较长的时间。的确,几乎任何危机都可解释为现状需要被强有力地加固,而不需要被推翻(当经济陷入危机时,争论开始爆发,解决的方案到底是更加资本主义化——更低的税收,更少的管制——还是相反呢)。

但是,对于任何试图加速变化、削弱掠夺性权利的人来说,他们必须致力于四个方面：将低效率和失败带到表面；远离利益集团，帮助人们重新定义利益；改变人们看或想的思维方式；培养能够提供替代选择的关系和友谊。最成功的社会运动都开展了以上所有的工作，而不只是依赖于争论和思想的力量。

7.5　制度化变革

如今我们期待政府能将经济改革制度化。经济政策中已经消除了真正的保守主义，政府将可观的 GDP 份额投入到新知识领域以加速新产业和新公司的崛起。它们支持机构转让技术，资助公司开发新技术，为示范点提供经费。大多数人都偏爱未来而非过去，即使过时的产业得到过最强大的支持和资助。

在社会和政治领域没有什么可比性。即使真的有为社会研发提供资助，数目也很小。但是也有例外，一些政治领袖认为社会实验和社会事业是有利的。富兰克林·德拉诺·罗斯福（Franklin Delano Roosevelt）就是其中一位，1932 年 5 月，当美国陷入深重危机时，他声称：

> 我们的国家需要大胆、持久的实验，除非我看错了它的特征。拿起一个方法先去尝试，如果失败了，坦率地承认并尝试另一个方法。但最重要的是进行尝试。[28]

然而，这和大多数国家采取的立场截然相反。其他国家对计划、政策和策略感到舒适而不愿进行试验。正如我将在第 8 章讲述的那样，尽管世界上存在一些社会和政府部门的创新机构，但它们都相对薄弱，很少能长久地维持下去。时间的压力使政府很难去做实验——现代形式的民主可能就是民主实验的反对者。任期四年的市长或总理不可能耐心地对待一个先需要两年时间启动、又需要两年时间发展的实验。因此他们要么规避风险，要么迅速行动，提出大胆的改革方案并在整个城市和国家范围内迅速开展实验。

有时候可能是别无选择。但通常仔细地实验和建立在成功上的渐进的变化能更好地服务于公众。精心策划这种变化已成为现代政府最重要的技能，尽管很少有政府能做到这一点。这要求政府部门首先要进行正确的诊断，了解产生问题的真正原因而不是征兆；再密切观察日常生活——人们对诸如医院或监管的体验如何（这很困难，因为如凯恩斯指出的那样，政府最不喜欢将事情了解透彻，因为这会使事务的决策更加复杂）。精心策划变革还需要使用让选择变得多样化的工具——允许公务员、企业或民间团体创造或发现许多具有竞争力的方案，包括迎难而上获得成功的人、积极的离经叛道者[29]以及提倡打破旧习的人和企业家（同样，这对政府而言也特别困难，因为它并没有预测的能力）。成功的变化还需要方法测试哪种想法可以运作，最后发展为可行的想法。这个过程中有些部分非常合理，如同随机对照试验，制订方案用以传播新模型。另外需要纯粹的创造性，更接近爵士乐萨克斯管演奏家约翰·柯川（John Coltrane）的评论——"灵感就在那里，你只需要伸手抓住它"。然而，政府官僚机构并不是专为创新设计的——创新太棘手、太冒险了。对于创新需求，他们本能的反应是创新应听命于政府，官僚机构会创造大量以创新为目标的职位。更好的做法是支持中介机构，它们的组织文化和政府机构完全不同，它们愿意承担更大的风险。这就是科学创新被外推给公正的机构的原因：部长和高级官员不必担心自己要对实验的失败负责。

　　深远的变革几乎都需要底层和高层间的合作。这就好比蜜蜂和树木的合作，蜜蜂是弱势群体，充满了各种想法，树木是有钱有势的大机构，但它们没有多少想法。大多数革命都来自有钱有势的部门和有精力、有热情的圈外人之间的创造性合作，单一地从底层或从高层发起的革命则很少。[30]和激进的社会企业以及社会经济变革一样，政治革命也是如此[31]，任何社会如果想要将变革的能力制度化，都需要中介机构将蜜蜂和树木联系起来。内部人士和圈外人的联系也发生在不同的地方，伟大的城市历史学家彼得·霍尔（Peter Hall）将其称为"社会环境"[32]，音乐家布莱恩·伊诺将其称为"天才聚集的地方"，通过相互崇拜、竞争和批评激发新的想法，这些通常聚集在领先的城市。我们可以在18世纪的爱丁堡、19世纪的伦敦和20世纪的加利福尼亚州找到这样的地方。这些社会环境必须是开放的，但又不能太过开放：要以特定的学科为基础，如建筑学或设计，但不能太过死板，并得到明智的顾客和赞助者的鼓励。想象新事物的能力是高度社会性的活动，它既依赖于记者和杂志、集会场所和网站、评论家和批评家，又依赖于个人的想象力。[33] 19世纪的工业依靠的是俱乐部这一"技术公共领域"与学术团体和协会，在这些地方发明家和工程师可以分享他们的想法。如今，在高性能计算系统或太阳能领域，也有类似的俱乐部和学术团体。这些社团能鼓励成员发挥集体的创造力，他们提出了慢食主义和闪电约会的创意，他们也最容易适应变化，因为他们创造了去设想未来、证实未来的空间。那些对其他的生活选择感到不舒适的人可能会觉得变化更不和谐，代价更大，更痛苦。

在将想法运用到生活的过程中，企业家起着重要的作用，其中不仅包括商业领域的企业家，而且包括所有为了运动、政党或宗教而寻找追随者、资源和承诺的企业家。他们可能是反对资本主义的企业家，也可能是资本主义制度下的企业家。不管属于哪一类，他们都能在失败的领域、充满摩擦和压力的时刻以及资本主义无法运作的地方不断壮大。在商业领域，充满浪费的地方、欲望未得到满足的地方和机会未得到实现的地方都可以通过运用新知识或新技术来开发这些领域。这些领域是生产力或利润率停滞的地方，顾客觉得不满意或厌倦的地方。在商业领域以外，这些领域是人或物未得到利用或发展缓慢的地方。

要精心策划变革可以使用复杂的技术——如基于互联网的"群众外包"和挑战奖，用以鼓励公众提出他们的想法[34]，或使用更复杂的方法动员专家团体完善和提炼想法。[35] 但是，也可以采用低技术的方法。一百年前，英国皇家海军仅仅运用了纸张和邮件业务就收集了数以万计的想法。[36] 在印度，由蜂蜜网络组织的"Shodh Yatra"利用步行作为变革的工具。一周之内，步行者（农民，科学家和科研人员）步行几百公里横穿印度的农村地区去挖掘、分享和传播有关当地事务的解决方案，包括环境保护、有机耕作、生态多样性以及健康和营养。白天，步行者会穿过农地——通常由当地的农民和劳工陪同，讨论和反思他们的农耕方式。晚上，步行者们待在村庄上，和当地的居民一起开会，分享他们的见解以及印度其他地区的创新知识。另外，还设立了奖项，如生态多样性比赛、方法竞赛,并为有创造力的村民举办庆祝仪式。步行者团队即使在非常发达的社会也仍旧是一种功能强大的工具——你和其他人一起看到和发现的东西能迅速地改变你,让你从同伴身上感受到不要去压制想象力这样一个道理。

  原则上,社会制度可以朝着无数不同的方向发展。但历史表明,在重要时刻,进化有着高度的选择性。只有一小部分的模式被证明是可持续发展的并与盛行的技术和价值观有着密切的关系。这就是变化看起来类似一种不连续的平衡的原因,缓慢的小步子中伴随着对新的相关性的揭示和系统效率的突然剧增。是什么决定了哪种方向会成功呢?其中的因素有很多——但技术一定是其中的一个决定性因素,因此下一章我将探讨技术在社会变革中起到的作用,以及它在创造资本主义社会之后的新世界中起到的作用。

第8章

创造性和掠夺性技术

大部分的经济增长和人类进步都来自新知识及其应用。资本主义的合理性在于它和一系列新事物之间的联系,如飞机、冰箱、手机和电子游戏等,这使生活变得更加便捷,更加愉悦。如果说最初的资本主义关注筹集资金,那么如今的资本主义越来越关注如何调动、安排和输送知识。但是如何做到这些呢?如何保证新的知识真的能创造出改善生活的价值呢?

对技术的掌握塑造了人类生活的方方面面。我们的祖先观察火、光、运动、电等自然现象,然后找到了方法去复制、输送或扩大它们。大多数观察和发明都发生在商业领域之外,如重力的发现和血液的循环,电流也不是因为商业利益才被发现的。然而,现代资本主义的成长与技术息息相关,18世纪英格兰的文化将实用工艺、制造业和科学紧密地联系在一起。

最好的一个例子是世界上第一所现代实验室,它由约翰·劳斯爵士(Sir John Lawes)于1843年建立,位于英格兰赫特福德郡的洛桑。劳斯创建了世界上第一家人造肥料工厂。凭借着商业意识,他和他的合伙人约瑟夫·吉尔伯特(Joseph Gilbert)将系统的实验与粮食产量结合到一起,运用实验计算有机化肥和无机化肥带来的不同产量,取得了巨大的成功。他给世界留下的遗产就是让人们有更大的能力去填饱肚子,并向人们证明资本主义在寻找物质商品的价值时,非常擅长运用手段,然后迅速进行自我完善。资本主义的历史总是与对技术的乐观态度和物质主义紧密联系:它把世界看作由物质组成的,人类的需求主要是物质需求。虽然19世纪的乌托邦要求停止发明,关掉工厂,拆除铁路,但

蝗虫与蜜蜂：未来资本主义的掠夺者与创造者

是资本主义的未来学主要是关于技术的未来学，给予人们更多的东西，如更加智能的设备、网络，植入物将更多的生命转化成商品，最终完全替代人类的智力。乌托邦和反乌托邦说到底都是关于物质的，这就是为什么他们被称作科幻小说。乌托邦强调技术如何提供给我们无数新的欲望，反乌托邦则强调人类被掠夺的新的可能性，人类被独裁者和机器人所奴役。科幻小说中的许多美梦和噩梦后来都实现了，无人驾驶的机器人战士、修复学、电子设备和激光都从小说中走出来成了现实。如今，也是一波波的技术浪潮使资本主义对解决自身问题（从气候变化到精神疾病等）的能力充满信心。在一些论述中，技术超越了人性本身，进入了一个普世智慧的时代。比如雷·库茨韦尔（Ray Kurzweil）曾预言，当机器智能达到了无法挽回的巅峰，克服了人类大脑的缺陷（书呆子们的兴奋点）时，技术代替生物的时代将马上到来。[1]

全面地看，创新是解决掠夺的方法，创新的文化会更青睐民主而非专制，更支持新来者而非在任者，更喜欢青年人而非老年人。许多公司和政府宣称它们支持更多的创新，喜欢被看作与新事物站在一边，反对旧事物。但是思考片刻，就会觉得单单只是支持创新与接受创新并不是完全一致的。有些创新毫无疑问是好的（如青霉素和电话），另外一些创新无疑是不好的（如集中营和神经毒气），有些给一个群体带来好处而伤害另一群体，如杀虫剂，它不仅杀死害虫，也污染了水源。一些发明更具掠夺性而非生产性，如转基因的"终结者"种子，故意设计成让植物无法繁衍，使农民们每年都要买新的种子。

如果你退后一些，用更广阔的视野去观察技术，很明显会看到一些创新会支持掠夺，它使控制、剥削或征服变得更加容易。从本质上说，为战争或监视而发明的技术是与技术的黄金法则背道而驰的。没有一项导弹系统、定向能量武器或监控摄像机对他人来说是合理的，因为己所不欲勿施于人。[2]计算机病毒显然是掠夺者，秘密地窃取你的信用卡信息，通常对有组织的犯罪团伙给予支持。新的技术领域在为人们增强能力的同时也带来了新的掠夺方式。"物联网"中一系列的感应器就是一个很好的例子。几乎所有的行为都有可能在你完全不知情或未征得你同意的情况下被生成数据用以配对、挖掘或用于商业目的。机器上或广告板上的摄像机和感应器,能够检测路人的年龄、性别和种族,用"查看计数器"计算他们注视的时间。你不得不为他们生成数据,对此你可能也不会介意,因为不会给你带来直接伤害。但是一些东西在未经你同意的情况下,未带给你互惠利益的情况下被拿走了。[3]更明显的例子是监视行业,如 Amesys,他们在埃及和利比亚政权倒台时,被当地的人民发现。SS8 和 Vupen 制作病毒用以控制计算机和智能手机,记录每一个行为,主要为政府所用。[4]如华为这样的公司,目前在世界各地出售通信设施,让国家监控网络交通。理想主义者希望通信设施可以成为远离专制国家的媒介,而这显然与他们的期望相去甚远。技术也带来了更微妙的掠夺,大众广播电视不得不去吸引广告商,如同独裁者般去操纵观众,现在的比赛提供了一系列新的工具来抓住人们的眼球并传送信息。其他科技则明显和黄金规则更相容,如手机只有在其他人同时拥有的情况下才变得更有价值,口服补液、黄疸疫苗或富含维生素的新作物也是如此,只有当人们需要时才变得更有价值。其他的技术则介于两者之间,如汽车,它给有车族带来价值,而对无车族而言,汽车带走了清洁的空气,占用了空间,打破了安宁。

另外,还有些掠夺性的技术,它们能给人们带来益处,却对大自然造成了危害。你如何看待这些技术取决于你的世界观是否以人为本。对于一些人来说,无论是陆地上的大面积开采还是海洋中的大面积开采,从本质上来说都具有掠夺性(即使它没有造成糟糕的后果,如导致资源滥用,甚至有时还能给当地的社区带来意外回报)。对于另外一些人来说,这只是由于人类的进化优势而享受到的巨大财富。

把这些更大的问题放在一边,日常生活中关于技术的争论马上会转变为掠夺和权力的问题。人们能够广泛地使用数据是增加了个人的权力还是削弱了个人的权力?转基因作物会影响其他农民的生计吗?互联网的主导性力量对他们的用户不负责任,这种做法对吗?市场动态无法避免这些问题。信息技术比以往的任何技术都更容易产生垄断。即使垄断者的技术不具有掠夺性,他们的行为也常常会哄抬价格、排挤竞争对手、操纵标准。

因此,仅仅支持创新或支持科学是不明智的,也是不合逻辑的。我们应该支持好的创新,能够服务于人类的创新。但是,这是一个比你想象得到的更激进的起点。过去大多数的组织创新是以国家的利益为主导的,近来的创新则建立在大企业的利益上。对于国家来说,最重要的是国家利益而非公众利益,过去是这样,现在也是这样。因此在军事和安全技术以及导弹上的投入和对精神卫生的投入是不同步的。对于大公司来说,也是这样,它们的各种动机交织在一起,有时是为了制造更好的药物或汽车,有时是要从公众身上榨取更多的价值而不给予回报。

将资本主义创新归因于市场动态是很普遍的事,不断地寻找新的方法去满足欲望和需求是大多数沉浸在资本主义中的人们告诉他们自己的事。但是事实不一定如此。任何一个与现代性联系在一起的重要技术都需要实质性的政府参与才能获得成功,如制药业、计算机、互联网、手机和商用飞机都是由国家资助才繁荣发展的。[5]资本主义不一定是技术的伙伴。在有些地方、有些时候,商业在开发新技术方面扮演着最重要的角色,但是,未来的许多发明都落在公司实验室和资产分派公司的手里,就如同军队、官僚,甚至修道院中的修女曾扮演的角色一样。这同样适用于以下事例,在4世纪,安提阿的市民发明了人工路灯,一千年后乔瓦尼·迪·康迪(Giovanni di Dondi)在帕多瓦任教授期间建造了第一只机械钟,19世纪英国政府赞助了查尔斯·巴贝奇(Charles Babbage)的差分机,美国国会资助了萨缪尔·莫尔斯(Samuel Morse)的实验电报机。

即使是今天,在典型的经济合作和发展组织国家,在研究与开发方面的公共投资也几乎与私人投资相当。推动创新的大多数动力来自公共部门与私人部门之间的合作,而不仅仅来自私人部门内部的动态性。这似乎也适用于过去,伟大的技术历史学家阿诺德·佩西(Arnold Pacey)认为最有创造力的社会是那些"许多不同类型的机构都非常积极并与对方交流"的社会,它们能跨越不同部门和不同职业之间的界限。[6]

在纯粹的资本主义模式下,商业主导技术的时间很短。著名的研发杂志(R&D Magazine)提供了一份列表,它列出了过去几十年内美国一百个最有创造性的商业产品,这可以帮助我们做出简单的评估。1975

年，86个自主创新项目中有47个是由500强企业完成的，其中40个没有外部合作伙伴参与。到2006年，88个创新项目中，大公司只完成了6个，且大多数是与伙伴合作完成的。50个是由美国政府实验室、大学或公共机构的研究人员完成的，25个来自私人公司，其中至少14个得到联邦政府资金的支持。除了11个项目外，其他都依靠公共资金。[7]在其他国家也能发现相同的模式，公司之间的合作越来越密切，更加依赖公共资助。[8]在全球范围内，大多数激动人心的创新项目都是协作完成的，包括新一代的公私合作伙伴关系，如国际艾滋病疫苗行动组织（IAVI）、疟疾药品事业会和全球结核病药物开发联盟，如果这些组织能够达到特定的标准，公共资金和慈善资金就能保证从它们手中购买大量的药品。

更令人惊奇的可能是在技术方面投资资金的增长与日益退化的创新成果间的反差。对于过去的十几年中创新是否减慢尚无定论。但是在一些行业，创新的成果有所减少。制药业是相关领域中最明显的例子。在其他行业，老技术比想象中坚持的时间更久，如汽车从本质上来说与一百年前的样子并无多大差别，再或者基于20世纪60年代的飞机技术比协和式飞机存在得更长。1970年，美国国会承诺在六年内战胜癌症，四十年后没有人认为胜利会马上到来。与过去相比，许多领域要产出新成果似乎需要投入更多的资金和更大的工作量。[9]每过十年，更大部分的科技成果由更多的团队而非个人实施，年轻的研究人员实现突破的几率更小了（科学期刊文章的增长率大约为每年5.5%，表明任何人都能掌握的现有知识相应减少了）。[10]

8.1 变化的长波

约翰·肯尼斯·加尔布雷斯（John Kenneth Galbraith）曾经说过，经济预测的唯一作用就是让占星学看起来更体面些。但是，长期的预测并不像短期预测那么不准确。无论是经济增长的长期性、经济结构的变化还是职业的构成，我们都能从中找到一些稳定的模式。一百年前，有人第一次尝试建立一种经济和技术变化的理论以便使这些模式言之有理。俄国经济学家尼古拉·康德拉捷夫（Nikolai Kondratiev）提出，长周期平均为50年，其中包括新技术刺激下的扩张时期，伴随着低利率和物价上涨，由于投资机会的枯竭会产生滞胀时期。他的模型和其他关于创造性周期的理论基本一致，如同生命周期一样，以开放和实验为开端，经历正规化、资源部署和增长，然后进入萧条期。这些模式似乎反映了一些事实，正如历史学家埃里克·霍布斯鲍姆（Eric Hobsbawm）所说，他们"说服了许多历史学家，甚至经济学家，这些模式里面有些东西很有意义，虽然我们不知道具体是哪些东西"。[11]但是这些模式的每个方面都似乎存在争议：周期什么时候开始；它们是否会缩短；为什么会发生；它们是对于预测有作用，还是只用于回顾并理解过去。正统经济学从未被说服过，艾伦·梅尔泽（Allen Meltzer）是卡内基梅隆大学的一名教授，他在1991年评论道："经济学界很少能在宏观经济领域的问题上达成一致，然而，对康德拉捷夫理论的怀疑却是大家都认同的一个问题。"斯大林也不认同，他处决了康德拉捷夫。但是，约瑟夫·熊彼特在他最杰出的的作品《商业周期理论》中，以康德拉捷夫的理论为基础，提出资本主义有规律性的节奏可循，集中的技术进步引起创新浪潮，创新浪潮又引发新行业的崛起。其他人将经济浪潮与更深层次的、连续的物理学循环模式联系在一起，特别是因为产品创新和导致收益增长的流程创新总是相伴相随的，所以每当新知识使新行业成为可能时，就会摧毁旧行业，旧行业趋于衰落，大批人员失业。[12]新行业往往更容易形成寡头市场垄断（想想20世纪20年代的通用汽车或通用电气，或当今的英特尔公司和谷歌）。它们在短期内成功地提升了生产力，给旧产业和拥有旧技能的工人带来了深重的灾难，这反过来又使消费需求剧减。[13]换句话说，令人兴奋的进步时期也可能是对于社会发展最危险的时期。

许多作家赞同五阶段划分法，从18世纪70年代最初的工业革命到19世纪30年代蒸汽机和铁路的时代，再到19世纪末钢铁、电力和重型机器制造业的时代，20世纪初期石油、汽车和大批量生产的时代，20世纪70年代后信息和通信的时代。从这种观点来看，我们正处于

第 8 章
创造性和掠夺性技术

"第五个康德拉捷夫阶段"的转折点,在这一时期,计算机和网络的作用开始衰退,我们可能要开始期待另一次浪潮的涌现,它可能由清洁低碳能源或基因组织学推动。[14]

这些浪潮很大程度上受到理查德·利普西（Richard Lipsey）所说的"通用技术"（即对周围的事物产生影响的技术）的影响而形成。[15] 通用技术对生活的方方面面产生了重大的影响,如计算机和汽车。有时候,作用会立刻显现出来,如 1830—1870 年期间,铁路推动劳动生产力,每年增长 0.14%。[16] 更多时候,作用不会马上体现出来。发明书写是为了记录交易,蒸汽机发明之初是用来提取英国矿山中的水,计算机的发明是用来帮助高射炮更准确地瞄准目标。这些技术的作用直到后来才渐渐变得明显。其他技术看起来充满了变革的力量,如用于条形码、光盘、手术和切割钻石的激光技术,它对深远的文化和制度变革做出了巨大贡献。[17]

对于谈论通用技术是否有意义存在很大的争议。比如棉制造技术,实现了无与伦比的爆炸性增长（占英国国内生产总值的比例从 1770 年的 2.6% 增长到 1801 年的 17%）。但是,技术、组织结构和思维定式三者联合起来才会改变世界。更近的例子是互联网的成功,除了底层技术,它的组织原则,包括超文本标记语言和资源定位符等也同样很重要。

无论如何,要判断到底哪些因素对经济和社会的未来起着决定性作用相当困难,要判断应该支持哪个也同样很困难。许多政府在过去都走入了歧途,在看起来一定会成功的变革技术上下了大赌注,如法国的小型电传（互联网的先驱）及美国的阿波罗任务。

历史向我们证明:仅仅支持技术是不明智的,最好要创造它们能发挥作用的条件,因为技术改变周遭世界的方式本身就是一个自由创造过程,在呈现东西的同时应用它们。正如布赖恩·阿瑟（Brian Arthur）在技术变化的概述中所写的:

> 创新不只是创造一系列的发明然后应用它们,如计算机、运河或 DNA 微阵列的到来和应用。创新是在新的世界对旧任务的重新表达和重新定位,如会计、运输和内科诊断学。[18]

要做到这些必须要求对巨大利益的追求不阻碍创新。创新总是具有破坏性，又比较棘手，特别是在涉及"重新定位"时，很多人想方设法把新点子扼杀在襁褓里。乔尔·莫克（Joll Mokyr）描述了瑞士的印刷工人如何成功地进行游说使法律禁止改良印刷机，荷兰的公会如何反对造船业的进步，法国造纸企业如何焚烧能加速纸浆生产的机器。当今仍有很多人迫切想要无视或摧毁挑战者，人们可以参考音乐工业对纳普斯特（Napster）[①]的反应。

在防止强大的现任者打击新来者方面，政府起着重要的作用，即使他们不知道在认知科学、信息技术、纳米技术和生物技术的交叉领域中哪项技术最有生产力。他们至少要保护创造的空间，保护互补性的创新使变革性技术充分实现了它的价值。这种对具体技术以及技术带来的想法和生活方式的开放性，是政府官僚机构很难拿来进行策划和制定目标的。这与许多有关资本主义未来的作品背道而驰，这些作品不认为技术会走出实验室，走进社会，无论是喷气式飞机还是假肢。然而，我们看到的是，技术和它周遭社会的发展是同步的。汽车使人们能够住在郊区、在超市购物，而反过来这些又决定了汽车的设计方式。收音机曾被认为是点对点交流的工具，在经过反复尝试后，它才成了大众广播媒介。电力需要一系列的互补性的创新来实现它的潜能，从家用电器到调节器，这些都需要几十年才能实现。集装箱化在经历数次不成功的尝试后，才扎根下来，改变了货物运输的方式，结果后来又需要新的规章和工作方法（常常是全新的港口）来激发它的全部潜能。在移动设备普及之后应用程序才开始出现，然后要求公众改变习惯，要求供应商接受全新的商业模式。每一项创新都需要不同的思考方式和不同的看待方式，也需要不同的做事方式。这需要时间，但是一旦时机成熟，将会创造巨大的收益。

正是技术开发的潜力和当前的欲望之间的互动决定了技术的形成，社会的形成也是如此。无线电满足了新的工业化城市社会对联通性的渴望，但是如果无线电在两百年前就已经发明出来，它很可能只被用作一

[①] 纳普斯特：这是一种计算机程序，它允许用户在互联网上共享歌曲、音乐，从此无处不在，而且全是免费的。——译者注

项军事技术或用来传播神的言论。历史上,中国佛教在发展技术的过程中起着特别重要的作用,从铁链制成的桥梁(建造和修理桥梁是一份虔诚的责任)到印刷术(用以传播佛祖的形象)。如果军国主义者或投资银行家掌权的话,它们的发展可能会截然不同。

共同演化包含创造性和掠夺性,任何一项新技术都会变成创造和掠夺的潜在工具。工厂把工人们转移到一个行业或一个公司,以便更容易地进行剥削。石油勘探、电报和铁路都带来了权力和操控的不平衡,但同时也解放了生产力。技术开发潜力的双重特征既具有掠夺性又具有生产性,在一系列通信技术的发明中尤为明显,这些技术通常起源于军事领域。20世纪五六十年代对电报和计算机感兴趣的作家,要么将它们描绘成被专制国家和专制公司所利用的邪恶武器,要么把它们描述成实现解放的武器。两种说法都对,在后来的几十年内,信息经济产生了新的层次,从五角大楼的自动化战场到微软公司宽松的横向网络。换句话说,它们使防火墙和黑客都成为可能,任何强调其中任何一者的言论都具有误导性。

当技术得到传播后,它对于供应和掠夺的作用变得更强了。长期序列数据显示技术改善的一部分原因在于时间,一部分源于日益增长的生产规模。这就是学习曲线:做一件事的次数越多,表现就会越好,成本也会越低。这些模式几乎服从幂法则①,尽管一些技术(包括信息技术)走了更快的路径,服从摩尔定律和梅特卡夫定律。[19]但,它们也因为周围的变化而变得更有用,因为技术促进互补性创新,推动有关什么是生活或我们如何解决生活问题的新看法。内燃发动机本可以用于很多东西,只有在特定的消费型社会才可能在汽车上广泛应用,并在与汽车相关的社会创新互动中成长。依赖于汽车让城市与郊区连接在一起,超市进行重组以便顾客在汽车里就能购物,驾校教授人们如何防止互相碰撞,道路标志和规则建立起管控人们的行为。技术本身只是一种潜能,它只有通过使用以及使用后的反馈才能体现价值。

第一辆电动汽车发明至今已经过去一百多年了,这辆名为 La Ja-

---

① 幂法则:Power Law。斯蒂文斯(S. S. Stevens)针对费奇纳(G. T. Fechner)的古典心理物理学倡导一种新的心理物理学,针对前者的对数法则而主张建立幂法则。——译者注

mais Contente 的时速超过每小时 100 公里的汽车于 1899 年驰骋于巴黎附近的城市，但是它没能产生使用的势头，没能改善它的内燃机，因此难以避免陷入死胡同。其他的技术栽倒在社会或心理障碍上。里维斯·保罗（Lewis Paul）于 18 世纪三四十年代建立棉纺工厂，导致他最终失败的原因不是技术，而是纪律：有些时候只有半数员工来上班。他的继任者获得了成功，不仅仅因为改变了技术，还因为改变了人。从这里我们可以看到，技术不只是以线性方式扩散的，它们也并不是因为有用才广为传播。只有在人们发生改变，整个体制围绕着他们进行重塑时，技术才得以传播。

在描述技术变化与经济和更广泛的社会之间的关系方面，最有影响力的理论家应该是委内瑞拉的经济学家卡洛塔·佩雷斯（Carlota Perez），她主要研究技术变化的长期模式以及在资本主义较短的历史中，技术是如何贯穿社会变革和不断重复的金融周期的。她的分析是许多有关创新周期论述的新变种，周期首先以开放、动态作为开端，接着转变为惯例化，然后进入萧条和衰退。这种观点的与众不同之处在于，它表明创造周期可能与掠夺周期平行。

基于康德拉捷夫和熊彼特的理论，佩雷斯提出周期以预示巨大财富的新技术和基础设施的涌现作为开端，之后这些会引发疯狂的投机行为，股票和其他商品的价格都会暴涨。以下事例都是如此：18 世纪 90 年代的运河热潮，19 世纪三四十年代的铁路热潮，19 世纪七八十年代全球基础设施的激增，20 世纪伴随汽车、电力、电话产生的急速发展以及 20 世纪 90 年代和 21 世纪初的生物技术和因特网。

在技术繁荣的阶段，金融方兴未艾，自由经济政策成为标准。当技术引发了财富爆炸性的激增时，让市场自由发展似乎是非常明智的选择。在这些时期，一些投资商和企业家迅速暴富。市场的繁荣可以体现在个人道德的繁荣和自由上。一个闪耀的世界，充斥着聚会、名人以及让大众闲聊的谈资。企业家们冒着巨大的风险收获巨大的回报。经济似乎是一个很容易进行掠夺的领域，不用付出过多劳动就能收获颇丰，还有很多机会吮吸盈余。但是，它也赋予企业家们掠夺的渴望，去寻找新的机遇和技术的新用途。

結果证明，繁荣只是泡沫，随之而来的是经济崩溃。1797年、1847年、1893年、1929年和2008年是经济崩溃价值暴跌的决定性年份。股市崩盘导致许多经历过繁荣的著名公司濒临破产，如同19世纪后期那些铁路公司一样。有时货币体系也会崩溃，政府主权债务违约也很寻常。[20]

经济崩溃和动荡时期过后，新技术和基础设施的潜力终于发挥了出来。但是，只有当新的社会、政治、经济体制和规则与新经济的特征更相符，并且社会有潜在的欲望时，这种潜力才能发挥。一旦潜力得以发挥，经济会迅猛地发展，社会会迅速地进步，如同第一次世界大战后的美好年代和第二次世界大战后的经济奇迹一样。

在大萧条和它的余波中，可以很清楚地看到这些模式。1929年的危机爆发之前，已经可以看到新经济和新社会的征兆。技术的前景，如汽车和电话，助长了20世纪20年代的投机泡沫。但是，当权者没有看到这些征兆，这些征兆也没有嵌入体制中去。于是，在20世纪30年代，经济发生了转变，用佩雷斯的话可表述如下：

> 钢铁、重型电气设备、大型工程（运河、桥梁、水坝、隧道）和重化工，这些主要适应高投入的行业……转变为为消费者和大规模国防市场服务的大批量生产系统。这种转变要求对需求管理和收入再分配进行巨大的创新，其中国家的经济作用可能是最重要的。[21]

这种转变带来的结果是大众消费的增长，依靠电力、公路和通信等基础设施的经济模式。

只有在我们回顾过去时，这些模式才变得清晰起来。20世纪30年代，人们并不是很清楚哪种制度创新会取得成功。法西斯、共产主义和资本主义都争相成为解决方案，从一段时期来看，它们似乎都能解决普遍失业和城市异化带来的问题。人们也不清楚哪种模式与社会的愿望最相符，最愿意参与并为社会做贡献。历史的道路很可能走向另一个方向。法西斯和共产主义的政治和社会模式与他们那个时代兴起的技术非常适应。他们的模式肯定能和电话相容（找到方法把电话用作监视和通信的工具）。新能源成为共产主义的典型特征（列宁把共产主义定义为

"苏维埃加电气化"),他们的社会模式和现代管理能相容,现代管理对于第二次世界大战后的公司尤为重要,以至于詹姆斯·伯恩汉姆在他20世纪40年代出版的著作中预测世界将不再划分为左和右,而会被管理者和管理主义新主宰。[22]

然而,在不同的道路上,法西斯和斯大林主义却走过了头(尽管苏联在国内生产总值只有美国四分之一的情况下成功地完成了复杂的计算和太空旅行,在解体前的几十年里实现了经济的合理增长)。然而,第二次世界大战后,大部分发达国家形成了一种截然不同的体制和政策的新模式,这种模式中的多元因素(如郊区、高速公路、福利国家和宏观政策)进一步巩固了19世纪五六十年代的巨大发展。这种经济建立在低成本石油和能源密集型材料(特别是石油化工产品和人工合成材料)之上,由巨型石油生产商、化工和汽车制造商及其他耐用消费品制造商主导。在工厂层面,最佳的生产组织是连续的流水线……组织的最佳形式是公司。

> 广告营销活动在内部的研究与开发和在寡头市场的运营中都发挥着重要的作用。它需要大量具有中等技能的蓝领和白领……需要巨大的高速公路、加油站、机场等基础设施和石油分配系统。[23]

从随后发生的情形来看,大萧条既给改革带来了灾难,又是改革强有力的催化剂。它给新西兰和瑞典等国家带来了新的经济和福利政策,后来,这些国家成了主流的发达国家。在美国,大萧条带来了银行体制改革、罗斯福新政、社会保障和失业保险(后两者都由大企业支持)[24],后来又使《军人权利法案》成功颁布。在英国,大萧条和战争使英国在20世纪50年代建立了国民医疗保障制度,成了福利国家。极端的掠夺受到了控制(在20世纪60年代的美国,个人所得税的边际税率最高达到90%,这促使肯尼迪要求将其降至65%)[25],许多国家的主导精神是强调公正和机会平等。

现在回想起来,新思想给当时最紧要的问题提供了答案:在市场经济下如何实现安全(福利国家和终身就业回答了这个问题);如何为妇女提供机会(把更多的技术引入家庭,提供更开放的劳动市场回答了这个问题);如何防止经济不景气(布雷顿森林体系,即宏观管理和自由贸易的新举措回答了这个问题）；如何防止极权主义（至少对于一些国家来说，民主和普遍人权的新信条回答了这个问题）。

在这些答案中，没有一个是全新的。所有这些都是已经存在于某些地方和某些体制中的潜在的答案。但是，直到第二次世界大战后，它们才开始成型并转变为管理社会和世界体系的规则。

和其他周期论的倡导者一样，佩雷斯提出，存在重复的模式。企业在繁荣阶段之后会出现巩固和寡头垄断阶段。产业变得更加井然有序，它们提供的产品和服务变得更加稳定可靠，同时只有几个公司掌控着全行业。官僚机构战胜了投机商，这发生在20世纪30年代的好莱坞电影行业、电话制造业和汽车行业，在60年后又发生在软件和计算机行业。苹果公司和亚马逊公司现在正正经历相似的巩固阶段，运用垂直整合和锁定消费者的商业模式。企业从中获得了垄断的好处，消费者则获得了稳定的好处。

佩雷斯没有完全地探索这些周期的政治经济学，但是，她的研究显示了创造和掠夺是如何相互影响的。上升时期以及后来的稳定时期产生了巨大的顺差。这些为创造性的企业家证明了自由的正当性——自由经济政策和低税收政策。但是，同样的自由也被掠夺者用来榨取收益。换句话说，掠夺者从创造者的成功中获益。公众能忍受小部分人获得巨大收益，因为总的来说，他们似乎也能从中获益。

然而，迟早会发生危机，其中部分原因在于掠夺者的无节制行为。收益和顺差萎缩，公众越来越无法忍受掠夺者，他们被看作没有做出贡献就获取利益的人。由于危机的产生和对公众生活水平的影响，他们的无节制行为遭到谴责。然后流向创造者的资金更少了。规章制度加强了，再分配措施也更严格。掠夺并没有消失，而是换了不同的方式，更多地以大型机构而不是收租人的形态出现，通常他们更可能与公众利益达成妥协。但是风险就在于，在限制掠夺行为的同时可能也会限制如饥似渴的、近乎捕食般寻找新机会的创造性的企业家。

在这类周期中存在无数的变量，因此没有人能够详细地做出预测。周期也不会遵循康德拉捷夫提出的顺序运行。但是我们越了解这类周期，就越能规避通常会在各个阶段出现的过度和错误。

8.2 科学体系

佩雷斯提出的解决方法是从危机中发展而来的,它们可能涉及生活的各个方面。要取得成功,它们必须为当时人们生活中的困境提出切实可行的方案:怎么才能快乐?怎么延长寿命?怎么减少对环境的破坏?怎么杜绝浪费?怎么保持友谊增进爱情?

在20世纪三四十年代,和平和经济安全、降低国内的劳动负担以及实现一点点自治和流动等问题受到了最主要的关注,这些又反过来影响科技的首要任务。几代人以后,我们的社会选择将15%~20%的收入投资到探索领域(研发费用占美国国内生产总值的2.6%,这一数字在日本是3.3%,在以色列是4.5%)。然而,开支的优先项目与公共优先权之间的联系并没有那么明显。与生理健康相比,心理健康投资不足。战争仍然比和平获得更多的资助。实物创新,如纳米技术、制药学、下一代飞船和新物质比服务行业获得的资助要多得多,更不用说社会观念的创新了。

从这个方面来说,世界上所有科学体制都是对范内瓦·布什(Vannevar Bush)思想的传承。他于20世纪50年代提出的思想中指出,要从实物主义的角度来看待科学。布什是一种新策略的重要塑造者之一(后来,他设想的麦克斯存储器在50年后变为现实,他因此声名大震)。他负责科学研究和发展中心,这是一个从事国防研究的机构,包括建造核弹的曼哈顿计划(第二次世界大战期间,美国陆军自1942年起开发核武器计划的代号)。1945年,战争即将结束之际,曼哈顿计划和全国航空委员会〔NACA,美国国家航空航天局(NASA)的前身〕大获成功,受此鼓舞,布什写了一份题为"科学:无尽的前沿"的报告提交给了总统。这份报告提出了和平时期在技术方面的系统投资的观点:"新产品和新方法不是成熟后才出现的,它们建立在新原理和新概念之上,要对最纯粹的科学领域进行研究才能发展这些原理和概念。"布什建议成立一个新的国家科学基金会,推动基本研究,保证相当大的公共资金流向技术领域。他提倡将资金投入到年轻的研究员身上,让他们自由地追寻自己的想法,而不是像欧洲大学中的等级体系那样,年轻学者只能敬重老教授,为他们服务。同时,布什也促进了研究、发明和应用环节的制度化。[26]

20 世纪前,大部分发明留待非专业人员完成。马可尼(Marconi)、贝尔、戴姆勒(Daimler)和爱迪生都是在家庭实验室工作的。然而,杜邦公司的例子向人们展示了通过系统化投资可以取得多大的成功。布什的想法是提高整个体系的运作水平——从大学到公司。在接下来的 50 年内,他的计划取得了巨大的成功,并形成了机构的"生态系统"——企业资金和技术转移到了大学实验室。斯坦福大学电子工程系的德里克·特尔曼(Frederick Terman)把布什的设想变成了现实,创建了硅谷,把可观的国防合同、技术创新文化和对大学附属机构的大力支持紧密地联系在了一起。世界上大部分新技术都由美国创造(虽然它未必利用得最好),其他国家拼命追逐才能赶上。然而,创新的系统化看起来并不总是那么美好,熊彼特悲叹道:

> 训练有素的专家团队创造出被要求的东西,使之按照可预测的方式运行。早期浪漫的商业冒险迅速消失,因为许多事物都可以被精确计算,而不像过去那样产生于一瞬间的天才想法。[27]

然而,从很大程度上来说,布什的想法奏效了。从今天的角度来看,将公共资源运用于系统的知识追求相当有远见。另外,从国家科学基金会(NSF)的同行评审到美国国防部高级研究计划局(ARPA)的实验研究法,让他们有充分余地决定资助什么、如何资助,跨越大学、小型初创公司和大公司的界限,把接受特定挑战的研究人员集中起来,用创新本身去激励创新,这种做法也相当有远见。一些战略赌博也相当明智:美国国立卫生研究院(NIH)资助了早期的遗传学和分子生物学,公共资金资助了 20 世纪 80 年代的战略计算计划和半导体制造技术联盟(Sematech),后者这一冒险使美国在微处理器方面始终保持领先地位。

总是有很多批评者对这种高度干预的立场提出指责,有些批评者把美国称作世界上最严重的"发展型国家"(政府主导型的经济发展模式)。米尔顿·弗里德曼在其著作《自由选择》(*Free to Choose*)中指出,他不明白有什么理由要让政府通过国家科学基金会对科学研究进行资助。但是当面对推动资助的更大原因时,批评者们沉默了。在冷战过程及冷战带来的余波中,美国发现自己陷入了一场对抗,这场对抗可能关乎生死,而技术可能是决定胜负的关键因素(苏联也持相同的观点)。与任何商业或经济逻辑相比,这一原因证明了对技术进行大量投资的正当性。它具有生命价值,比金钱回报有意义得多。

对于其他国家,它们面临的压力有所不同,它们要回答的问题与所处的时间空间有关,然而对于他们而言,经济逻辑也只是部分原因。[28] 有些时期,每个地方都想成为跟硅谷一样的地方,它们请来咨询师帮助建立硅溪、欧洲硅谷或硅峡湾,但大多以失败告终。成功的策略也各不相同,因为它们要回答的问题不尽相同。以色列、中国台湾、芬兰、丹麦、新加坡和韩国建立的体制都与各自的文化和特色相适应。以色列在研究和开发方面的支出占国内生产总值的比例排名世界第一,它在公共部门建立了很多育成中心,然后,再把它们分出去成立新的公司。同时,它也为各个公司提供百分之九十多的技术开发资金以获得公司未来收益的提成。芬兰的策略围绕着诺基亚这一家公司形成,一部分是出于必要,即使在20世纪90年代面临经济衰退,它仍旧对诺基亚公司的开发投入大量资金。凭借协同的产业策略,台湾在半导体产业占据着主导地位,这一策略依靠强大的公共媒介来实现(台湾工业技术研究所于20世纪70年代成立,到90年代占岛内生产总值的0.3%),除了充满活力的大学以外,在新竹还有一个具有开拓性的科技园。

然而最有趣的是,尽管这些新典范如此重视技术,但它们的出发点各不相同。20世纪40年代的美国,重视技术的原因除了经济利益以外,还有对地缘政治的考虑。对以色列来说,主要原因是为了生存,与周围人口众多的阿拉伯国家进行殊死搏斗。对于芬兰来说,是为了摆脱苏联的阴影,更为重要的是,为了摆脱经济崩溃。对于新加坡而言,是出于自己的妄想症,认为自己是一个富有的城市国家,被一群更穷更大的邻国包围着,另一个原因是由于面临人口出生率远远低于替代水平的问题而变得越来越焦急。对于韩国来说,是出于地理位置的压力,它夹在日本和中国之间,与朝鲜相邻,后者具有不可预测的侵略性。每个国家都在寻求一架发动机,一把令经济快速发展的钥匙,另外还有回答他们迫切需要的答案。在每种情况下,恐惧促成了可观的公共资助与刺激共同目标的强烈意识。

从这些事例中,我们可以学到很多东西,其中一点是必要性或刺激的重要性。过去,当存在刺激或"一个社会的发展刺激其他地方的人们进行不同但相关的发明"时,技术发展会更快。[29]所以,欧洲人在听说中国人发明了火药后,就发明了大炮。近代的日本制造商在听说美国人发明了晶体管后,就发明了新一代的消费产品。最近也发生了同样的事情,混合动力汽车、可再生能源、无线网络和宽带都刺激着技术的飞速发展。与模糊的问题相比,定义明确的问题能更好地促进创新,而必要性的确是发明之母。

另外一点是关于资金的调动。列奥纳多·达·芬奇成功地发明了直升机(用于娱乐而非运输)是因为有赞助人愿意出资。不管是在大学还是在研究实验室,知识的发掘都需要支出。创新方面投入最多的公司生产出了大多数的创新产品,发展最迅速,这一点也不足为奇。但是,资本市场对创新持非常谨慎的态度,因为它太不确定,太具破坏性了。要求快速周转的资金不利于资助长期的创新,即使是对技术非常了解能够判断未来前景的投资者来说,如果短期资金不够,在技术面前也会变得非常脆弱。这就是为什么国家也要分担风险:通过补助、税收抵免、协作研发和公共采购奖励公司、促进创新。

政府也了解到了技能的重要性。知识和想法不是自由漂浮的,要变得有价值,它们需要被应用、被调整。对创新进行研究时,人们发现了一个有趣的现象:对研究产生影响的并非研究本身,而是读完博士生之后从商的学生们。先进的技术并非来源于广泛普及的知识,而是来自精湛的技艺,以及对事物如何共同运作的微妙理解。要成为发明家,思想和技艺起着同样重要的作用[30],精湛的技艺倾向于集中在组织和网络上。18世纪的英格兰就是这样,它为工程师们提供了无与伦比的地位、奖励和报酬。[31]

在工业革命早期,普通的技工通常都可以算是非常优秀的数学家,了解一些几何学、水平测量和测量法的知识,有些人非常精通应用数学，能计算机器的速度、强度和功率，能绘制平面图及截面图。[32]

言下之意是，未来几十年最成功的地方可能是那些不只尊重发明家，而且是技能高度集中的领域，如神经系统科学、个人护理、合成生物学和低碳航空。以色列就是一个很好的例子：公理集合论优势促使其在信息技术产业取得了巨大的成功。探究搜索边界的谷歌工程师、提供照顾幼儿服务的埃米利奥·罗马涅大区（Emilio−Romagna）的供应商和F1汽车制造商都是精湛技术的典范。时装设计师和游戏程序员同样也是绝佳的例子。最近对苹果第四代手机的调查显示，零部件组装产生的价值微乎其微，即使产品本身也只占总价值的四分之一，苹果公司收获大部分的价值主要体现在生产前的投资以及用作整合各因素的品牌价值。[33]而反过来，这又来自在地域上、组织上高度集中的设计技能（苹果很少开创新技术）和物流，以及非常有效的、独特的经营模式，如苹果公司最热门的音乐软件iTunes。

这些精湛的技艺以不同的方式服务于高要求的顾客，它们需要更广阔的周边视野去刺激其发展。政府通常会委托有关部门进行有关未来的调研，这些调查声称技术会如何在社会中传播，如何改变人们的生活。芬兰的议会甚至成立了未来委员会。这些都为长期的思考和想象提供了重要空间。管理咨询公司常常发表有关未来趋势的综合概要来促进它们的市场营销。然而，更为重要的可能是那些想象的、存在可能性的世界得到了尝试，如同出现在文学、电影院和游戏中那样，创造性的乌托邦同样出现在未来学家枯燥的报告中。

将创新看作像河流一般由基础科学发展而来的线性观念被部分地抛弃了。蓬勃发展的技术往往是那些能够挖掘人们期望的技术，它们能够俘获投资者和消费者的想象。互联网的繁荣兴盛、生物技术和清洁技术方面的投资激增都表明商业和电子商业的发展不仅依赖于对可能获得收益的事物的合理评估，还出于害怕落后的心理。德国对太阳能的巨大投资既来自商业计划的推动，也来自思考的力量。通过关税的实施，与德国的工业相比，可能中国工业会受益更多。银发经济变得日益重要，不仅是因为保健和卫生的需要，也来自老年人对生活体验和生活意义的需求，这既关乎观念又关乎事物，它将新的理念（如积极关注老龄化）、公共需求和新兴技术结合在一起，这些技术包括心灵健身房、监视设备和修复学等。

这其中有多少从本质上来说是资本主义的呢？其中只有一小部分的创新既可以创造长久的价值也可以创建货币价值，大部分创新的价值都会外溢。一些技术和服务模式能迅速在市场上找到合适的位置。如果一个地方在错误的时间、错误的地点忍受水资源紧缺之苦，这将推动重大创新用以节省和处理水资源，也会为优秀的创意提供慷慨奖励。现存的个性医疗体制为基因测试提供了机遇。营养基因学和药用食品很可能找到希望通过每顿饭增进健康的买主。摩洛哥沙漠一百平方千米的太阳能发电厂的建立，中国中部巨大的风力发电厂的建立，都适应了这个石油价格高昂、自然环境堪忧的世界。利用单层石墨纳米技术的单电子处理器可以应用于成千上万的电子设备。

然而，其他技术需要通过努力才能获得一席之地，如智能网和智能仪表，虽然该技术非常合理，但很难与公司的激励机制相协调，除非建立全新的城镇和城市以与之配套。又如，可视电话从20世纪60年代开始进入市场，直到十年后才引起人们的注意。智能卡从20世纪以来一直在进行不断的实验以期人们使用。有些技术可能从技术层面来说能很好地运行（如无人驾驶出租车），但是，在民众态度和立法方面却遇到了障碍（无人驾驶火车已经在哥本哈根运营，但是这还不足以减轻公众的忧虑）。有些技术可能只适合贫穷的人群，如喷过杀虫剂的蚊帐和治疗疟疾的药物。

对于塑造和运行创新体系的负责人来说，他们面临的最大挑战可能就是：技术创新的强大力量和人们真实想要的东西之间的差距越来越大。他们出售越来越多的东西：越来越多的汽车、手持设备和新型药品。技术体系建立在唯物主义经济之上，然而探寻变化如何发生的唯物主义观点很难适应这种经济，它的价值既来自事物也来自联系。这种变化不是技术带来的结果，虽然它受助于技术（尤其是社会媒体）。这种变化是发展阶段带来的结果，即需求模式，技术冲击力只是造成变化的部分原因。

这一是非常重要，因为科学必须证明自己具有正当性，它必须向选民和纳税人展示自己的优点。过去，各国可以优先考虑自己的需求，主要是军事力量和监视。或者它们可以与大企业联合，优先满足自己需求。但是，民主已慢慢渗透进了科学体系，可能不久我们就能看到用来吸引公众的、更明显的策略，它们使科研和创新居于首位，大众的希望和担忧会更直接地决定变化的方向。

文明社会的一个标志是为艺术、科学与社会领域提供免费的资源，供其进行发明、探索和实验。但是，一个成熟的创新体系要走得更远，要让目标与方法达成一致，就需要在三点上达成一致。第一点是意识到人们的需求和愿望，这是他们实现繁荣和生存面临的最大挑战。第二点是动员最好、最有创造力的人对问题进行探索。第三点是一个能将想法变为现实的体制。实现三者一致的例子很少。即使社会了解到最需要的创新在哪里，他们的创造资源也会被用于强大的利益集团或琐事。然而实现这种一致肯定是 21 世纪的重大任务，它是一个真正的智能社会的标志。

8.3 技术如何紧跟想法

如果与国家需求和商业需求相比，技术真的能对公众需求做出更灵敏的反应，那么这种影响的一部分肯定来自想法充当了中间的桥梁，尽管技术有时看起来像一个"机器之神"（deus ex machina），把我们的生活变好或变坏[34]，但更准确地记载显示，从蒸汽火车、炼钢厂到微处理器，新的思维和看法总是领先于技术。技术没有改变社会，而是新社会的产物，是实现新社会的手段。比如，钟表和时间安排的新思维共同进化，这在几百年来，为工人打卡上下班提供了方法。同样，万维网和技术假想共同进化，这种假想可以追溯到赫伯特·乔治·威尔斯（H. G. Wells）和范内瓦·布什有关麦克斯存储器的提议，数百万人在全球计算机网络实现前对这个概念已经耳熟能详了。

弗朗西斯·培根详细描述了资本主义必不可少的一些新的观察方式

及其寻求和剥削价值的能力。这些新的观察方式很久以后才表现在机器上，其中最重要的是分解问题再重组的方法。这种方法被军事训练的先驱及统计和制造业的先驱所运用[35]，后来这些方法成为研究时间和运动的方法，成为所有事物机械化和自动化的方法，也成为资本主义思考问题的方法。再后来，它们成了计算机和汽车、自动化港口和医院的组织原则。

如果想引领未来，很可能既要通过技术本身，也要通过产生技术的想法来实现。在网络化与低碳经济即将到来的时候，不同的想法正处于创意与技术上可能性的风口浪尖。循环再利用、自主管理和个性化、简洁和闭合环路、网络和自我组织，其中许多几乎与弗朗西斯·培根提出的大相径庭。这些都指向一个对其他体系的剥削较少的未来经济。

一些领域的技术进步可能迎合了人们更深层次的欲望，如超人类主义运动和合成生物学。19世纪发生了一个重大转变，那就是从自然化学品转变为合成化学品，如今我们正目睹着合成生命形态的更快发展，其中一些会代替或与人类的身体相结合。超人类主义引发了一系列有关平等和道德的争议，然而它响应了人们对生命的渴望，至少一些国家创新体系可能将其置于优先的位置。[36]大脑科学也一样，对大脑如何运作的迅速了解迎合了人们渴望变得更快乐、更聪明、拥有更好伴侣的愿望，这很可能会推动一波新产品和新服务的兴起，又很可能像超人类主义一样会引发一系列道德问题。

其他领域的技术进步可能会失败，因为它们对于人们提出的问题无法提供令人信服的答案。比如太空旅行和克隆从来没有很好地说服过公众和政治家，以证明他们的大量投资具有合理性，它们带来的成果仅仅只有航天飞船、卫星和偶尔探索太空的无人机。

最重要的是在每个阶段，想法都起着决定性的作用。重要的技术只有唤醒人们的渴望才能传播，才能说服研究者贡献他们的生命、投资者进行投资、政府允许自主研发、消费者进行消费。要做到这些，技术不能仅仅只是有用（令人惊奇的是，技术在早期不一定非常有用），还得有意义，能激发想象力。因此，下一章我将描写那些推动资本主义下一阶段发展的最重要的想法。

第 9 章

基于关系和维护兴起的经济体

只有处在与他人的关系中我才是自由的。

——Dietrich Bonhoeffer, *Creation and Fall/Temptation*, 1959

早在四十多年以前，技术预言以及未来学就已经开始强调信息和知识不断增加的重要性，在很大程度上，这一思潮和实践运动影响了我个人的职业生涯规划。[1]现在，认为经济的很大一部分都已经非物质化的观念变得越来越普遍，大多数的预言者都认为未来经济将变得更加抽象，由更多的数据流和知识流组成，每一种事物都与信号传送器相匹配，事物与事物间相互交流，人与人之间相互交流。最终，一些预言认为，每个人身体的每个部分都可能有自己特有的全球资源定位器，在网络空间中都有自己的身份。随着处理程序能力的不断增强，现实世界与网络虚拟世界将进一步融为一体，少年将在他们的卧室中对着一面和墙一般大小的显示屏来举办聚会，建筑物、汽车和火车都将被数据、图像和声音所覆盖，这一切都是完全有可能的。

但是在这里，我想强调一个人们不是很熟悉的故事。在资本主义的下一个阶段中最大的组成部分将不会是信息、远程通信或计算机的生产。在经济活动和日常生活中，关于技术浪潮将一浪高过一浪的故事都是相互联系的，但是，它们之间的联系也仅仅是部分的。最近20年的数据调查研究已经向人们讲述了一个崭新的故事，在接下来的20年里，也许同样会如此。这里事物的矛盾是资本主义经济在取得生产收益方面所具有的卓越性意味着实体技术经济的重要性注定会减弱。它们越成功，其创造工作机会或占据国民生产总值比重的能力就越弱。

与之相反的是，我们目睹着一种更依赖关系而不是商品的经济制度的产生。这种经济更依赖实干精神，而不是坐享其成；更依赖维护，而不是生产。推动这种经济的想法是与服务有关的，包括同情心和情商、消费者的心声以及提供以人为本的产品，而不是将产品给人们或为了人们而生产产品。服务效果将得到高端通信网络和高速信息流的支持。但是，仅仅强调基础设施并未抓住问题的关键，结果将会和20世纪初时一样，忽视了经济中的关键问题，以至于仅仅关注电力网，而没有关注大众需求的消费品。相反，和过去一样，日常生活中对科技的应用将变得更加具有社会性，更加关注情感和友谊，这一点是投资者没有想到的。[2]

随后的预言者认为，技术将取代人们之间的互动，但是这一点最终被证明是错的。在每一种创新性的工业中，与预测相反，对电子产品的消费与人们生活中的直接经验是同步增长的。现在的少年既去现场听音乐会，也会直接在iTunes上听音乐；他们的父母既会去现场观看体育比赛，也会在电视上看重播。我们越是在一种事物上花费心思，越希望体验其在真实中给人带来的感受。这就好比我们在虚拟世界里旅行的地方越多，就越想去实际体验一下一样。彼得·德鲁克（Peter Drucker）曾预言：到21世纪20年代，"广阔的大学校园将成为遗迹"。但是，这种预言可能同样是错误的，错误的原因与上面所讲到的一样。

推动这些变化的因素和技术的关系并不大，这些变化和需求与欲望的关系更大。在饱和的物质经济中，我们的迫切需求已经不再是对于更多物质的需要，而是对于陪伴、友谊、爱情以及关爱的需求，还有就是对于更加美好的环境、身心健康的需求。这些已经成为经济事实，因为它们将科技对发明者和投资者的关注转移到了对人们真正需求的关注上。汽车、电话以及电力之所以有影响，是因为它们抓住了人们的想象力，为人们提供了自由，向人们承诺了省力和社会性，这些反过来也推动了技术的发展。对于诸如手机、微博以及短信服务等技术而言也是一样的，它们比专家们预言的东西（比如综合业务数据网）发展得要快得多。

在很大程度上来说，至少在世界上较发达的地区，人们的物质需求都得到了满足。大多数人都能够吃饱（经常会吃多），都有房子住，都能够取暖，有衣服和鞋子穿。虽然在最富有的国家里也有很多物质上匮乏的人。[3]但是，人们对于物质的需求已经不再像以前那样迫切了。我们现在面临的问题是产品的种类繁多、各式各样，不知道该如何取舍了。因此，现在许多领域的高端产品不是强调数量多，而是强调少而精，强调精简才是产品的常胜之道。

将关系置于事物的中心位置这一观点本身并不是现在才有的。许多推动人力资源和市场经济发展的想法都是用来克服以市场为基础、以金钱为基础的交换关系中所存在的缺陷的。但通常情况下，它们都只是小插曲。

在一些领域中，它们可能依然是小插曲。从中期来看，商品经济依然拥有强大的动力。预言家估计，到2050年，印度的汽车保有量将达到3.5亿辆，中国的这个数字将达到5亿。我们应该还可以看到接下来的几代人，在他们成长的同时对事物充满了欲望，从电视机到苹果平板电脑。但是，从长远来看，一种在事物的基础之上建立的经济就好比是一条更加清晰的河流，它有着可以用过就丢掉的产品，然而，这种经济正在被一种以关系和维持为基础的经济所取代。一旦我们对物质的需求得到了满足，这些就会变成我们生活中最重要的组成部分。变得孤独比失去一次涨工资的机会更加糟糕，没有倾诉和安慰的对象比错过一次精心的谋划更糟糕。

因此，我们看到新的工业围绕着经历成长起来，其他的事物围绕着关系成长起来。一些是不合法的，因此是无法衡量的，比如那些服务于人们对性爱或毒品的欲望的行业。一些是很排外的，比如金钥匙服务指导富有者过好他们复杂的生活。另一些是对其他人开放的，比如日渐兴盛的相亲和陪伴业，以及那些承诺能将你和朋友们聚集到一起的网站，或帮助编撰一份家谱的行业。女权主义者、社会学家阿莉·霍赫希尔德（Arlie Hochschild）将这些行业中的一部分归纳为"亲密的商业化"，但是这种总结可能太严格了。当然，一些商业正在为人们提供着这种亲密的感觉，但它只是弥补了人类需要他人的这个缺口，而不是将原本存在的东西都腐蚀掉。

如果我们进一步思考一下，经济的哪些部分在增长，又有哪些部分增长的前景最好，回答将是千差万别的。令人们惊讶的并不是云计算或基因疗法，而是由一种基于事物、产品、销售和消费的经济向一种基于关系和维护的经济的转变。这一点从纷繁的、有关市场和经济的信息中很难看透。跟往常一样，在新事物出现的同时，旧有的模式得到了加强。现代资本主义是围绕着规模生产（如福特汽车和丰田汽车的生产、波音客机以及之后的微软）发展起来的，这种做法的动力尚未消失。这种动力仍然在将奢侈产品变成普通的产品，它会继续将一度标准化的事物变得个性化，尽管受到严格的管制，亚马逊、易趣、苹果仍然是这种经济中的佼佼者。它们将 20 世纪经济成功的关键提升到了另一个高度：从规模经济中获取利润，采用十分严格的集权控制和十分精细的规定，面对高度细分的市场。

但是，这些新事物所具有的预兆的可能性并不大，或者更精确地说，它们可能会指引我们走向未来的基本架构，但不会指引我们走向即将发生在这些架构之上的活动。原因和我们之前所描述的动力有一定的关系。资本主义生产所创造的生产力奇迹般地降低了一个又一个产业在国内生产总值中所占的比重，虽然这些都推动了私人公司资本价值的增长。迅速的增长和迅速的缩减之间是一种矛盾的结合，这种情况最早发生在农业上，随后，在经历了几代人以后，这种情况又发生在了诸如钢铁等产业上，在这之后又扩展到了微处理器产业。制造业仍然是财富的最大来源，但是，通过它在提高生产力方面所取得的成功，它注定会缩减在就业市场以及在国内生产总值中所占份额。对于搜索引擎、零售网站以及游戏而言也是一样。它们的市场资本化形式可能很广阔，但是，对于经济将向哪个方向发展，它们提供的可能是具有误导性的信号。相反，服务行业可能会增长，而且，尽管它们在促进生产力提高方面并不成功，它们在国民生产总值和就业市场中所占的份额却越来越大，这种情况可能有些讽刺。

在最近几年，这一点变得愈发明显。最近，欧盟增加的所有工作岗位几乎都源自服务行业[4]，美国也是如此。展望未来，应推动诸如看护、健康和关爱或能带来快乐的旅游业等产业的发展。这些组成了关系经济的一部分，在这部分中价值的创造更多地依赖于关系的质量，而不是产品的消费。私人医生、理疗师和顾问的收费很高，但是他们对你非常熟悉，将这一人际关系转化成了价值。但是，在工业时代，这些都是边缘部门，被以批量生产和零售为特色的规模经济排挤到了角落。

9.1 健康、看护和关系经济

在经济发达的国家中，已经有越来越多的人在健康、教育和制造业等领域工作了。在最近的几十年里，保健业已经成为美国新工作岗位的第二大来源，保健支出已经从 1960 年占国内生产总值的不足 5％增长到现在占国内生产总值的 17％。传统的智慧［国会预算局（Congressional Budget Office，CBO）反复强调的］以及许多研究者都将这一长期的支出增长归结于"医疗新技术和服务的出现、采用和广泛传播"。[5] 但是，这种解释模糊不清。大多数的开销都和某一特定的技术无关，治疗方法除外，而与反复的、劳动密集型的、需长期投入精力保持维护的状况有关，比如糖尿病和心脏病等的持续维护。另外一些曾经会致命的疾病，比如癌症和艾滋病，现在都已经转变为一种慢性病，经过长时间的治疗可以得到控制。

国会预算局会定期发布 75 年期的对保健开支的计划。最近的预测认为，美国的保健开支占国民生产总值的比重将从 2007 年的 16％增长到 2025 年的 25％、2050 年的 37％以及 2082 年的 49％，更远的预测也许是个笑话，却是以让人们为之震惊。但是，它的确具有一定的可信度。在其他领域，预言家也预计支出方面将承受不断增加的压力。据估计 2004—2050 年间，欧盟的人口老龄化将使公共支出提高大约 4％[6]，在中国，这个数字会更大。导致这一情况的其中一个因素是新知识的应用，另外一个因素是不断变化的需求。比如在英国，一位 80 岁的老年人接受白内障手术、全膝关节置换术或冠状动脉架桥术的几率是 1990 年时的两倍。

人口老龄化并不是推动这些变化的唯一因素。一个英国的内阁规划小组认为，仅肥胖症一项就可能影响到大多数的人，这就间接地花掉了保健预算的一半。一代电视迷从少年时代起就沉迷于社交网络，这种情况也许会导致更多的身心疾病，并且会扭转寿命不断延长的趋势。

在保健方面，他们的一些需求可能是由客观存在的问题造成的，另一些是由于人们不断增长的意识和更加高远的希望造成的。几十年来，保健方面取得的进步与人们对于保健不断的关注相吻合，与此同时，患有健康焦虑症的人们和处于疾病状态的人们一样成了保健体系的负担。保健业是一个更加庞大的、慢慢兴起的大产业的一部分，它关注的是人们的身心健康，也包括许多令我们健康或者令我们保持健康的服务，这其中就有健身房、按摩馆，还有有益健康的食品和测试。经济学家所称的"正的需求弹性"为人们预测这些领域的支出将会增加提供了强有力的论据。通常情况下，即使给予多种选择，越来越多的人也更愿意将他们收入的很大一部分花费在保健和教育类服务上。并且，比较富有的消费者更倾向于为量身定做的服务买单，这些服务将他们看作一个独立的个人，而不是许多消费者中的一员。[7]

但是，不好的消息是：来自经济合作与发展组织（OECD）的国家的数据显示，保健方面的支出和道德大致呈负相关，保健方面支出的增加与道德意识的提高同样也大致呈现负相关关系（即使将美国排除在外，这种相关性依然存在）。这些就是体制亟待彻底变革的标志。

一些提高可能是来自对现行体制的巨大改革，比如鼓励医院学习印度那拉亚那医院所运用的方法，将强化对结果的测量、高度的专业化、同业互查、用最低的成本获得最好的结果等结合到一起。但是，从长远来看，医院或家庭医生、小学和大学，如果仅仅作为保健服务和教育的提供者，就不可能一直保持自身的主导地位。这种情况就如同人们并不能确保超市和快餐连锁店会一直稳居零售业的主导地位一样。相反，我们可能会看到许多新的模式会伴随着旧的形式迅速地成长起来，它们利用新的技术，比如对于信息更加广泛的应用、个人健康记录、自动与教育体制数据相联系的个人简历等。

最有前途的方法要么是将知识构建得更加广泛，要么是调动各种社会力量来弥补医护服务的不足。瑞典的患者旅店为医院指明了另一条道路。这些旅店坐落在医院旁边,它们为患者提供了良好的环境,也为患者家属提供了床位。虽然这样就意味着更大的成本开支,但它们却以更低的总消费取得了更好的治疗效果。它们动用了社会的力量,即家庭的关爱来支持患者的痊愈。当每个家庭都能够拥有许多相对便宜的测量血压或其他生命体征的仪器时,当高速的视频连接,让他们能学习自我保健或教学游戏的视频教程时,与众不同的服务方式将成为可能。便携式的仪器可以将健康数据(比如血糖指数)和所期待的标准值进行对比,这些设备会在数据出现偏差时给予提示。腕带设备可以追踪脉搏数以及运动和睡眠模式。在专家医生和护士的帮助下,医疗措施可以通过电话、邮件和视频来传达。患有同样疾病的患者间也可以分享彼此的经验,而不是只依靠那些全科家庭医生或急诊室。如果它们不仅能够让患者,而且能够让他们的配偶和父母也参与到治疗之中,而不是让他们扮演消极的接受者的角色,那么这些措施将取得更好的效果。

  一些有关变化的要求可能是节约成本。[8] 为了推动生产力的提高,一些用于商业的工具可能被采纳。将"服务旅程"分解为若干小元素,之后用网络或其他技术将它们重新结合起来。专家们可以专门负责诊所和客服中心,专注于一种情况。在这里我们又一次看到了 20 世纪资本主义的主题——规模经济、集中及分化。但是现在这一主题与 21 世纪有关网络、互相支持以及时间共享等观念联系在了一起。

  财政可以被用于鼓励更多的关系性服务。健康承保者可以鼓励投保人改变他们的饮食习惯或加入健身的行列(比如如果他们能够在身体质量指数上有所提高,就将他们的保费降低一些)。市政府可以奖励那些公益住房的提供者,尤其是那些对空巢老人提供良好支持的人们,以减轻医院和敬老院的压力。也可以鼓励雇主帮助解决雇员轻微的精神健康问题。在所有这些情况中,那些揭示了长期的成本与收益模式的工具将为预防性投资带来新的机遇。

  在这种不断进步的服务经济中,保健业早已成为主导,它们将从新产品中不断获益,从更加智能化的人工助孕、艾滋病测试到自动的胰岛素分配器。一些保健器材可能会做出许多承诺,但它们可以兑现的却寥寥无几。抗抑郁药物对轻微的抑郁症没有效果，或是效果甚微（安慰剂的效果也是如此），尽管这和降低的需求并没有关系。[9]许多最有趣的创新都将技术和更加强大的网络化支持联系到一起。支持自我管理和相互支持的非政府组织正在组建更大规模的实验室，比如通过专家患者项目、网络教程或20万的网络用户为瑞典的糖尿病患者提供支持和帮助。网络已经组织了15万名像我这样的患者来分享经验并收集数据（这些资料将在之后以匿名的形式出售给药品生产公司和监管者）。在苹果的商店里有超过1万种的应用服务，这一事实也反映了组织保健管理新形式的这一需求。小小的实例将最好的技术与社会支持结合起来，例如加拿大的Tyze在网上组织人们支持孤寡老人，允许朋友、家庭成员和专业人士来协调他们的护理工作，他们会来看望这些老人，为他们做饭，提醒他们吃药或为他们采购日用品。这是一种很简单的联络技术，并不需要花钱，或者只需花很少的钱。[10]

机器人可能将很快成为这种混合体中的一部分，把人们从繁杂琐碎的活动中解放出来，使他们有时间从事可以创造真正"关系价值"的活动。由德国夫琅和费学院制造的一款机器人最终将成为无助老年人的一个得力助手。对于与老年人相对的少儿这个群体，韩国的目标是制造为幼儿园阶段的少儿提供教学的机器人，一些教英语，另一些教体育和舞蹈。

在生活中具有特殊意义且十分重要的一个焦点就是创新。在美国，一些预测认为50%的医疗补助都被花费了在生命最后的三周里，但是这对于处于生命垂危状态的病人来说是无济于事的，对病人的朋友和家人而言也是如此。大多数病人都病死在医院里，他们身上遍布着各种管子，身体里充斥着药物。更多的人宁愿死在家中，这样的话，他们对何时以及如何死去会有更多的掌控权。在20世纪五六十年代兴起于英国的救济院就是这样的，它们更加重视缓和疗护，而不是医疗手段。促使安乐死合法化的运动同样源于现有的医疗体制带来的挫败感，现行的医疗体制将死亡变得机械化，而且惨无人道，将在死亡时刻最重要的情感联系置于一旁。

在全球范围内，大量的钱都被投资于医疗研发，而且这样做的理由是很充足的。然而，在这类研究中，只有不足 0.5% 的研究可以与行为和社会因素产生联系，但是这些行为和社会因素却解释了超过 50% 的死亡事件（而且在这不足 0.5% 的比重中，大多数研究关注的是顺从，即让病人吃药）。一种非常不同的健康经济正在逐渐地走入人们的视线，但是，现在这种创新管理才刚刚起步。

9.2 绿色经济

健康和保健业在创造新的工作职位和财富方面具有同样的特点，这些行业可以被简单地称为绿色行业。这些行业也包括许多先进的技术，而且"清洁科技"领域令风险投资人和天使投资人都十分感兴趣，就如同 20 年前的生物科学技术令他们感兴趣一样。节能灯、混合动力汽车以及能够进行生物降解的产品成为了主流。与此同时，在天气炎热时可以反射阳光的水基涂料和水基瓦以及可降解的生物杀虫剂也在不断兴起。在设计中仿生学越来越多地受到重视，自然界中的方法被改进，并被应用到材料和物品中。像韩国等国家早已开始监督经济策略，使之将产业的绿色化作为重点，特别是在汽车制造业和钢铁产业。

但是，如果仅仅将绿色经济看作高科技产品涌入市场的新浪潮的话，那就错了。绿色产业的大部分活动不仅仅涉及重复的任务与繁杂的技术，更多是涉及服务的。废水收集和处理程序达到了循环利用的目的，就是一个例子。大规模的远海和近海风力工厂是另一个例子。对旧房进行翻新改造是减少大城市中碳排放量的一个关键，在技术上是很琐碎的，而且要进行有效的组织是相当困难的（尽管房主的经济收入可能十分可观，但是人们一般不愿意自寻麻烦）。对于城市农场及各种各样改变我们生产事物和消费事物方式的活动而言，情况也是如此，用本地产品和季节性食品来取代更加具有异域风情、来自遥远国度的进口产品。大多数的这类活动都是劳动密集型的，都需要不断的呵护和关注。

这些以产品形式为代表的转变反映在消费领域的变化中。一次性购买的小物件、服装和汽车依然在大量的广告中占据着主导地位。但是，更加富裕的社会已经体会到了购物带来的失望,更多的收入和物品并不能保证幸福感的增加。正因为如此,我们看到了更多的、针对消费品进行的持续创新,这些产品和服务需要消费者付出更多的努力(比如先进的烹饪方式和刺激的运动)。消费品尝试着添加更多的生态价值或公平交易特色,并令购买者享受到归属感。

到目前为止,我已经描述了各种新的模式和观念。处于构建中的全新的城市必须从零开始进行反思,包括如何组织学校、图书馆、公园和保健服务体系。对于其中的一些项目,技术正在进步。韩国的一座城市致力于打造第一个拥有更多"软"建筑、而不是"硬"建筑,那里的街灯和墙壁与照相机和环绕技术相互交织在一起,与充斥着数百万摄像头的深圳相比,这是一种进步。在对于未来的憧憬中,人所扮演的角色并不是很重要,另外一些是有意识的绿色化,比如瑞典的斯约斯塔德,德国弗赖堡的沃邦,阿布达比酋长国的马斯达尔,及中国天津的生态城,它们都致力于成为未来低碳的典范,为了达到这个目的,这些城市都在很大程度上否定了对于汽车的依赖。在一些例子中,比如沃邦,对行为有很严格的规定,这是一种来自几年前的自由乌托邦者的呼吁,也很少有 20 世纪 90 年代以及 21 世纪大城市发展时的那种铺张式的消费。它们对于未来的憧憬中有很多支持志愿活动和彼此互助的公民活动,也有涉及艺术和食物发放的公民活动。它们可能由于梦想与现实间存在的鸿沟,在设计中缺少公共输入等方面而受到批判。但是它们代表的是针对严峻问题所给出的认真回答。

在一定程度上,它们代表了未来经济变化的方向,即朝着商品不再占据主导地位、不必要的消费得到减少的方向发展。所有这些生态城市都在能源利用和节约方面不断创新。排名世界前 20 位的大城市消耗了大约 75% 的能源,在这之中,建筑的能源消耗占到了 40%,典型的建筑的使用寿命只达到其预计寿命的 40%。因此,在减少能源消耗方面还有很大的空间。不仅仅是通过利用更好绝缘材料,而且可以通过新的组织形式。将众多公司的办事员聚到一起分享设备和空间,还有就是在家工作或者移动工作。推动减少资源不必要浪费的动力同样鼓励对旧建筑的重新使用,而不是只考虑拆毁和重建(在 2010 年规模宏大的上海世博会上，中国展现了其强大的经济发展能力，同样也在重新利用拥有几个世纪历史的废旧仓库方面树立了典范），与此同时，还做到了高效地循环利用纸、玻璃、塑料和金属。

一种更加环保的循环型的经济（这一概念在中国共产党十六大上由胡锦涛主席提出），其形式将会拥有与基于消费和商品的经济不同的性质。它可能会更加具有劳动密集型的特色，而且毫无疑问，它将对个人的劳动提出更高的要求。循环型经济可能更加具有地域特色。如果能源和碳的消耗量上升，那种更加长远的经济逻辑将被颠覆。3D打印机和私人实验室的继承者可能会允许我们就近生产，能源可能被当地的生产者再次本地化，人们会对废弃的垃圾进行回收利用，而不是用船将它们运载到距离燃煤发电站很远的地方倒掉。在公共交通体系中，汽车可能被用于短时的出租（就像在巴黎和伦敦，自行车已经做到了这一点）而不是作为一种私人财产。毕尔巴鄂的希瑞科就致力于成为世界上首个在交通体系中运用电动汽车的典范。食物可能会再一次生长在公园里、水库中、屋顶上以及阳台上，哈瓦那就成了这方面的典范，因为受到美国贸易壁垒的限制，它必须生产占全民需求80％的食物。这就使得许多城市的居住者都很好奇，他们想知道自己是不是不喜欢住在更加自给自足、甚至是可以食用的城市里，在那里，街道和公园中长满了结着果实的树木、坚果木以及营养丰富的树叶。当通过现代经济的视角来分析有关本地化生产这一观点时，它可能既不明智也不高效，然而，它却为解决大规模的、难以避免的气候问题提供了一种可行的办法，同时也是一种灵感的迸发（谁会想到搜索野生食物会成为一种城市的潮流呢）。

上面所展示的各种可能性的最终结果是：在健康和环境方面，一种新型经济诞生了，这与未来学家的憧憬有很大的不同，他们仅仅看到了硬件以及人们适应硬件。相反，这种经济是对需求和现存问题以及科技的可能性做出的回应。就如同现代经济的其他方面一样，它对数据和庞大的网络具有很强的依赖性，而且至少对科学具有部分的依赖性。但是，这种经济的价值源自关系，受到关爱的价值或保持关系的价值，而不是那些源自可以生产的、消费之后被丢弃的商品的价值。健康和环境在生产和消费方面的界限并不清楚，这就如同所有的亲密关系一样，消费者或用户也可以生产和提供，不管是通过垃圾分类，还是将他们家中的能源卖回给电力公司，抑或是治疗一种慢性疾病。

这两个领域，保健和绿色经济，都是部分地源自这些原因，将家庭再次变成了经济活动的场所。一直以来家庭都具有经济上的重要性，但是，之前它被看作处于经济环境之外的，而且家庭本身就很复杂、不易控制，所以分析或试图影响它都很困难。在资本主义的早期，家庭唯一的明显角色就是一个消费的场所，它提供了对节省人力的产品及品牌消费品的不断需求。而它的不显著的角色是一个连续不断地提供有能力的、顺从的工人的源泉。

人口变化及金融危机意味着公共政策应将注意力转移到家庭上。对于行为变化的兴趣多是有关人们在家庭生活中做些什么，从帮助孩子完成家庭作业到减少能源消耗。家庭也推动了政策的创新，比如护士家庭合作计划为贫困地区的年轻母亲提供强有力的支持，这样一来就可以增加她们孩子的机会；环保人士为帮助社区减少能源消耗提供全力的支持；老年人互助组织鼓励老年人之间互相帮助。这些都关注家庭创造的价值。这样的经济倾向于变得更加个人化，因为任何一种关系或支持都需要按照每个个体不同的需求制定出来，它倾向于涉及更加强有力的反馈，倾向于将注意力不仅仅聚焦到商品的出售上，还要关注消费途径（比如在生命周期的一部分中，从儿童早期到成年，或者从退休到年老）以及服务途径（不论是从医疗体系中得到服务的病人，还是乘坐飞机的旅客）。[11]

对这些途径进行反思可以成为创造性的源泉。通常，具有决定性的创新改变了社会学家所描述的控制人们行为的"宝典"。来自私人领域的一个例子是快餐业的迅速兴起为吃饭打造了新的标准。传统的餐馆要求顾客自己选择他们想吃的东西，之后，侍者为顾客服务，顾客只需负责吃和付账，然而，自助或快餐业要求顾客选择、付款、将食物端到自己的饭桌上，吃完后清理干净。许多创新都尝试着包含同样的准则，从学校里个人化的学习到自我管理的保健，到鼓励居民对清扫自己的街道负更多的责任，这些对于未来的无论是公共领域还是私人领域的生产力都可能起到至关重要的作用。

这种对于家庭的关注拥有潜在的变革性的暗示，它表明在现代经济中受到珍视的、最重要的事物（如果不是对市场而言，至少是对人们而言）不再是事物，而是时间，更加确切地说是时间的品质。许多现代经济学将家庭时间看作无关紧要的[12]，将家庭活动转变为有偿的经济活动实际上可以使国内生产总值得到一种隐性的增长，虽然这并不能使人们的幸福感有明显的提高。让我们将注意力再次转向家庭，经济与价值不可避免地联系在一起，因为家庭充满关心、爱护和信任，但极端情况下也可能存在家暴、仇恨和操控。

这种新型经济并不是从本质上就和资本主义不相容的。人们熟悉的市场设计的工具可以被用于鼓励新型经济模式的传播，比如取消规范性的壁垒、瓦解垄断集团或取消对于贸易的限制。这些有助于将诸如规模、集中和标准化等人们所熟悉的观点传播到新的服务领域中。比如瑞典在零售能力方面已经超过了美国，这多亏了像宜家这样的公司。日常服务，诸如排水系统安装和组建、儿童照管和老人看护，已经变得成熟，可以发展成为商品的品牌，而且一些制造业也被重塑为服务业，出售"安全里程"而不是车胎（就像米其林一样），出租而不是出售地毯，或者是出租而不是销售太空空间。

但是，这种新型经济的可能与不存在紧密联系的资本主义格格不入，在这种资本主义经济中，所有者对消费者没有责任感，即时交易占据主导地位。市场力量可能会逐步损害体制中微妙的环境，学校间的不正确的竞争可能会增大社会隔阂，保健方面存在的激烈竞争可能会侵蚀掉人们分享知识和信息的积极性。新型的平台使得人们能够运用彼此多余的能力来创造更多实实在在的价值，但是，对以金钱为形式的价值却没有任何意义。Buzzcar 公司允许人们租用他人的汽车就是一个很好的例子。又比如 Etsy 公司，它为家庭手工制品提供了卖场。与传统的对等物，比如阿维斯出租汽车公司和赫兹租车公司相比，这其中都很少涉及金钱交换。从国际性的连锁酒店中预定床位到在线冲浪、预定床位等的一系列转变都体现了一种全球性国内生产总值的优化配置。[13] 但是，对于个人而言，这些替代形式提供了很高的性价比，它们运用了一些资本主义搜寻的逻辑，之后运用未被充分运用的资源。

经济的这些部分将价值和价值观联系在一起，这一点并不令人惊奇。现代的资本主义在20世纪最后的几十年中几乎草率地采用了宗教式的语言。使命的陈述，有关见解和远见的演讲，以及对于价值的密切关注全部变成了公司的陈词滥调。致力于在环保行业中求得生存的公司发现，它们必要同时展示自己的诚意和商业智慧。相对而言，在保健行业中，几乎没有任何一个商业公司繁荣起来，主要是因为人们很难相信它们。在最开放的市场中，比如美国的保健业，营利性组织的表现一般比互助组织、基金会和公共组织差很多。它们发现要想获取人们的信任十分困难，分享信息和知识同样很困难，获取消费者所需的关心也很困难。兰德公司（Rand Corporation）的分析显示，老兵在旧式的、没有营利动机的医院中接受治疗"能够获得不断的、更加好的、最全面的医护，包括筛选、诊断、治疗和后续跟进"。凯撒医疗机构，一个基金组织，经常被作为向大众提供服务的标准。作为私有承保者，保健业可能在行政方面花费了多达六分之一的费用。教育机构也被证明很难成为营利性机构。就如同受到商业驱使的医生可能会提供一些不必要的治疗一样，受到商业驱使的教育者可能会倾向于提供并不体现多少内在价值的纸质文凭。[14]

9.3 民间组织化

关系型经济看似与合作经济、慈善组织、社会企业以及互助组织更加相容，而不是与那些只追求利润最大化的竞争公司相协调。这些社会性组织通过将自己的用户和消费者纳入到它们的统治结构中，让他们成为了成员或合伙人，这样一来，与那些营利性公司相比它们可以更加轻易地将营利作为重点。存在知识不对称的地方就会有出现掠夺行为的风险，就如同在大多数的保健和教育领域中，它们确保会将用户的利益放在首位，而不会使之服从于它们对利润的追求。它们也可以利用慷慨这"另外一只隐形的手"来获取利润。这就催生了那些非常不同的服务模式，比如将带薪职工和志愿者结合在一起的公共服务，这样一来偏远的城镇和乡村就可以进行联系，还有那些将带薪教师与志愿从事该工作的导师们相结合的学校。

志愿劳动力虽然是经济学中的一个盲点，却在创造实实在在的价值方面起到了重要的作用。在任何一个月份中，世界上都有20%的人说他们参与了志愿工作，30%的人说他们捐赠了钱财，45%的人帮助过陌生人。[15]不仅仅是接受帮助的人受益了，证据显示，提供帮助也对人们的幸福感有影响，站在国家的高度看，捐赠钱物与幸福感之间存在良性的联系（相关系数是0.69，而国内生产总值与幸福感之间的相关系数只有0.58）。

国民经济将金钱和非金钱动机与产出联系在一起，这种情况已经有很深的渊源了，它们之间的关联得到了更新的诠释。在13世纪的意大利成立的首个互助承保户与一些宗教提出的教义为贫困的人们提供了新的金融服务。现在依然存在着由银行经营成教堂资助的类似的"社会投资"活动。在一些国家中，文明社会产生于危机之中，比如，在1601年通过的英国的慈善法律是对普遍的贫困和濒临坍塌的公共基础设施做出的回应。在这之后，现代的公民经济成长为与商品资本主义互为补充的事物，这是对不平等、不健康以及人类痛苦的回应，调动了利他主义和自我利益、互相关心以及关爱和物质利益的力量。在19世纪，首批工业化国家的公民们依靠社会部门寻求金融服务，比如保险、存款计划以及买房的钱，还有提供从食物到丧葬等一切服务的合作社。一个强大的、自豪的、独立的国民经济成长起来，包括在一个世纪后出现的微型信贷，今天意大利和西班牙的大型合作社[16]，英国的建筑协会以及德国与教堂有联系的慈善组织，以收入为基础的捐款。但是，在20世纪，大型的政府和商业经常会取代社会自发形成的组织，政府会提供福利和养老金，商业会提供商业金融产品，通常是大规模的，有时比非营利性的前辈们所需的成本还低。

在20世纪末，一项在26个国家中进行的研究所搜集到的有效数据表明，非营利组织仅仅占到了非农业劳动力的6.8%。[17]相对较小的规模反映了它们没有能力在以石油、大规模生产和全球化金融为基础的经济中繁荣起来。这同样也反映了它们自身的弱点。公民组织可能是家长式的，同样也可能是低效的。当规模很小时，它们可能是很业余的；当规模变大时，它们可能变得具有官僚习气。英国的建筑社会运动（British Building Society Movement）就是很好的例子：这个组织是由理查德·凯特里（Richard Ketley）建立的，他在1775年时曾是伯明翰金十字架酒店的所有者。该组织鼓励成员们每月向一个中央基金池缴纳会费，这些钱被用于给成员们的建房融资，这之后，它们会成为进一步融资的担保品。在20世纪初，有大约2 000个社团组织，会员总数达到62万。但是，在20世纪最后的几十年里，更大型的社团和盈利性银行并无太大差别，它们所提供的产品都是类似，而且在许多银行进行了不明智的私有化时，它们的抵抗也并不显著。[18]

所有的公民组织都发现要实现规模化很困难，尽管有一些十分大型的非政府组织（比如红十字会、乡村基金会或者位于德国的国际明爱会，这个组织雇佣了40万人），但大多数组织都是小规模的，主要是因为规模变大会侵蚀价值、承诺和亲密感。当组织的确变大时，它们倾向于保持小范围的活动，中央结构联系着地方数百个分支机构，如同时细胞结构的控制，比如匿名戒酒互助会或许多教会。

多种多样的价值也阻碍了规模化发展。英国最早的一个慈善组织的建立是为了募集资金买木材以对巫师实施火刑。一个世纪以前，另外一个组织成立的目的是向受伤的士兵分发香烟。代表汽车驾驶员的组织所持有的观点几乎与绿色组织截然相反，所有的健康公民社团都既会产生彼此间意见不一的刺耳音符，也会产生基于同一信仰的和谐音符。然而，由于所有这些原因，越来越多的组织程度更高的公民社团对21世纪主流文化持有不断的偏见。这些组织通常信仰平等，行动时持有平等的态度，而不是为了平等而行动。它们重视积极主义，而不是消极性；重视互助性而不是等级制度，而且他们也认同易卜生评论中提到的"一个社区就好像是一艘船，所有人都应该准备好掌舵"。它们吸取了有关平等和自由的世俗观念，但又都与信仰交织在一起，对于宗教的执著是一种社会性、经济性的力量。一个好的比喻就是来自危地马拉的"花岗岩"理论，这种观点认为每个人都可以为社会变革贡献绵薄之力。

教皇本尼迪克特（Benedict）有关博爱的神谕给为什么需要一种强

有力的公民经济来平衡纯粹的商业活动提供了一种最新的宗教解释。它讨论了爱情、真实以及给予在人类发展过程中所扮演的角色。而且认为"需要保护的最重要的资本就是人"。消除失业是任何一个社会应该解决的首要问题，任何一种健康经济都需要鼓励把给予提升到与销售同样重要的角色："我们越是努力确保对邻里的需求做出最好的回应，越能更好地爱他们。"

作为整体经济的一部分，世界上的慈善组织、互助组织以及社会企业并没有显示出将会增长而不是萎缩的趋势。在一些由于其他的原因而成长起来的领域中，公民社团更加强大，这一事实使得许多人预计它们在国内生产总值中所占的份额将会增长。比如在英国，超过3万个非政府组织已经与国民医疗保健制度体制签订了合同。一些政府通过将这一增长的公共服务部分地外包给别的部门来鼓励经济的增长。[19]商业学校的报告显示，部分的金融管理硕士希望学习社会企业精神，寻求一条将赚钱和做好事结合在一起的职业道路。全球的非政府组织已经在稳健地成长，提供人道主义帮助、活动和专业的知识。一个合情合理的未来预见了一种持续的社会经济的扩张，它得到了不断增加的投资的帮助。[20]然而，有一种情况同样是可能的，那就是营利性企业将进一步占据新的由非政府组织和社会企业开创的市场，这种情况在很多领域都已经发生了，比如有机食品和社会网络领域。

尽管国民经济在国内生产总值中所占的份额没有达到20%或30%，但它仍然可以塑造其他的领域。现在许多企业都试图利用一些志愿者组织的技巧来组织自身，强调承诺、互助和价值。一些企业至少能够坦然地接受关系型合同，也能够接受那些强调对更加有价值的雇员给予更多的信任和自由的组织形式。一些商业组织采用临时性的组织结构，期待着"项目经济"的增长，它们将合作者聚集到一起，运用一些公民组织的习惯，目的是实现它们的商业目的。在这种经济中，权威更多依赖的是名誉而不是地位，强调双向并行的责任。[21]商业组织都在努力让用户参与到服务的设计之中，参与到围绕着服务体系进行的知识塑造中，比如糖尿病患者或者能源效率的先锋，美食爱好者或者运动迷，商业组织这样做的目的在于使它们看上去更像是非政府组织。

第 9 章
基于关系和维护兴起的经济体

在能源、公用事业和金融方面，商业组织都面临着很大的压力，它们要展示自己的社会信任状况，要承认现在的市场不仅仅受到国家和立法者的规范，也受到公民组织的监督。在与健康和安全或就业有关的行业中，这一点早已是不争的事实。但是，公民组织同样扮演投资者的角色，运用它十分可观的资产对投资构成影响。它同样协调消费，影响着消费者接纳更加环保的产品、产自本地的产品以及基于公平交易的产品。而且，它也在试图改变大环境，在这种环境中，公司化管理出现了，通过媒体和政治来施加评论，也包括每年的大会和游说其他的股份持有者。

民间团体十分活跃，换句话说，作为提供者、竞选者、影响者以及协调者，民间团体都很活跃。它是经济的一部分，既是前资本主义的，与修道院和民间手工艺交相辉映，同时又是后资本主义的，指向了前方通过网络进行的更加复杂的合作。我们应该预测到的并不是一种量化的增长，而应该是一个广义的"民间组织化"的过程。赋予商业组织更加公民性的特色，以价值、方法和组织形式和一种并行的国家"民间组织化"的形式，将民间团体的工具和习惯与它们结合起来。

在社会创新方面需要找到和范内瓦·布什一样的人，他是美国现代硬件和技术创新体制的缔造者。但是，到 21 世纪 20 年代和 30 年代，可以对那些融资良好的、更加有实力的组织有更多的期待。公共投资基金，比如芬兰国家技术局、智利基金会以及美国的 i3 教育创新基金。还有一些专业的银行，比如意大利的 Banca Etica 和 Banca Prossima 以及英国的大社会资本（Big Society Capital）。致力于系统创新的新一代政治领导人已经出现，包括纽约的迈克尔·布隆伯格和韩国的朴元淳（Won-Soon Park）。他们的支持正孕育着一个不断增长的领域——世界范围的中介机构，这些机构正变得更加擅长定位，以及促进最有希望的社会创新。此外，它们也擅长利用开放式创新的许多技术。[22]它们包括公共集资的中心，比如几百个生活实验部；隶属政府的集团，比如智慧之门（Mindlab）（它是丹麦政府的一部分，为四个不同的部门服务）；或者凯撒医疗机构的团队，采用设计的方法进行健康方面的创新。创新机构包括英国的艺术基金、瑞典的国家创新局以及基于哈佛大学的保健提高研究所,另外还有一些新兴的创新大学,比如芬兰的阿尔托大学,建立于2009年,当时科技类、商业类、艺术和设计类院校正在兴起。多伦多的火星组织将学校、医院和商业结合在一起,还包括一个社会创新投资基金。在更加具有变革性的一端,新的网上平台正在试图将开放式的合作设计需要创新的问题与解决方案结合在一起:即多对多的创新方法。[23]

所有这些组织规模都很小,但是,它们得到了思维方式转变的帮助。在商业中,社会创新正在变成公司社会责任的一个重要方面,可以帮助公司保护它们的声誉。最近的一份经济合作与发展组织的报告显示,现在公司"都意识到了全球性的挑战,比如气候变化、清洁水供应、流行病和社会需求,这些构成了很广阔的新市场。通过创造新的、更加负责任的以及可持续的解决方法,公司可以孕育新的商机"。[24]新的创新措施正在发展中,为了掌控非技术创新的规模,例如,创新指数测量的不仅仅是传统的研究与开发,而且是针对商业理念的投资,还包括设计、培训新技能以及版权的现代投资。据显示,在芬兰,创新在国内生产总值中所占的份额是最大的,按照传统的方法计算,14.6%的市场总价值、2.7%的国内生产总值被投入到研发中。[25]一个2009年商业座谈小组针对未来的创新政策向欧洲委员会建议"欧盟的行动要围绕着迫在眉睫的社会问题展开,为风险投资和社会创新基金融资,激励大规模的社区创新……",许多建议都在这之后被采纳了。

这种转变创新本质的动力也反映在金融创新中。一些致力于加强金融供应者和用户之间的关系,这直接挑战了将分裂程度扩大的趋势。比如,Kiva账户将个人投资者与世界范围内对社会有益的项目联系在一起,自从成立到现在,它已经从70万名出借人那里筹集到资金(在全世界范围内,个人针对某个专业项目投资达到25美元或更多)。在21世纪初,24万名社会企业家得到了大约1亿美元的微型贷款的支持。[26]一个非常不同的例子是M-PESA,这种账户用手机来提供银行服务。现在,它拥有1 200万的肯尼亚用户,在该国范围内有1.1万个代理,并且已经发展到发达国家。

9.4 衡量社会价值

社会经济的兴起使得改进资本主义的衡量与投资工具变得很有必要，这些工具将被用于不同的环境，在这些环境中，价值和关系有很大的联系，同时价值不再仅是货币和商品。创新的观点可以被认为占据了一个连续的统一体。在一端，仅仅创造私有的、货币的价值，通过产权很容易实现。在另一端，创新仅仅创造实实在在的价值，这种价值很难控制，得到社会认可的实实在在价值的形式有时被称为"社会价值"。在这两端之间，有很多想法和投机行为，这些都可以同时创造这两种价值。

原则上说，公共资源应该用于补助能创造社会回报的投资，而不是那些仅创造私人回报的投资。那些可以创造社会和私人价值的项目需要混合融资模式，这使得人们可以获得的潜在性回报变得很明显，随之而来的就是风险水平的提高，为不同的玩家提供了获得回报的潜力。然而，从传统意义上说，金融被分成资金捐助和所有者权益以及贷款金融这两种类型。展望未来，新的投资市场、研究所、甚至资产分类都可能产生并且资助这些领域的活动，为投资者提供一个金融和社会混合的回报，与此同时，通过直接的补助或税收抵免的形式来提供公共资源。

然而，阻碍它们运行的一个障碍就是缺少可信赖的衡量手段来测量社会价值，或者说可靠的、关于哪些是可行的信息，那些培训曾经的囚犯、教无聊的少年或者呵护脆弱的老人的模式可能带来影响。没有数据和分析，银行家只能尽力来估测风险，潜在的购买者采纳新形式服务的理由也不充足。科克伦和坎贝尔协作组织（收集了来自全球的信息），和经济合作与发展组织的 Wikiprogess 计划，提供了部分的答案，而且给出了全球性的证据，这些证据涉及以简单易行的模式进行的正式尝试和实验。英国国立临床卫生优选研究所是另外一个例子，这是一个强大的公共机构，它对一切事物的性价比进行裁决，从停止吸烟项目到抗癌药物。然而，通常情况下，这种对知识进行的利用是很少见的，而且，即使存在，也倾向于被人们带有偏见地认为仅是形式上的研究结果。[27]

与 20 世纪那些能够直接被测量的创新不同，通过制造工厂和全球品牌，大多数的社会创新都是以更加有机的增长方式传播的：通过灵感和效仿，同时伴随着对经营权和授权的应用。它们的增长是通过建立新的关系和意义并创造使用价值而实现的。城市自行车租赁计划、缓和疗法的志愿者计划、城市的小型贷款以及通过手机提供的银行服务全部都可以轻而易举地复制，不用付授权费用。每一种改进都能够提升原有的形式，就像在孟加拉，书面工作被简化为少数的几个必要环节，这对著名的乡村银行在小型贷款方面的一些元素进行了提升，为经理们提供详细的行为指南，避免了要求团体借贷者必须为每个成员的贷款提供担保的情况。印度的 Pratham 项目是另外一个很好的例子，它仍在大规模地发展。它最初是在联合国儿童基金会和孟买的支持下成立的，为贫民窟里年幼的孩子提供受教育的机会，它运用了一种简单的模式，这种模式的运营费用很低，没有资产，通过动员公司、社区和慈善组织（包括散布于世界各地的印度海外组织）的支持来发展。现在，这个组织在 21 个国家运营，有超过 2000 万的受益者，它将人们对一个社会运动的一些感想与对财富和权力的有效获得结合在了一起。[28]

这些例子中的组织都已经超越了国家范畴，甚至在与国家竞争。另外一些则受到了机构内部一些部分的引导，比如北卡累利阿项目，它是在芬兰的一个心脏病高发地区实行的。在 1972—1995 年间，由心脏病导致的死亡率下降了 68%。这个项目鼓励人们改变他们的饮食、多运动并减少吸烟。具体来说，增加运动量有助于降低血压，提倡食用植物油产品而不是黄油，这些缔造了该地区 1972 到 1997 年间胆固醇水平减少 17% 的成果。这些项目能成功实施归功于保健机构和护理人员的介入，同时还有食品产业的配合。这个项目是在整个社区推行的，而不仅仅针对那些高风险的个体，这一点同样起到了作用。它的目的是改变保健行业的大环境，向世人证明，令人们健康的最好方式就是改变他们所居住的环境，而不是尝试着对他们个人进行改变。这种系统性改变的例子并不多，它们在设计上存在困难，实施起来也不容易，而且难以维持。但是，一些问题的凸显，比如肥胖症和气候变化都让人们对于更加整体的、更具针对性的策略产生了兴趣。[29]

在环境领域，人们也得到了类似的教训。对于所有流行的、以个人为目标的、对行为进行改变的项目或者试图督促人们形成更加良好行为的项目而言，研究和经验证明它们的作用都不明显，仅仅对一些边缘性的行为改变起作用。更加彻底的改变，比如致力于低碳生活或者彻底不同的饮食和生活方式，要依靠将环境改变和转变个体所面对的奖罚相结合来实现。[30]什么策略有效以及什么策略无效绝不是轻而易举就可以计算出来的。我们越了解人类行为，细节就变得越重要。在21世纪初期，由加利福尼亚大学和亚利桑那大学联合进行的一项研究证明了这一观点。他们的研究目的是探究什么影响着家庭能源的应用。研究者在监控几百户家庭的电源使用量后，给每个家庭送去一张单子，单子上面显示的是将它们的耗电量与他们所住小区的平均耗电量对比得出的结果。一周以后，那些高于平均水平的用户的耗电量有了明显的减少，但是那些低于平均水平的用户的耗电量却有所上升。这种结果可能是由于害怕被别人认为是吝啬的，或者仅仅是怕与邻居的行为不一致。通过这一研究，我们看到了社会影响的力量，也看到了为什么需要用细节来影响人类行为，而且看到了为什么成千上万的世界范围内的创新项目试图减少碳排放量，这个发现、尝试和失败的过程为什么会如此令人着迷，而且难以预测。

大多数的社会创新目的是提高环境质量或保健水平，这些创新是由许多人作出的，同时，这些创新也使许多人受益，为他们做出了贡献。有关创新的故事有时被讲述得就好像它们是由某个个体作出的（如同科学发明一样）。尽管更多的情况下，它们是通过团队共同达成的。创新不像是一部小说，更像是日本传统的"连歌"，在这种文学体裁中，每一个诗人贡献部分长诗。或者像犹太教法典式的诠释，即对诠释所做诠释。对于它们的创始人而言，价值源自贡献，而不是消费，来自成为链条上的一部分，而不是链条的末端，现在，在很大程度上，技术帮助人们调动集体智慧来想出解决问题的方法。

成功的创新者所运用的知识通常不来自基础科学与社会科学（虽然将来可能会更多地来自这些领域）。[31]相反，大多数知识都是通过实践获得的。社会创新这一领域，对基于关系的经济十分重要，与传统的科学相比，结果可能会很贴近实用主义哲学立场所蕴含的精神，即查尔斯·皮尔斯（Charles Pierce）、威廉·詹姆斯（William James）、约翰·杜威（John Dewey）所倡导的哲学：

> 实用主义者认为想法并不是自然存在的，它们等待着被人们发现，但是，想法是人们用来与他们所生存的世界进行协调的工具……想法并不是源自个人的，而是社会性的，它们不会依据一些自己的内在逻辑来发展，却是完全依赖性的，就好像细菌，它们依赖于人的身体和环境。而且，由于想法是针对特别情况的临时性反应，它们的生存所依赖的不是它们的不变性，而是它们的可适应性。[32]

第10章
关于资本主义的衍生观点

资本主义，作为一种观点、一种生活方式、一种预见的方法传播开来。资本主义最虔诚的倡导者只能预想到一种未来，在这种未来之中，资本主义这一观点得到了拓展和深化。但是，对资本主义持激烈反对观点的人们预见了一种截然相反的未来。在这一章中，我提出了一些定义资本主义的观点是如何超越其自身而发展的。这些观点使得资本主义成了生活的同盟军，而且，这些观点一旦得以延伸，便可以帮助资本主义控制它所具有的掠夺性和破坏性。资本主义者的想象既是自由的又是具有毁灭性的，既是美丽的又是丑陋的。我们需要将资本主义的美丽和远见发扬光大，同时控制资本主义的丑陋性。

10.1 增 长

资本主义最大的承诺就是增长：收入的增长、机会的增加、实体上的增长——包括更大的房屋、更多的东西、更多可消费的商品。经济的增长是通过这些方面的增加来判断的，如果增长是断断续续的，那么政府的发展也会不顺利。拉里·萨默斯是一位学术型经济学家，曾担任美国财政部的秘书，他认为政府"不能、也不允许对美国经济发展采取任何'速度限制'。经济政策的任务就是使经济快速、持续、而且尽可能全面地发展"。从一个角度来论，增长同样也是推翻资本主义的一种工具，尼基塔·赫鲁晓夫认为，"工业和农业产品的增长是我们用来搅乱资本主义的搅拌棒"。增长实际上是现代世界最显著的特色，经济增长

169

与人们的寿命、受教育水平以及从食物到能量这些生活必需品的增长息息相关。[1]

与这种增长占据主导地位的观点背道而驰的看法认为：增长是不好的，对于经济增长的追求就意味着破坏环境，毁坏稀缺的资源，牺牲生命以及毁灭民众的希望，这些都令他们不满。最好的方法就是学会知足并鼓励发展一种能够使国家稳定的经济。

有时候，持续性就意味着不发展的经济。在 20 世纪 90 年代和 21 世纪初，一些人庆祝日本经济进入了一种长时间的停滞状态。这可能是一种新型的持续性，但这种情况并不是正确的。增长并不仅仅是一种对资本主义的迷信，它也是自然所具有的特点，植物的增长、生物的增长造就了自然界现在的模样，没有增长的地方就没有生命。问题并不是增长，而是产生了怎样的增长，这种增长是怎样和有关增长的推论相一致的（增长的推论是指退化、凋零和死亡）。另一种观点认为，任何一种经济都应该增长，但增长的方式却是不同的。我们应该期待我们的经济集中于发展良好的商业，放弃不好的商业。经济应该是一种质量的增长；而不仅仅是数量上的增长；增长应该是产品和服务价值的增长，是它们的用途和意义的增长，而不是通过运用更多的能源和更多的东西来寻求单纯的数量增长。事实上，这可能是从经济的角度对真正的成功给出的定义：这种成功的经济增长都是质量上的增长，这些增长是在创造和采用新技术的基础上得来的，知识尽可能地取代了事物（比如通过减少垃圾）。它应该是综合性的增长，为人们的生活和发展提供更加丰富、更加满意的方式，而不仅仅是物质上的增长。从这种观点来看，有关为什么一种经济不应每年增长 2%～3% 或更多这一问题的原因并不是固定的，与此同时，还不能打破任何有关持续性的原则。满足当代人的需求，同时又不损害下一代人的需求，这是引自 20 世纪 80 年代晚期格·哈莱姆·布汉兰德（Gro Harlem Bruntland）经典报告中的定义。经济增长率主要是由经济在生活中各个领域创造和吸收新知识的能力、将事情做得更好的能力决定的，即事物和能量以及时间在投入上可能会减少。

有一种想法认为，经济的长期增长主要是由于它具有创造和利用新知识的卓越性，这种想法是合理的。如果按照这种想法，经济中主要依靠能源和物质的那些部分（这就使得它们本身在呈指数增长方面具有局限性）作为国民生产总值的一部分将会持续下滑，同时，其他的部分则会趋于增长。

按照这种观点，经济的增长也应该从自然界的增长中吸取教训。它应该包括甚至鼓励生死的循环，鼓励那些一种生命形式产生的废物转化为另一生命形式的养料的体制，鼓励那种不仅仅追求最大化而且也注重深化（就如同植物的根一样）的增长。

经济学是作为一门学科成长起来的，并没有判断质量增长与数量增长的工具。但是，现在我们需要更加准确地知道什么样的增长是最具生产力的，能为我们提供价值，以及什么样的增长是破坏价值的。古典和新古典经济学倾向于将所有的产品都看成是在提供效用。但是，一种更加激进的观点以一切产品对价值所产生的积极和消极影响之间的平衡来判断其价值。现在对于国内生产总值的衡量至少要综合分析四种不同的产品。

第一种类型的产品包括那些一经他人使用就会变得更有价值的事物，像电话、网络技术。由于它们具有"积极的外部性"，因此人们自然地认为对于这些事物消费的增长相对于其他消费的增长对经济具有更高的价值。健康就是这样的产品，对于我而言，如果其他人没有致命的传染病，那么他们就是有价值的。许多通信技术创造了大量的简单价值，它们在一些时期内对于增长的能动性影响反映了这种特殊的性质。比如在美国，虽然信息技术领域的产值仅仅占据了国内生产总值的8%左右，但在1995—2000年间，它对国内生产总值增长的贡献却达到了33.3%。

远程通信技术仅仅占据了国内生产总值的3%，但在互联网呈爆发时期，总体上来说，它对投资器材和软件方面的经济增长的贡献达到了25%。马克思的"集体智慧"同样提供了这样的外部性。再次重申一下，围绕在你我身边的一些有文化知识的人是很有价值的。至于这种价值应该如何准确衡量并不是很清楚。但是，令我们奇怪的是，网络公司（比如谷歌和易趣）的股票价值与它们对国民生产总值增长做出的贡献并不相称。

第二种类型的产品包括一些更加常见的产品，比如衣服或用来装烘烤过的豆子的罐子，我是不是消费这些东西对其他人并无太大影响。这些产品塑造了主要的经济活动，它们的营利性可以通过减少投入或增加再利用和循环的程度来提高。但是，它们的外部性却很有限。

第三种类型的产品破坏了一些事物的价值，但又以另外一种形式创造了价值。这些产品包括汽车（汽车造成污染、噪音并使得那些没有汽车的人感到不快）、飞机（飞机也在很大程度上使气候问题恶化了）以及许多其他的工业。经济学上承认它们产生了"负外部性"。经济学在进行性价比分析时对其进行了衡量，同时，政策的制定者通过税收和规章制度来将其纳入管制。但是，只有那些最明显的、体现为物质的外部性才能在经济中得到识别，即使是可识别的外部性也可能在国内生产总值或公司账户中得不到测量。

最后，就是那些自身价值源自给其他的事物带来负外部性的产品。极端的例子就是武器：少年们购买刀具，国家制造原子弹来恐吓其他人。它们对于现有价值的负面影响并不是部分的，而是全面的。在第三种和第四种类型之间存在经济学家弗雷德·希尔斯（Fred Hirsch）所称的"地位产品"，这种产品的价值来自它们的排外性。豪华的古宅以及热带岛屿，这些都是为了奢侈旅游而开发的，它们就是最典型的例子，这就和成为最好的聚会的嘉宾名单上的一员或者成为最高档的高尔夫俱乐部会员是一样的。这种稀缺性可以是实体上的，意味着一种社会上公认的稀有产物（比如用于娱乐和个人享受的土地），也可以是社会性的，意味着它通过更加广泛的应用创造集群化现象（比如特权教育）。过去，这些产物通常是受到规则控制的。只有高级别的夏威夷头领才能够穿戴羽毛披风以及雕刻的鲸鱼牙齿，在中华人民共和国成立之前，只有皇帝可以穿龙袍。现在，这些排外的产物可以在市场中买到，但是，人们通过价格来保持其排外性。它们的价值是一种相对的价值。除非其他人嫉妒它们，而且因为得不到它们而感到不满，否则，它们就会丧失金钱价值。结果，在地位产品上的大量开销不可能增加人们的整体幸福感，而且还有可能减少人们的幸福感。[2]正如弗雷德·希尔斯所写到的，

"这是一种所有人都倒立,不能更好地看清事实的情况";"如果所有的人都追随这种情况……每个人消耗更多的资源,结果是每个人都拥有相同的地位"。[3]

这四种类型的产品是在同一连续体上的,这就如同网络技术,与那些倾向于破坏实际价值的事物相比,它创造的实际价值比它在市场中的表面价值要大得多。很显然,这些不同类型的产品不能仅仅靠叠加促成"增长"。然而,传统的衡量国内生产总值的方法并未对它们进行区分。它们将质量和数量结合在一起,忽视了正向和负向外部性,对于自然财富的浪费和非金钱工作的毁坏不负责任。

国内生产总值这一衡量标准是作为一种工具来帮助政府管理经济的。它提供了一种将产物加和的方式,在第二次世界大战之后,它成为一种宏观经济政策的重要工具,提供了累积的数据,而宏观经济也是一种累积的事物。任何一个试图管理自身经济的政府,都需要一些像国内生产总值那样能够衡量经济活动规模以及允许将其与投资、贸易及借贷测量手段联系到一起的衡量工具。提高国内生产总值并且帮助它们更好地诠释现代生产本质任重而道远(比如按照价值来对待公共领域的生产,不仅仅依赖投入成本,还需要区分那些属于真正产出的金融活动与不属于真正产生的金融活动)。但是,我们也需要分解而不是累积的工具,这些工具可以帮助我们来区分那些我们想要的增长与我们不想要的增长。已经货币化的测量增长的手段需要其他一些有关增长和财富的观点来补充。在过去的几年中,全球统计专家一直在为更好地衡量社会进步而努力。[4]在法国,总统萨科齐在报告中提议对国内生产总值进行调整来更好地反映经济和其他活动的真正价值,采取一种改良的方式来衡量金融服务。比如,对于公共领域生产力的测量需要更加完善的标准,这样才能为国内生产总值提供更加翔实的资料。为了让美国的国内生产总值更好地代表美国人民的福利,在保健领域不应该通过测量最高的花费来衡量(大约是国内生产总值的17%),而应该通过测量它对健康的影响来衡量(以此法衡量,花费不及原来的一半)。[5]它同样倡导一些新的测量财富的方法,这与经济财富的测量方法同样重要。生态财富可以通过自然资本的增值或贬值来测量,比如地下矿藏金属开采或者雨林的破坏等。社会财富指的是社会关系、信任以及支持的质量和数量。这种社会财富不仅对人类的幸福很重要,而且在经济财富中也起到了重要的作用。事实上,证据表明,人际关系的质量比收入和消费更重要。[6]我们都知道,在我们的生活中,社会关系财富的价值(在遇到问题或者一切顺利时,是否有朋友或者亲人陪伴着我们)与我们所拥有的或者我们可以赚到多少钱同样重要。这些新的测量方法构成了对关注和理解进行的转变的一部分,将增长看作一种具有多种维度的事物,而不是仅有一个维度,在这种情况下,我们经常需要做出选择。

10.2 集体智慧、合作和同情

之前,我描述了资本主义和自由之间的关系。但是,资本主义同样与日益增长的独立性以及我称之为"联系性"的东西有紧密的联系。它会在条件有利于扩大性的合作时迅速发展,在竞争过分激烈时缩减。这些有利的条件包括第二章中描述的各种承诺、法律、信任、期待,这些使现代资本主义经济可以由大型的公司组成,一些公司的雇员达到成百上千人。从法律上讲,公司是由员工组成的,人与人之间开展大规模合作,大家为了创造共享的价值而工作的场所。1862 年法案使得七个人共同签署合作备忘录来注册一家有限责任公司成为可能,维多利亚时代的大法官 A. C. 迪赛(A. C. Dicey)害怕这将成为滑向集体所有制的陷阱,正如亚当·斯密的警示所指出的,任何使所有人同时都是管理者的选择都将导致"渎职和滥用权力",这种担忧是合理的。但是,历史的发展与他们的判断背道而驰,个人所有制和责任已大量被大规模的组织化公司所取代。

作为一种历史现象,资本主义不仅与更大程度的产品以及金钱的发展相联系,而且与城市的发展、人口密度的增加以及朋友和陌生人之间强化的交流相联系。[7]城市提供了专业技能群体,他们创造想法,允许制造者收获规模经济的成果,当地的需求使公司可以将产品价格定得高于边际成本,这就为他们提供了为开展而赚取的利润。资本主义和城市化的紧密联系也与文化有关。人们聚集到一起的地方变得高度社会化，这种社会化是一种财富，使企业和创新成为可能，也打破了人们之间的隔阂。

在资本主义诞生之际，这一点对于一些伟大的思想家来说就已经显而易见。约翰·斯图尔特·穆勒（John Stuart Mill）将市场经济描述为伟大的同化者：

> 以前，不同的阶层、不同的街区、不同的贸易以及不同的职业都分布在不同的地方；现在，在很大的程度上看……他们现在都阅读同样的文章、听同样的音乐、去同样的地方，他们对同样的事物怀有希望和恐惧，拥有同样的权利和自由，而且拥有同样的方法来保证这一切。[8]

几十年前苏格兰启蒙运动的创始人之一亚当·弗格森（Adam Ferguson）在他的《关于公民社会的历史的文章》（*Essay on the History of Civil Societ*）中讲述了市场经济发展起来后有关进步的故事："不仅个人从孩童时代进步到了成人时代，而且物种本身也从野蛮走向了文明。"与此同时，他和亚当·斯密都认为，市场经济依靠自己的方法使陌生人之间建立相互信任，从而为相互陌生的人们提供了交流的途径。按照斯密的话来说："多为他人着想，少为自己着想，控制自私的想法，拓展我们慈善的感情，这些构建了人类本性的完美。"[9]因此，在一个理想的社会中，富有的人会因为他们拥有的工作和企业而得到回报，但是他们的欲望会因渴望尊敬和公民自豪感而得到控制。

诺贝特·伊利亚斯（Norbert Elias）在她的巨著《文明进程》（*The Civilising Process*）[10]中讲述了新习惯如何养成的故事，表现了人们如何学习控制施暴的冲动，这就好比旧的、亚里士多德有关"礼貌"的观点被"文明"这一观点所取代，这更符合"一种更加人口稠密的社会生活和一种更加紧密的独立性"。[11]在拥挤的城市街道上，文明不仅仅是日常生活的必需品，商业和贸易也需要文明，这依赖于以一种平等的态度来对待陌生人，因此，商店会以同样的价格出售商品，不论买东西的人是否和店家拥有同一背景。[12]

通常情况下，越是资本主义程度高的城市，对陌生人和怪人的容忍程度越高，而且，在每个大众性市场的边缘都有尝试性的市场以配合每个人的罪恶和希望。它们都受到了移民的青睐，从文艺复兴时期的佛罗伦萨到19世纪的英国，它们擅长边界上的合作。最近，大多数的硅谷新兴企业都是由移民建立或至少是有移民参与建立的——谷歌的谢尔盖·布林（Sergey Brin）、易趣的皮埃尔·奥米迪亚（Pierre Omidyar）以及太阳的维诺德·克拉斯（Vinod Khosla）（1990—2005年间，40%的美国高科技公共公司都是这样的情况[13]）。但是，正如彼得·霍尔诠释城市创新时所说的，仅仅容忍或忽视移民和怪人是不够的，关键的问题是现有的社会结构是否可以容纳新来的人，并给予他们权力和资本。理想的状态是一种良性的忽视和良性的拥抱。创新者需要"自由结对"，"他们之间要很亲密，这样才能从小事中学习，然而，他们也需要保持独立性，这样才能够打破群体陈规和习惯。"[14]

保持独立性的积极结果是增强了人们完成事物的能力以及我们思考和合作的能力，这是"发展"一词唯一有意义的解释。[15]集体的认知能力得到了很大程度的提高——去看（从外太空到原子）、去反思、去评判以及去思考的能力——就如同利用我们的体力来重塑环境或者制造东西。[16]从近距离来看，充满活力的市场经济所具有的是明显的竞争和混乱。从远距离来看，显而易见的是协调和合作，这种协调和合作使资本主义成为人类历史上社会化的决定性力量，成为理解他人的需求、获得他人的信任、控制他人的冲动及侵略性的决定性力量。

人们可以在不同程度上认清这一令人吃惊的事实。最近一项有关资本主义集体性的研究观察了华尔街分析者的表现，这项研究的目的是了解团队或个人是否对成功做出了最大的贡献。这项研究对比了来自78家投资银行的顶尖级分析师的职业生涯，重点看星级分析师和非星级分析师的表现。星级分析师从一家公司跳槽到另一家公司，通常他们的业绩会迅速下滑，而且这种状况会持续至少五年。所以说，重要的看似是他们自身所具有的特殊技能，实际上是他们所在的整个团队的技能。

> 他们自身所具有的技能的这种历经磨炼、天衣无缝的结合就是公司的资源。一名分析师离开他或她所工作的并且取得星级评价的地方，便没有了同事、组员及内部网络，这些都是要花好几年才能

建立起来的……新的、陌生的做事方式取代了那些经年累月已成为"理所应当"的常规、程序及体制。[17]

如果这一现象在具有超个人主义特点的华尔街世界是真实存在的，那么它在经济的其他领域就变得更加真实，成功的资本主义之所以成功，是因为它所具有的社会性。

承认资本主义对文明、平等、宽容和社会性的依赖如同它对于法律和金钱的依赖一样多，这一点可以开启思考资本主义未来的不同方法。通过将合作和竞争结合在一起，我们可以将资本主义看得更透彻。我们可以将它看作文明的缔造者，同时也是文明的受益者。当然，我们要评判任何一种经济，不仅仅可以通过它的传统方面（比如金融和人力资源），也可以通过它的合作能力：人们与陌生人相处得怎样，防止掠夺行为或滥用职权行为的规章制度是否完善，以及人们塑造和维持扩大的网络的能力怎样。

10.3 完美的市场和完美的社区

另一类帮助我们想象一种超越今天的资本主义的想法涉及完美。我们已经看到了乌托邦思想对于近代的人类历史是多么重要，这是一种想象可能性是什么模样的方法，是一种将想法和理想进行逻辑总结，并决定这些是否可以实现的方法。在现代史上，有关新型的社区的想法都是从零开始尝试的，将它们所在社会的腐朽和失败都置之脑后，他们受到了可能性是什么样子的启发。中世纪的寺庙、怀揣梦想的人前往美国、共产主义、合作制度以及19世纪的花园城市都是将伟大的梦想化作现实的例子。

资本主义已经有了自己的理想国。亚当·斯密追求一种市场的完美，在这里购买者的欲望与出售者赚钱的动机是相吻合的。随后，经济学使他的梦想发光发亮，直至成为一种更加完美的、成型的完整观点。他们观点的最好诠释者是里昂·瓦尔拉斯（Leon Walras），当他将均衡这一观点从物理学中引入经济学时，他提供了对于古典主义理论的最终诠释，他还提到这可以作为一种思考的工具，这一完美均衡使每个人都做出了让自己高兴的选择。

这一完美均衡是建立在完全竞争基础之上的，而且得到了完全信息的帮助。在这里，所有人想要的东西都得到了表达，然后通过市场得以表现。随后，通过市场，这些需求与经济的生产潜力相结合。这是一种想象，在这里金钱变成了欲望的货币，从日常的琐事到珍奇的事物都变得可以用货币单位来度量、来管理，变得具象化。这种想象因其简单性而具有魅力（然而却使数学演算变得更复杂），这种简单性是和人类本性相一致的，而且这种想象提供了自动远行的机制，这种机制被赋予了永久运行的特性。

这种想象所具有的核心魅力是互惠的理想，这就意味着有索取就要有给予，对于每一种欲望而言，都有使之实现的能力，所有的理性最终都是公平的，这是一种古老的想法。下面是太阳王路易十四世的话，在这里即使是作为专制君主的他，也将自己诠释为互惠的一部分："我们从子民那里得到的顺从和尊敬并不是一种免费的礼物，而是作为他们所期待的从我们这里获得的公正和保护的回报。"

我们看到了对于资本主义批判所具有的一致性，它们都认为资本主义声称的互惠使资本主义的掠夺性行为变得模糊，使埋藏于表面公平下的不公平变得模糊，对于其他价值视而不见或者对于不想要的后果视而不见。但是，在里昂·瓦尔拉斯去世百年后，想象一种十分不同的完美成为可能，一个可能的端点，或者至少是一种可以评判现实的理想。从这一点来看，资本主义并不是一种进步旅途中的阻碍，而是一种自身包含着对于其所具有的矛盾进行化解的方法。我想证明，对于完美的追求可以给予我们使世界变得更加美好的力量，这些力量可以帮助我们创造新的解决方法。

让我们想象一下，不仅市场是完美的，而且社区和社会都是完美的。它拥有完美的信息——对于事实和环境的准确知识。它拥有完美的交流，一种与其他成员分享信息、观点、希望以及恐惧的能力，每个人都可以跟其他人交流，跟三三两两的或者成百上千的人交流。它拥有最完美的判断力，这是一种将知识和信息运用到实现最重要的愿望和欲望中去的能力。让我们假想一下它可以交换许多东西，从金钱和事物到服务，甚至是爱情。让我们假想这种完美涉及平等和真正的互惠。它没有掠夺行为、暴力或欺凌，而且符合黄金准则：己所不欲勿施于人。这一点我们可以称之为完美的权力，在这里任何在权力上的不平等都是人们有意识选择的，而且是放弃了权力的人自愿选择的，因为他们相信这样他们就会变得更加幸福。

这是一幅别致而抽象的图画。[18]但是，我们都将经历与梦想并不遥远的情境。在小范围的朋友圈里大家分享任务，同时轮流来体验一种大致与完美社区相同的经历。与我们非常了解的人在一起，我们可以通过语言进行交流，甚至可以不通过语言便自由交流，如同我们在爱情中一样，一切不言自明。这种体验和在最幸福、最健康的家庭中可以找到的那种感受只有咫尺之距——轮流分享好的和坏的经历，得到彼此间的同情和帮助。

这幅图画和完美市场的图画有很多相似的地方。但是，在许多重要的点上它们是不同的。它有许多类型的货币，而不仅仅是采取金钱的形式，这些都可以用来表达欲望和需求。它可以通过任何媒介进行交换，不仅仅是买或者不买。而且，它是具有反思性的，有能力对自己进行反思，不仅仅是局限在体制和规则之内的反思。

这种社区会采用什么样的决策方法、什么样的启发式教学法？看看围绕在你身边的人，这些问题就不难回答了。这需要用多样性的认知方法、多种能力（分析、观察以及判断能力）来处理。我们可以想象一种社区，它既不会受话语权平等的吸引，也不会受固定等级制度的吸引，但是会受到偶尔不平等的吸引——给予那些德高望重的人更大的话语权。我们在网络世界中早已看到了这种现象：你的话语所具有的力量取决于多少人想听你说。他们可能想听你的，这可能是由于你的权力或你的学识，但是，这并不是一定的。我们可能期待这种完美社区可以认可情感的力量：你对其他事情的关心程度决定了其他人将怎样回应你的希望及你所关注的事物。

从这一点上看，市场正好是一个集体决策的特例，它运用二元制的决策方法（是否购买）以及一种单一的通货，即金钱。但是，更高层次的社区超越了这种二元制的决策方法，而且可以处理多种类的通货——从金钱到友情再到爱情。

这种完美社区的变体可以在许多现代乌托邦中找到。它们可能是充满哲思的，比如尤尔根·哈贝马斯（Jurgen Habermas）有关完美交流活动的描述。也可能是小说，就像许多科幻小说中对于心灵感应的幻想。这些都是一种强化的交流，超越了家庭或街区交流的局限，这些幻想也超越了金钱经济的界限。

我们可以想象，这种社区将证实20世纪末研究者的发现：人类从根本上来说是条件性的合作者，他们倾向于具有合作性，但同时也会惩罚那些违背规则或没有做出贡献的人，通过道德压力来惩罚他们。我们也可以将这一点呈现为一种纳什均衡的例子。约翰·纳什（John Nash）是一个理论家，他在有关群体动力方面做出了很有贡献的研究。按照他的看法，一群玩家，如果他们做出了对自己最优的决策，同时也考虑到了其他人的决策，那么他们就处在一种纳什均衡中。然而，纳什均衡并不意味着所有玩家收益的加和也可以达到最优。在许多情况下，如果所有的玩家能够在一些策略上达成一致，这些策略是不同于纳什均衡的（比如具有竞争性质的公司组合成卡特尔来增加利润），那么他们的收益将增加。纳什观点蕴含的简单见解就是：如果我们将他们看成是一个个的个体，我们就不能预测多位决策人选择的结果。相反，我们必须考虑每个玩家可能做什么，同时将其他人的抉择纳入考虑之中。[19]因此，纳什的观点使我们需要知道玩家将会用怎样的交流方式来做出决定，同时还要一直考虑到别人的决定（包括其他人到底是怎么想的，但是这些想法却是不可见的）。

这些想法可能跟我们如何看待所有权也有关系。在20世纪最后的几十年里，具有很强说服力的观点反对共同所有权，分散的所有权意味着分散的责任。有关"平民的悲剧"的故事表明自我利益可能会破坏公共土地，因为每个人都有占便宜的倾向。这种暗示似乎表明私人所有权会更好些，人们付出了大量的努力来将其引入各个领域，从电磁光谱到捕鱼。在一些情况下，这无疑导致了对于稀缺资源的更加有效的应用。但是，对民众进行的实证研究表明了一些社区对于普通资源的运用程度非常合理。大多数享有公共资源的用户住在农村，经过几代人已经学会了如何管理森林和捕渔业。强大的社会结构和关系有能力来管理复杂的规则和限制，它们可能和完美社区更加接近，这里有关模式和行动进行着微妙的交流。更加细致的调查也表明了平民是多么容易受到那些并不了解当地情况的市场和远程政府官僚体制的伤害，因为它们并不了解当地的安排。

这种有关完美社区的想法的用途与完美市场的想法的用途是相似的，它提供了一种思考的工具。我们可以看看任何真实的制度，问一问它与梦想到底偏离了多远，包括交流的质量和数量，权力平等的程度。我们可以创造新的工具，将我们与梦想之间的距离缩短，比如集体搜集、集体筹资及持续反馈。一个看到了自己选择的社会会对自己进行反思。

持续反思和自我觉醒，是现代文化隐含的梦想。资本主义使其成为可能。它的想象力避免了短视，鼓励思考而不是盲目行动，针对人类交流的细节的观点而不是庞杂的观点，针对一种完美的市场而不是一个完美的世界。

10.4　将朋友和关系最大化

资本主义的想象已经准备好进行拓展的第四个领域是关系。从出生的那一刻起，我们就在寻找将会帮助我们的朋友，也会回避那些将会损害我们的敌人。作为具有依赖性和社会性的生物，这种行为和我们对于食物以及住处的寻求是密不可分的。我们之所以生存是因为其他人的存在。这个基本的事实统治了我们的童年时期，在这一时期里，我们学会了从周围的人中解读支持和敌意的模式，学会了怎样改变同盟关系，以及怎样将一群朋友换成另一群朋友。这种现象会一直持续下去，对于爱情、配偶和朋友也是如此。任何一种关系都具有背叛的风险以及掠夺性风险，因为总有那些企图利用我们的人。

我们可以通过衡量我们愿意付出多少以及我们愿意牺牲多少来判断

爱情和友情的程度。爱情的最终诠释就是与自己的生命相比，我们更加珍视另一个生命。这就是我们想要的罗曼蒂克式爱情。国家也想从百姓那里得到的类似的情境。对于任何一个重要的人，我们会愿意做出这些牺牲，不论是时间上、金钱上还是名誉上的牺牲。最近，哈佛大学精神病学教授乔治·卫兰特（George Vaillant）开展了许多有关生活模式的、十分有趣的研究，结果发现寿命长短的决定性因素就是你是否有一个能在凌晨四点听你打电话诉说困惑的人（而且他认为人类最重要的优点就是具有被爱的能力）。

在相反的一端是仇恨和嫉妒，这些和爱情一样也是生活的一部分。它的表现形式包括暴力和战争，还有歧视和反感。再次重申一下我们可以描述得更加准确，仇恨的程度可以用我们为了伤害别人而愿意付出的代价来衡量。我们仇恨别人的理由或许很充分，就是我们所称的利他的惩罚，我们愿意看到恶有恶报，因此我们也愿意付出代价。我们仇恨别人的理由也可能是邪恶的，包括斤斤计较的仇恨或者偏见。

市场正好处于这两个极端之间。这里是机关算尽和冷漠的世界，这里是商品、价格和事实的世界。它的践行者以对其他事物漠不关心为傲，回避感情和多愁善感。市场（或者那些与市场交易有紧密联系的地方）将自己呈现为比战争和仇恨具有更高道德优越感的地方，因为它不包括强烈的感情和暴力，它将这些看作是陈旧的，甚至有时候它表现得更加诚实、更加可信，与爱情和友情世界相比，资本主义的想象对其所具有的冷静充满信心。投资银行家及交易者以他们的机关算尽为傲，而不是以他们的关心为傲。他们是爱情的反面代表，以同样的超脱来对待一切事物，然而，爱情却将它所针对的人视为完全独特的，用黑格尔的一句话来说，就是具有一种"无尽的特殊区别性"。通过被爱，我们被时刻提醒着自己到底是谁，这种自我是蕴藏在我们的社会角色之中的。[20]相反，在市场中，我们只是被以外在的事物来衡量——我们的证书，我们的财富以及我们的信誉水平。

传统的观点认为金钱和市场是爱情和友情的敌人。《家庭》的作者罗伯特·埃里克森（Robert Ellickson）指出："关系亲密的人通常都很讨厌彼此之间卷入金钱交易。"[21]大多数学者认为市场会侵蚀亲密关系，反过来也是如此。认为任何事物都可以购买或出售的观点意味着没有一件事物是有价值的或神圣的。我们所剩下的就是一种冰冷的、重要的理智。相反，太多的激情也会对商业构成威胁。性爱是对工作场所正常运行的一大威胁，一系列的禁令和规则都要求人们控制自己。

尽管如此，市场还是依赖这两种极端的，依赖关心，同样也依赖算计。我们已经见识过像战争中一样复杂的关系了（在每一种实体经济中都燃烧着一种激烈的竞争，企图以将对手击败）。与此同时，每一种商业都试图使自己变成一个朋友圈，来点燃一种社区般的热情和承诺。每一位卖者都试图将自己说成是买家的朋友。这是许多广告所传递的明显信息，它们传递了一种温暖、可靠以及关爱的信号。

资本主义的批判者习惯以愤世嫉俗的态度看待这一切，认为这是利用人性中最好的一面来诠释近乎丑陋的东西。但这是一种错误的解读。因为市场经济所取得的一个伟大成就是使成千上万的人表现得像你的朋友一样，面带笑容，为你提供物品，满足你的需求。笑容和温暖可能是合成的，完全不具有友情的特点，但是，它们比敌意和冷漠更受人青睐。资本主义可能经常会与社会道德沦陷的冷漠联系在一起，市场的确将人们看成数字，人力资源是可以购买、销售或丢弃的，但市场也同样满足了我们对于其他人的需要。

劳动场所的确是这样的。现在，一大群劳动者可以通过工作遇见他们的伙伴。斯特凡·布劳德本特（Stefana Broadbent）认为，现代的交流和工作时间正在重新塑造家庭和朋友的关系，这是工业化之前的状态。[22]产品和消费解放了人们的世界，消费并不是社会性的另一种选择，而通常是通向社会性的道路。这就是人类学家玛丽·道格拉斯（Mary Douglas）有关"产品世界"的观点。我们消费是为了向别人发出信号，这种信号将我们与他人联系到一起，为我们提供了朋友网。金钱不能为你买来爱情，但金钱可能买到同情，至少它可以开启一道一面之交的关系网之门，这些人可能会在经过一段时间后作为你的朋友。

消费和友情之间的关系可以在一个令人惊讶的地方看到：卖酒的地方。并不是贫穷的人因为借酒浇愁而喝得最多。通常情况下，你越富有，你喝得就越多。一部分原因是因为你有钱。但是也因为你的社交圈子可能更大，举办更多的聚会、晚宴以及招待宴，这些通常都是要喝酒的。我们是通过金钱和爱来发展以及维持友情的，消费在我们与别人的交易中谋取利润，我们所买的东西帮助我们传达了我们是谁以及我们关心什么的信息。与此同时，通过消费我们向别人发出了我们是什么样的人，以及我们有多慷慨、多值得信赖的信号。

灵长类像我们一样生活在一个友情和亲情十分重要的世界里，它们是承诺和关系网的联结者。研究者基于几百个案例对安慰进行了广泛的研究，发现在猿猴中这是一种常见的行为。猿猴会分享食物，尤其是与那些最近照料过它们或在权力战争中支持它们的猿猴分享。[23]人类在孩童时期也是这样的，很早就知道哪些人是支持他们的，哪些人是反对他们的。学校的操场是一个将朋友和敌人区分得很明显的世界。如果你有一点钱，那么维持友情就更容易，孩子们知道钱可以帮助你交朋友（他们也知道有太多的钱会让其他人讨厌）。在民主制度中也是如此。围绕着议会和政党这些正式结构的是公民社会，这个社会与日常生活在不知不觉中融为一体。我们的朋友圈是源自其根部的，一层又一层的联系将友情的原则拓展到宗教、国家和信仰中。

一直以来，人类学家和社会学家都认为物质性的经济依赖关系型的经济。这种关系型的经济与物质型的经济并没有太大的区别，它将自己看作将用途最大化的经济类型。但是从另一个角度看，我们并未尝试着将效用最大化，而是寻求有效友情和有效敌意之间的平衡。这并不是将朋友与敌人的数量比最大化，好比在 Facebook 上有 1 000 个朋友，这并不能让你免受伤害，两者的道理是一样的。重要的是友情或敌意的有效性在于他们是不是就在触手可及的地方。在很大程度上他们有助于塑造你自己，这就是我之前所说的：社会财富就是指我们拥有的社会关系所具有的价值，这和经济财富对幸福感所起的作用一样重要。为了好好生活，我们需要更大的朋友网（要对友情悖论——就是有关人际关系网的简单数学计算，它意味着从平均水平来看，你的朋友可能拥有比你更多的朋友——有所了解）。我们也需要拓展自己的朋友网，我们会期待他们对我们忠实，即使在我们的行为很糟糕、对他们发脾气或者滥用他们的信任时，他们也不离不弃。

第 10 章
关于资本主义的衍生观点

每个人都应学习如何培养友情，或者至少尝试着将有效友谊和有效敌意之间的平衡最大化。我们在学会花钱和学会消费之前就学会了这一点。我们很早就知道许多道德上的困境都源自生活中的这个方面，包括忠实的意义（你应该对谁忠实，出于什么样的原因你才能违背对他们的忠实）、诚实的意义（什么时候撒谎是合情合理的）以及保守谁的秘密或分享谁的秘密。

很大一部分的人类历史都涉及创造规模更大、更加广泛的朋友网：宗教的契约允许你相信陌生人，跨国企业的准则允许你和其他人一起工作、分享信息，国家鼓励军人为拯救他人而牺牲自己的生命，这些都和恐惧与力量有关，但是，它们却很有效，因为它们开发利用了人们最基本的需求，那就是交更多的朋友而不是树立更多的敌人。

人类所具有的将有效友谊最大化的动力的重要性，在很大程度上，解释了资本主义的局限性及其发展动力，也解释了在创造文明和彼此信任的新世界时，人们所取得的成功以及针对那些可能会毁坏它们的方式所采取的报复行为。不仅如此，它也解释了资本主义所具有的魅力，这种魅力不仅仅是指更多事物所具有的吸引力，也提供了更加自由和社会性的美好愿景，不论是对于年轻男女的相爱承诺，还是对工作场所新同事的承诺。

那种将友情而不是将消费最大化的未来经济会是什么样子呢？这种经济中的商业关心的可能是它们是否有适合工作的好场所，这些地方鼓励人们合作。它可能根据同事给予的反馈来奖励员工。它的工业可能通过约会、交往和会面鼓励并且帮助建立友谊，它同样也重视衡量社会财富、社会资本、社会联系、产品容量或经济中的投资。

这当然只是 21 世纪经济的部分画面，这种经济正在否定了社会性的想象中发展。谷歌按照精确校准好的 360 度反馈来给员工发工资。商业给予消费者与他人见面的机会。社会技术可以协调友情、地位和准入程度。

友情很重要这一观点并不新鲜。但是友情为什么重要呢？在与感冒病菌接触后，防止孩子感冒的最好方法就是看看他们能否对诸如"你有对象倾诉自己的问题吗？"[24]这类问题做出肯定的回答。大卫·斯隆·

威尔逊（David Sloan Wilson）在伯明翰、纽约做过实验，他将写有地址的信封遗忘在大街上，看一看有多少信件会被送到正确的地址去，这项实验发现：关键的因素是人们是否相信自己得到了大量的社会支持。另一项最近的研究分析了之前公布的 148 项有关寿命研究的数据，计算了人们交流的频率，同时追踪了平均 7 年半后人们的健康状况。研究发现，友情的贡献率达到 50%，增加了人们生存的机会。因为有关这些关系质量的信息与数量的信息是截然不同的，这毫无疑问使结果成了一项保守的估计。[25]这种强有力的影响的原因在一些方面是明显的，一个使人冷静的抚摸，一种在遭遇困难时的支持。或是与他人分享心事所具有的效果是不可轻视的，这些在资本主义的想象中并不存在，在传统的经济观点中也不存在。

潜在的信息就是相互依赖。我们的幸福不能很轻易地与我们周围的人脱离开来，尤其是配偶、朋友、孩子和父母。乔治·阿克洛夫（George Akerlof）的评论无疑是正确的，他认为，"很大程度上，人们的幸福感源自他们是否做了他们想做的事情"。[26]他们所认为的自己应该做什么源自别人认为他们应该做什么。大规模的回归测试表明国民幸福感水平与社会性程度有着惊人的相关性，社会性指的是人口中参与一个或多个社会组织的比例，这种相关性比国民生产总值与幸福感之间的相关性更大。[27]由于仅仅关注个人的特性，我们忽视了重要的因素，即你有多幸福依赖的是你的生活方式，也依赖于你所生活的社会。一个好的社会培养友情和关系，将这些视为私生活中重要的焦点，而不仅仅只是边缘化的关注点。

10.5 价值、衡量标准和浪费

接下来我们要考虑的是浪费和价值。资本主义以自己的效率为傲，对于利润的追求使它对浪费置之不理，不论是物质材料、能源还是时间的浪费。但是，一种常见的、针对资本主义的批判就是资本主义以效率为借口导致了各种价值的毁坏。为了追求生产，大自然被毁坏了；为了追求利润，家庭被破坏了。如果说一种反应是对其进行攻击，谴责资本主义体制的邪恶，那么另外一种反应就是利用资本主义工具来衡量和勾画哪些地方的价值被破坏了以及哪些地方产生了浪费。在 20 世纪 60 年代，最受青睐的工具就是性价比分析，这种分析推动了所有对于成本和收益的分析，这种分析一直被广泛应用，尤其是在运输领域（这一领域和环境评估是不可分割的）和大型项目（这些项目因低估成本而臭名昭著）。[28] 经济学发展出了许多使社会价值货币化的方法，通过问人们他们愿意为怎样的服务和商品付钱（"陈述偏好法"）[29]，或者通过观察人们在相关领域中做出的选择（"揭示偏好法"）。[30] 随着环境经济学这一领域的不断兴起，衡量一切事物价值的方法也将传播开来，从湿地到气体排放，都将这些揭示价值和陈述价值的方法结合在一起。早在 20 世纪 60 年代，社会影响评估方法就开始使用，它试图抓住一种新政策或新项目所产生的价值的所有维度。这些都尝试着估计诸如戒毒项目等一些事物的直接价值，包括它起作用的可能性以及对于未来犯罪率的可能影响，对于医院入住或福利薪水的可能影响。公民社会一直都与有关衡量"投资的社会回报"的想法联系在一起。在保健体系中，有一些衡量影响的方法使生命而不是金钱变成一种普遍的货币。澳大利亚统计办公室估计，无薪水工作达到了国民生产总值的 48%。[31]

这种对一切进行衡量的大趋势被看作是一种陈旧的疾病，因为有些情形和地点并不适合用价值和金钱等概念。许多衡量方法很容易受到批判，因为它们将不同的事物混为一谈，或者在根本不可能的事情上提供虚假的准确性。但是，我们也可以将这些看作粗糙的、早期的、将资本主义的美德拓展到其他领域的尝试。这些美德包括精确的美德、运用数据来发现哪些地方产生浪费的美德以及将那些原本晦涩的东西变得具体、明显的美德。这些不同的方法可以改变我们对浪费和价值的看法。对于碳足迹和排放的衡量已经为我们提供了一种不同的看待经济生活的方法，使大量的物质浪费变得清晰可见，改变了我们对工业的看法，让我们了解怎样才算是有效率。相较而言，衡量人性上的浪费的方法是欠发展的，但是，它却潜在地塑造了另一种不同的经济想象，它抓住了经济活动对于心理压力、幸福感以及家庭生活的影响。每个政府的财政部门都会运用社会影响评估法以及经济和环境影响评估法,这一点并不难想象。股票市场和大额投资者迫于公众压力做出的反应也是一样的,更多的、详尽的解释会被公布出来,这些解释不仅抓住了金钱价值,同时也抓住了其他价值,这一点也不难想象。

对于浪费进行更加全面的思考也将带来对于消费的新的看法。经济学一直关注制造东西的生产力,深入地分析能源、资本和物质材料的投入如何转变为能够出售的东西。资本主义为自己擅长提高生产力而骄傲,这一点的理由很充分。但是,一旦金钱掌握在消费者的手中,这种分析就停止了。然而,消费的效率和生产的效率同样重要。一些消费者花费他们的钱财为的是获得更大的幸福感,另一些则不是。通常情况下,有钱人没有穷人的消费效率高。长期以来,研究者一直认为随着收入的增加我们消费的边际效益会下降,但是,这一点的确未考虑高端消费的无效性,比如拥有许多房产,许多汽车或几百双鞋子。对于一个更多地意识到物质和生态局限的世界而言,一种合适的经济学不仅仅需要理解消费所创造的生产力(或叫"消费生产力"),还要在创造生产力方面充满生机和活力。

10.6　商业之外的创业精神

另一个我们可以见到活跃的资本主义思想的领域就是创业精神。1987年出版《牛津英语词典》将创业者定义为"公众音乐机构的负责人"。这个单词只在稍后的版本中才被应用于更为现代的意义,因为编辑意识到,在现代经济中,资本和劳动力的控制和指导可能会非常困难,和过去一出现新阶层就随之从法语中借入新的单词来表示它的经验不同(仅仅一个世纪之后,美国总统布什评论道,法语的问题就是他们甚至没有一个单词是表示创业者的)。[32]

约瑟夫·熊彼特关于经济如何运作的观点在近几十年内得到了更为广泛的认可。在他的论述中,创业者是具有决定性意义的角色,他们努力寻找机会,发现服务不周的市场或者没有使用的资产,承担风险,并获取收益。熊彼特的方法和大多数主流经济学的观点差别很大。其观点强调寻找未知的、不确定的事物以及无法测量的事物,完美的市场有完美的信息,并没有给创业者留出空间。相反,创业精神强调这个世界的艰难,拒绝可预测的计划,强调我们如何偶然遇到某一事物然后进行一番探查来学习。

关于创业精神的一个相反的观点(和以色列卡兹纳作品中的观点一致)[33]是把创业精神看作动态平衡的创造者而非推翻者,运用信息来利用不平衡,以此促使经济回归平衡。无论哪种观点,创业精神都不只限于商业范围。任何人类活动的领域中的变革发生都与创业精神有关。熊彼特既写商业中的创业精神,也写政治中的创业精神(他本人曾做过短时间的部长),他将创业精神看作普遍现象,并且它在资本主义经济中异常活跃。路德维希·冯·米塞斯(Ludwig von Mises)写道,创业精神"不只是某个特定的人群或某个阶级的人独有的特征,它内置于每一次行动,并负担在每个人身上"。[34]

这是熊彼特所做的关于任一领域创业者的本质特征的描述:

> 一个想要从事新事物的人的内心中,习惯的力量会提升并见证萌芽期的计划。因此,一种崭新的另类的意志力是必需的,这样才可以在每天的工作和维护中争取时间和空间来思考并找出新的组合。这种精神的自由预示着除了满足日常需求外还有大量剩余的力量,它有些奇怪,而且从本质上来说比较稀少。[35]

尽管稀缺,却不仅限于商业。在大学里,有些学者扮演创业者,组织团队,发现差距,鼓励思想的优越性,将所能找到的资源集中到一起赢得忠诚度。很多宗教的发起者和建设者也做过这些事情,经常把商业创业精神和信仰结合起来。

假以时日,商业创业精神的思想会发展为国家应该支持创业精神的思想,许多政府提供税收激励措施、培训课程及庆祝仪式来鼓励创业精神。社会创业精神是更为年轻的想法,但也受到来自政府和基金会的鼓励,包括奖金、基金、网络以及庆祝活动。创业精神可以通过学习获得吗?它值得拥有补贴或者税收激励措施吗?它有正当理由获得庆祝仪式吗?新企业的创建者是发展企业的合适人选吗?这里我们再次见证了资本主义产生的一个新想法被采用并产生创造性的成果。

在亚当·斯密的经典著作《国富论》中，市场、法律框架及产权的组合将数百万人的私利和贪欲解释为促进他们繁荣发展的动力。市场机制的闪光点就在于它是自动的。通过控制已有的动机和能源，它不需要一个国王或一个发号施令的人来"运营"经济。相反，经济自身可以自我运转，包括奖励良好表现和创新。

18世纪的时候，亚当·斯密同样因为他的《道德情操论》而闻名，这是一部不同寻常的著作，探讨了将社会团结在一起的同情和怜悯的"道德情操"。尽管他没有用这些说法，但是他作品中的两条线联结在这样一个观点中：所有的现代社会既依赖市场这只看不见的手，也依赖另一只看得见的手——法律和财政的规定，用来将道德情操、关怀的动机、公民能量以及社会责任导入实际的形式中，并为公益事业服务。[36]

在很多社会中，这类论断是没有权威的或者根本就不存在。大多数国家缺乏充分的有关独立的非营业组织的法律形式，缺乏公平的（更不用说有利的）有关捐赠或贸易的税收规定，缺乏争辩、批判以及参加竞选的法律和政治环境，疏于对暴力及官僚反复无常行为的防范。这也是为什么世界上许多地区有这么多社会创业者过着四面楚歌的生活，为生存而不断挣扎，不断向权威的利益组织和可疑的政府妥协。

在一些国家，这些基本的情况还算良好。民众有游行和倡议的权利，有组织贸易商会和政党的权利，只要遵从法律要求就可以很容易地创造新组织、雇佣员工、从事贸易、募集资金以及进行创新。正如市场利用愿意拿金钱和名誉冒险的创业者的精力和创造性一样，社会变革同样也要吸取数万个发现需求和创新解决方案的个人以及小型企业的生产力。所以社会创业精神从最广泛的含义上来说已经是现代性的一部分，也是其自身未来的一部分，它还带有一个不同的设想，其中部分是资本家，部分是社会工作者，部分是个人英雄，部分是奴仆。随之而来的还有一份必要的躁动，这一点可能在格奥尔格·齐美尔（Georg Simmel）关于生活的本质以及进程的论述中表达得最好。[37]他写道，生活蕴含着流动、自由以及创造性探索的新结合[38]，但是，它又不断地创造体制，基于体制，它的行为得以组织起来。所以基因的变异导致身体和细胞的形成，音乐上的实验产生像交响乐或三分钟流行歌曲的形式，社会活动导致了新的机构的产生。但是体制的本质与生活中的创造性精神背道而驰，它们是固定的、永恒的、受规律限制的。所以，体制既表达着生活又与生活相对立。对于创新者和创业者来说，这意味着他们的想法变成企业或政策的最成功和最骄傲的时刻也会是焦虑的时刻，因为在那一刻，他们的想法已经不属于他们了。

10.7 时间，而非金钱，才是经济生活的目标

资本主义的定义性理念就是寻求可以被交换的并转化为金钱的价值。这使得金钱成为生活中的通用货币，看待任何事情都要透过这个镜片。然而金钱只是一种方式，虽然吝啬的人把它当作目的。把金钱当作方式的目的就是要在某种程度上通过住更好的房子、吃更好吃的食物或穿更好看的衣服来提高生活质量。当资本主义成为实现这些目的的一种方式时就会得到迅速发展。但是当资本主义看不到这一点，让生活屈从于金钱的时候，它的合理性就会受到质疑。

对于任何理性、明智的人来说，生活质量永远比金钱和消费具有更高的价值。我们只活一次，人生的每一步都是离死亡更近一步。作为消费者，我们可能偶尔会迷恋当代类似于陪葬品的东西，但跟我们的先人相比，我们不太可能被它们的意义所愚弄。

如果资本主义本质上是实现可交换价值的体系，那么它的后继者可能是发现有意义的时间的体系，包括生活经验的时间以及更长的生物、生态时间的循环。资本主义所展示的世界是可控的、易于操作的，而且能够根据人类的欲望做出适当的调整。这可能经常会导致傲慢，但它也是一种对人们生活的解放，因为它挑选出那些蛰伏的、死亡的、未受注意的事物和地方，试图让它们更有活力、更具生产力。同样的心理可以应用于时间，选出它被浪费的、蛰伏的、不满意的、未受认可的地方和时刻，然后找出方法让它重新焕发生机。

时间如果成为生活中主要的、最明显的通货，接下来会怎么样呢？

金钱是固化的时间，资本是固化的工作。资本主义经济中所有的数字都是时间的数字，包括折扣、预测和对冲。资本主义为超出天文学和观察太空的时间的思考和管理提供了新工具，认为时间不是被给予的或者命中注定的。所以怎样传播它的技术和方法来涵盖生存时间的价值呢？有很多简单的含义，其中有一些是显而易见的。如果人们用很关注金钱同样的注意力去关注时间，那我们就可以期待时间账户、时间银行、时间交换、时间权利以及允许人人存储时间或者转借时间的时间积分会相当泛滥。我们可能还会期待有更多的权利和时间链接——包括带薪休假和不带薪休假的权利、培训时间的权利、工作周内调整固定时间的权利。我们也可能期待教育机构专注于帮助人们更有效地使用时间，学校生活以及学校为工作做好准备，教师能够娴熟地指出人们怎样才能更有效地利用他们的时间。所有这些都不是幻想或乌托邦式的想法。它们都是存在的，尽管没有和金钱以及与金钱相关的等同物形成相同的规模。

我们也应该期待这样一种经济，它能够更多地关注时间上的幸福感和成就感，不仅仅是某一刻所感受到的幸福，还有回想自己所经历的幸福或满足感，例如我们对某个不平常的节日或友谊的感恩。我们已经目睹围绕娱乐和体验而发展起来的新行业，包括从精心建构的令人振奋的危险体验到令大脑兴奋的药物。[39]教育体系能够帮助我们更好地理解时间中的幸福感，弥补人们在判断自身体验以及什么使我们最有幸福感方面的不足。[40]

我们可能也期待更多的注意力会被投入到工作以外的、生活中的生产力方面。数据表明，我们的时间只有很小的部分——大约是我们醒着的时间的23%——被投入带薪工作。相反，我们的成年生活有超过3/4的时间要么花费在"无薪工作"（清扫、刷洗、照顾孩子、组装家具、修剪花园草坪）上，要么花费在休闲活动（运动、购物、读书、看电视等等）中。两代节约劳动力的发明都没有改变家庭的作用，这里依然是我们不得不花费大量时间用以护理和修护的场所，无论是为了我们自己、我们的孩子、我们的宠物还是我们的家以及花园。最富有的人会把这些职责都外包出去，许多收入中等的人也雇佣他人来打扫房间或者照看他们的孩子。但是从长远来看，令人惊奇的是这些数字没怎么变，如果数据可信的话，父母陪伴孩子时间要比四十年前多。拥有孩子总体上来说，并没有让父母变得更加幸福或更加不幸福。但是本性的冲动加上对爱和成就感的追求，很明显可以促使人们将比以前更多的时间和精力投入到家庭生活中。

各种不同的尝试已经表明，发达国家大约一半的国民生产总值是由无薪劳动力贡献的（尽管所有将金钱的价值赋予时间的这些尝试都受到了各种理论和技术的挑战），这为女性主义论断提供了推动力，认为这一点应该在福利体系中有所考虑。经济学家加里·贝克尔（Gary Becker）采用了一种截然不同的方法，在将经济学理论应用于从婚姻到家务的其他领域这一点上比其他人走得更远，他还将工资作为休闲的"影子价格"。家庭被描述得更像是一家公司，一个所有的资源都组合起来以输出产品（比如饭菜）的地方。这种观点的奇怪之处就在于，他认为做饭所带来的幸福感与饭菜本身所带来的一样多。家庭生活本身并不是有益的，它只是实现目的的一种手段。

同样工具化的分析也努力搞清时间的动态学。时间和动态的研究展示出工厂里的浪费现象（尽管这一研究对工人的幸福几乎或者根本没有给予关心）。最近关于流动性的理解被应用于生活中的许多其他领域。像丰田这样的企业通过它们的工厂掌握着产品的流动，然后将类似的思维方式应用于医院和病人、机场和旅行者。每一个项目的目的都是减少不必要的行动，给人们节约时间。促使生活无摩擦是必要的理想，可以毫不费力地流动于交通网络、商店、学校和医院，没有瓶颈或排队。然而奇怪的是，大多数人却梦想着几乎相反的情况——真实生活里人际关系的有意义的摩擦，其他人可以尽情地争辩、刁难，有时阻止我们做我们想做的事。

有些人用金钱的等价物来衡量为节约时间花费了多少成本。性价比分析认为用旁门左道的方法节约的时间是有价值的，也使用了人们如何以时间和金钱进行贸易的例子来做评估。一个很有趣的、关于旅行选择的对比分析试图将赚钱所花费的时间与利用不同的交通工具进行对比，提出了他们所称的每小时"有效速度"的公里数。豪华车是 14.6，经济型汽车是 23.1，公共交通是 21.3，自行车是 18.1。[41]

人们尝试着去校准旅行所花费的时间以及旅行中经历的一切——坐在车厢里或是站在队伍中会是多么的放松或者紧张呢？那么很明显我们需要时间的原因与需要生产的原因是不一样的。

透过这些观点看去，任何社会所面临的选择千差万别。如果我们将一个活动从需要支付变为不需要支付，国民生产总值看起来就会下降，但可能产生更多的幸福感（想象一下，两个邻居轮流为对方做饭和各自去餐馆用餐的差异）。如果一项新的服务允许人们通过录音机诊所看病而不是亲自去拜访医生，这会节省他们的时间，但对于国民生产总值却没什么效果（而且可能意味着医生的工资更少）。这样一来他们可以得出与衡量金钱不同的选择。

另一个很好的例子就是在医疗体系中以质量为标准调整寿命的测量方式（QALYs），以此来预测通过一种新的药物或治疗方法所获取的额外的寿命，并依据寿命延长的年份中患者是否可能免于失能而进行调整。每磅的花费对健康的帮助已经日渐成为衡量医疗保健体系有效性的最重要的方法，是任何新的药物或者服务必须通过的测试。这里的重点是时间和金钱正逐渐结合，在公平的基础上，导致了令人惊奇的效果，其中包括对更为简单、实惠的治疗方式的大力提倡，比如戒烟计划或者锻炼作为轻微抑郁症患者的治疗方式。

国家时间会计是近来研发的一系列的方法，用来测量、比较以及分析人们如何花费和利用他们的时间，包括不同国家、不同历史阶段或者某个既定阶段某个国家内部不同人群之间等方面。这些还没有完全稳定下来或者准备好替换国家的金钱账户和输出产品账户。但是由时间账户中得到的数据带来了新的深刻见解，对于我们如何生活以及公共政策如何运作有明显的影响。在美国，有关人们如何运用自己时间的详细分析表明，如果许多人花费在乘车上的时间少一些，并且用更多的时间来陪家人和朋友的话，或者如果他们将被动的闲暇时间用来完成他们积极的追求的话，那么他们会感到更加幸福。在分析这些情况时，我们看到了一种新的、看待世界的方法的蓝图，在这幅蓝图中时间的质量与收入和金钱的数量同样重要。

在当今的经济学中，一个更加关注时间的社会会将时间和金钱的关系反过来，在这里，时间是金钱的仆人。时间需要被合理地划分、需要被衡量、需要被合理地安排，为的就是提高金钱利润。因此，如果关系被颠倒过来，那么将发生什么呢，如果金钱变成了我们渴望更多更好时光的仆人，那么将会发生什么呢？

在市场上，未来没有现在有价值，由央行设定的利息率有效地告诉了我们两者之间的差距。这些得到了广泛的应用，例如住房贷款以及作为公共投资的向导。它们将时间及其所具有的不确定性看作统一且普遍的。

然而，如果我们观察一下真实中的个人和机构是如何看待时间和价值之间的关系的，那么十分不同的模式就会显现出来。父母对子女进行投资，并不期待金钱的回报（或者如果说他们期待一种回报，那么很可能他们会感到失望）。任何一个社区中的一员都认为自己有责任在公共筹资项目上做出一份贡献，比如建造一个新的教堂房顶，即使他们获得的收益并不多。在政府中，我们也可以看到对待时间的不同方法。教育体制对孩子进行投资，不论贴现率是多少。而且政府也从长远的角度对军事防御项目进行投资。在保健体制中基于年轻人与老年人相比不应该处于不利位置这一观点，在执行起来时几乎是不会打折扣的。有关气候变化这一问题，一场激烈的辩论在有关我们对于气候问题到底应该设置什么样的贴现率方面引发了十分激烈的讨论。再一次重申，一个道德上的争论是我们对于未来后代的需求和选择应该给予多大的关注（观察结果渲染了争论，如果经济发展继续，未来各代人将比我们更富有，这就引发了这样的问题，为了让我们的后代更加富有，我们到底应该付出多少）。通常，政府及基金会表现得更像是一个保安或服务生，他们承担着维持或促进资本增长的责任，而不是像经济理论中那些十分理智的消费者一样更加关注现在的消费而不是未来的消费。

我们和时间的关系反映了我们与他人的关系。我们与他人的关系越密切，我们时间的有效贴现率就越低，我们对于未来的价值评估越高。金钱变成了时间和未来的仆人和我们承诺的仆人，而不再由它来掌控一切。在工作领域中，这是一个很细微的，但意义重大的方面，而经济学恰恰忽视了这一点，而且资本主义对于自身的理解上也缺乏这一点。随着时间占据了中心舞台,这一点已经变得更加明显了。[42]

在这一章中描述的所有观点或想法,包括从有关增长和合作的新想法到有关友情、价值以及企业精神的想法,这些都是很新的观点。它们没有像资本主义想法那样经历了几十年或者几个世纪,从粗犷的笔画变成细致的图表,提炼成理论和数据,进而演变为各种思想和实践学派的竞相角逐的过程。但是,通过将它们累加起来,我们就有可能看出资本主义是如何在人们的想法以及想象领域中,同时在现实中发展的。

第 11 章
新的调整——社会是如何（偶尔）跳跃的

>　　一开始它就是不同的
>　　耀眼的光环合唱队以及程度不同的抽象
>　　但是它们很难彻底地分离
>　　灵魂和肉体　　所以来到这里时它将
>　　带着一块脂肪 一丝肌肉
>　　它不得不面对
>　　将绝对真理和泥土搅和在一起的后果
>
>　　　　　　——Zbigniew Herbert，"Report from Paradise"

　　1938年，一群人聚集在斯德哥尔摩附近名叫索斯巴顿的小镇上。当时瑞典正处于一次全新的调整时期，这次调整最后成为瑞典史上最为成功的一次，为之后数十年瑞典的健康发展和社会兴盛以及跨国企业（如沃尔沃、宜家、爱立信）的成功奠定了基础。在索斯巴顿，与会的商界、政府和工会代表达成协议，共同创建一个"没有富裕的个人只有富裕的企业"的社会。然而这项协议的达成并不容易。20世纪20年代瑞典深受工人罢工和高失业率的困扰，全国范围内的阶级斗争威胁着整个国家的未来。没人能够预知如果情况继续恶化未来将会发生什么。波罗的海对面就是纳粹德国，东面不远处，苏联也在血腥地清除障碍。聚集在索斯巴顿的这些人已经领会了现代性的一个共同的教训：社会如果因激烈的社会斗争而满目疮痍，又没有强有力的组织来解决这些矛盾，那么动乱会更加严重。如果有这样的组织，能够在动乱出现的时候——

蝗虫与蜜蜂：未来资本主义的掠夺者与创造者

无论是金融危机还是战争——就需要做的事情迅速达成一致，那将会发挥巨大的作用。索斯巴顿聚会中拒绝政府插手工业斗争，但是它的精神成为之后形成的福利国家不可或缺的一部分，"索斯巴顿精神"成为共识、务实、信任的代名词。在某种程度上，他们是如何达成协议的要比协议中的具体细节重要得多。据说艾森豪威尔总统曾经说："制定出的计划没什么，制订计划这件事最为重要。"该协议已经迫使各方聚在一起共同商讨对策。

其他国家也面临类似具有决定意义的瞬间。第二次世界大战后，荷兰采取了后来被称为"圩田模式"的政策，将权力划分给不同的宗教和社会组织，与瑞典一样，致力于达成共识模式。早期荷兰人经历了严重分裂，而这种共有的痛苦的记忆为共识模式的形成提供了合理性。德国在差不多同一时期，迫于占领势力的影响，也进行了一次新的经济调整，其中包括一部将权力划分给不同区域的宪法和将自由工会的巨大作用制度化的经济体系。大型企业中和纳粹合作过于密切的部分，其规模被缩减。早几年在美国，富兰克林·罗斯福本着近似协商和合作的原则引进了新政政策。在他第二次入职演讲时说道："政府怀揣着慈善的精神，偶尔会有些失误，总比冻结在自我的冷漠中不断地重复着纰漏要好一些。"第二次世界大战后，英国也实施了自己的经济调整政策，包括建设福利国家，即一个国家医疗服务系统和一个经过改革的教育体系。作为这许多改革的设计师，威廉·贝弗里奇爵士（Sir William Beveridge）这样说道："在世界历史中，革命的时刻就是用来革命的，不是用来修补的。"[1]

历史上的这些时刻被形容成调试或调解，用这些词语来表述所要表达的意思是显而易见的，暗示着社会正努力创建一个适合自己生存的新家园，做一些令自己更舒服的安排。这些调整源自危机，却把问题转换成了机会。每一次调整都会改变资本主义的本来面目，改变人们体验资本主义的方式。每一次转变都给予人们更多的权力与保护。从某种程度上说，每一次转变都是所有参与方相互妥协的结果。而且每一次转变所带来的不只是新的规定和正式的角色，还有一种新的精神。

新西兰是一个非常典型的例子。在经历了20世纪20年代的繁荣之后，新西兰受到经济大萧条的沉重打击。由于出口商品价格骤降，人民收入水平三年内下降了40%。农场主努力想要还清按揭贷款，城市失业率飙升，人们日渐不满，暴乱频繁发生［我的表兄约翰·摩根（John Mulgan）写了该国最有名的一本小说《孤独的人》（Man Alone），描写的就是20世纪30年代早期国家动荡不安、人民痛不欲生的状况］。正当举国陷于悲苦中时，一个新的劳动党政府在1935年执掌政权，承诺每一位新西兰公民都有权享有正确合理的生活水平。它的指导性原则就是由于人民无法保护自己不受经济状况变化的影响，因此社会有义务保障人民免受不良经济状况的影响。新政府提出继续建设福利国家，免费提供医疗保健、养老保险以及惠及居民、残障人士和失业人员的福利。这次改革被称为"国家历史上最伟大的政治成就"，指出新西兰的定位就是"世界的社会实验室"（几十年之前，新西兰曾是世界上第一个提出全民选举权的国家）。[2]旨在保护新西兰人"从摇篮到坟墓"的第一个福利体系非常受欢迎，使劳动党执政长达14年。

像其他的经济调整一样，新西兰制定了新的社会契约，加强了共同承诺之间的联系，其中部分原因是出于对危机的反应。经济大萧条之前，很多国家的中产阶级已经能够靠保险来避免他们所面临的一些最大的威胁。但是随着股票市场以及商品市场出现问题，保险市场也崩溃了，出于必要，中产阶级不得不加入享受共同福利的联合组织。

每一次社会调整都意味着新方法的胜利。20世纪20年代。很多最杰出的经济学家解决经济危机的方法如同18世纪医生来从身体里放血来治病的方法，在危机出现时选择缩减开支。但当到实行这些社会调整时，人们明白了截然相反的一个道理，那就是有必要创造需求、增加开支而不是缩减开支。每一次调整和协议都被认为要满足更大范围的要求，比如留意并尊重穷人、孩子和老年人的要求。在自然界中，掠夺者常常受到"团结一致"的抵制，弱小的动物或鸟类会团结起来抵御外敌。这些调试政策就是我们人类大规模的，类似自然界中的行为。

每一次，这些时刻所凝练的协议都会持续数十年，但是时间一久就会分崩离析，虽然其方式各有不同。有些调节政策会扩大国家的职责范围，但当国家自身成为有过度欲望的掠夺者或者想不劳而获的时候，这些调整就会大打折扣。最常见的表现形式是债务，如果政府屈从于价值假象，希望通过印刷钞票而不是创造具有真正价值的事物来创造价值，就会产生债务，调整政策的效果也会打折扣。戈尔巴乔夫执政的最初那三年苏联的债务额增长了三倍，中国 1978 年严峻的对外贸易危机为邓小平领导的改革铺平了道路。之后不久，印度的储备资金几乎耗尽，迫使它实行了类似的一系列改革。20 世纪 70 年代中期，英国不得不向国际货币基金组织寻求援助，并且很快接受了撒切尔夫人的意见，全面扩大市场。

这些调节措施看起来就像是循环，先扩大政府的作用之后又缩小。但是如果从更长远的历史角度来看，也有累积的模式。丹尼·罗德里克（Dani Rodrik）曾做出这样的评论：

> 过去两个世纪的经济史可以解读为人们不断地学习如何通过给一个自给自足的市场经济加入制度化成分，以促使资本主义更具生产力的过程，包括使公共官僚机构精英化、独立的司法裁决、中央银行稳定的货币政策、反垄断与管制、财政监管、社会保险以及政治民主。[3]

1945 年以来，大多数发达的经济体——从欧洲到东亚——都增加了全民教育、全民医疗保健、公共卫生及更加强有力的环保政策，这不仅仅是为了使资本主义更具生产力，也是为了使它变得更有用、更公平。很多发达经济判断自身成功的标准不仅要看国内生产总值的水平，还要看获得生产总值所要付出的代价。例如，泰国 2001 年的时候致力于建立全民医疗保健体系；中国正加速引入福利国家政策和医疗保健政策；像墨西哥和巴西一样，印度尼西亚也实行广泛的、有条件的人口迁移；印度政府保证其农村居民在基础设施项目中工作（一年不超过 100 天）的权利。

更加有深远影响力的调整非常少见，而且很难做到，更多的时候是心有余而力不足的。例如，日本近来尝试寻找一种新的模式，但以失败告终。日本明治维新以及第二次世界大战战败后的发展奇迹都证明了日本重新改造自我、取得卓越成效的能力。但是之后重塑日本经济与社会、定义资本主义新阶段的努力却大都失败了，这其中包括中曾根康弘

第 11 章
新的调整——社会是如何（偶尔）跳跃的

首相任期内的前川报告，该报告曾试图为国家构建一种更易操作、更加灵活的等级模式，期望日本可以在享受发展成果而不仅仅是创造它们的方面走在世界前列。1989 年之后俄罗斯采取了一系列新的经济战略，从理论上说是一次彻底的市场经济变革，但在实际操作中大部分被忽略了。每一次油价上涨、资金大量涌入国内，改革的压力就会被削弱。

变革的条件是不寻常的，甚至是不自然的，变革的条件需要依赖危机以及对危机的共同解读，也需要做好准备工作。之前所描述的每一次成功的变革之所以成功，部分原因是在此之前的许多年人们做了大量的准备来定义新的调整所需要的元素，这些元素起初看起来可能是乌托邦式的幻想，所有好的想法都是"半熟"的，但它们奠定了基础，通常其本质是一种可以带来成功的关于社会秩序的远见卓识——有关权利、自由和需要规避的、最紧迫的风险的想法。人类的历史如同醉汉走路，只有在头撞南墙后才能再跌跌撞撞地前行，在很长的时间内几乎无法沿直线前行，人们通过一次次的成功与失败来学习，这样才有可能认清眼前正确的方向。

正如约翰·杜威（John Dewey）所说，每一个政治计划都需要创造可以成为其制定者的民众。这会随之带来让-雅克·卢梭所认为的在每一次真正意义上的民主变革的历史中都有的冲突和矛盾：那就是我们需要这样一种力量，它将权力移交给民众。[4] 从这个意义上讲，每一次调整最终都会令人失望，因为权力永不衰竭。但是一路走来，人们已经大步向前，取得了很大的进步。

那么在合情合理的情况下我们能有什么期盼呢？想象一下，我们的时代里所发生的危机可能会为一年甚至十年之后都不会发生的新的调整铺平道路。那些调整会是什么样的呢？它们需要做怎样的准备呢？那些调整会产生什么样的公共机构和共同利益呢？它们又试图解决什么问题呢？

历史孕育各种可能性。在今天，各种形式的资本主义都成为可能，包括由主权财富基金掌握资源的国家资本主义的新型变体，倡导绿色就业的反主流文化的资本主义，多种货币的资本主义以及为心理状态提供市场的资本主义。可能有良性的也有恶性的，从复兴的军国主义和独裁统治到歧视贬低少数族裔以及日渐严重的生态破坏。但就目前的情况来看，还是有可能在经济下滑的状况下汇集一些更加积极的因素的。未来的种子总是孕育在现在的土壤中。就像20世纪初和20世纪40年代那样，那时还没实施或者只在小范围内实施的想法被一些有为的政治领导者提出并融入项目中付诸实践。

在这里，我的兴趣在于什么能够加强资本主义富有生产力和生命力的品质，并且抑制它掠夺性的、抑制生命发展的方面，增强资本主义创造者的一面所发挥的作用，而不是索取者那一面。20世纪30年代经济危机的答案远不止货币政策和财政政策那么简单，这个道理至今仍然适用。处理未偿债务和世界不同地区的短暂失衡是实现经济恢复的必要条件，但不是充分条件。建立一个更加强大的关乎金钱、碳以及信息的国际机构来治理这个互相依存的世界也不是充分条件。但我们需要再一次扩大和加速资本主义的创造性——在生产、工作和消费方面，同时抑制其掠夺性。增强创造性涉及投资、压力及自由的融合。压制掠夺性包括制定规则、法律和规范，运用道德的力量和正式的惩罚，还涉及抵消力量和一些限制因素。

每一次真正的调整的结果，都会由于计划或者实践过程中的历史、文化和事件的影响而不尽相同。正如罗伯托·昂格尔（Roberto Unger）所说，在将生产任务付诸实施的过程中，我们不断重新思考重新设计，运用"更小的现有变动来制造还不存在的更大变化"。[5]这个道理既适用于整个社会也适用于小型项目。但是，过去调整时期的教训告诉我们，变革经常是聚合性的，差不多相似的安排可能出现在完全不同的社会中，部分原因归结于经济、技术、思想和价值观类型的天然亲缘关系，也有部分原因是受到建议的影响。因此接下来我会简要介绍一些潜在的聚合变化——关于财富是什么，如何创造财富，如何运用财富的不同观点。

11.1 动员集体智慧和创造性

在第十章中，我解释了为什么零增长相较于付出更大代价和导致更严重环境破坏的增长更不具备吸引力。我建议换一种角度来看待增长，将增长看作生产潜能的扩大，看作在知识累积的推动下工作和创造事物的能力，看作社会和经济吸收知识的能力。因此第一要务是在不损害自然资本存储或不削减家庭生活开支的情况下提高经济增长的能力。这要求迅速增加在新知识以及新知识的传播和应用方面的投资，同时要关注这些思想的实现、对它们的吸收以及创造。物质的东西——燃料、食物和物品——对我们的价值仍然是至关重要的。但我们的财富将更多地源于非物质和无形的事物：嵌入物体、体系、实践活动以及人类自身的知识。

知识及其应用对于经济增长具有决定性意义并不是新颖的观点。五十年来，人们致力于规划、测量和理解以知识为基础的经济的动态学的工作。但是一些机构只是部分地适应了这一转变。那么现在应该做些什么呢？一个致力于培养集体智慧的社会需要在许多前沿领域不断地取得进步。之前我解释过，一个成熟的创新体系的标志就是为创造性的探索提供免费的资源，不论是科学家还是艺术家的探索，更进一步地说，就是将最迫切的需求创新的意识、最具创造力的人的能力以及新思想付诸实施的体系这三者加以结合。这种结合太少见了。不过，作为开始，可以将更大份额的资源投入到新知识中。很多国家已经致力于增加科研开发的投资，也有相关的政策来鼓励大学和日益发展的工业集群多开发副产品。由于前面已经探讨的一些原因，这些计划有很多会令人失望，但关键是要扩大而不是缩减：在设计、知识及科学方面投资新想法，动员专家和居民，创建新型大学以更直接地解决创新问题。尽管搞研究需要大量资金，但忽视它代价会更高，虽是陈词滥调却包含着真理。新发现的速度也不尽相同。电子技术领域正不断产出大量的新技术。与此相反，生命科学、基因组学以及生物技术领域至今大都没有按其承诺输出新成果，但那主要是因为基础性知识还不是足够成熟。展望未来的二十年，人们对生命的新的理解、对大脑科学等领域的新认知可能不仅会改变经济，更会改变人们看待世界的方式。

但是，再多的科研调查本身也是不够的（提高科研资金实际上会与生产力下降一起出现）。正如投资在将研究转化成有用的产品和服务方面至关重要，对于技术的投资也同样需要创新。[6]德国的弗劳恩霍夫研究所就是做到这一点的一个例子。其他机构也建议成立中创新倡导者和拥护者组成的新行业，负责搜寻并且帮助实施一些很有前景的想法。关键在于，没有扶持，很多可能非常有价值的想法就会浪费掉。

一个致力于发展集体智慧的社会既要扩大教育机构，又要对其改革。很多大学在规模上已经有了很大的发展，但是在创新方面进展缓慢。但也有一些例外，比如芬兰的阿尔托大学、英国的开放大学和世界其他类似大学，还有一些新的平台（诸如 iTunes 大学和 Peer2Peer 大学），以及有一些老牌大学里较小的创新机构。[7]现在所需的不仅是在最尖端的科技领域不可或缺的精英主义，也需要其他创新类型的开放和民主（近年来最为成功的企业中有很大一部分是由大学辍学的人创办的，这不是巧合）。虽然只有很少一部分人可以在软件或生物学的先进领域进行创新，但是有许多人能够在服务设计或业务组织这样的领域进行创新。美国、英国专利发明和创业的严重不平衡的格局足以表明有多少富有创造力的才华被浪费了。

学校仍然扮演着 19 世纪的角色，为工业组织提供具有可塑性的工人而不是培养学生善于发现的习惯。罗伯托·曼格贝拉·昂格尔认为，要在孩子很小的时候就向他们提供"抵抗现状的方法"，不要把现状看作固定的、类似法定的、一成不变的。就像他们需要学习写字和读书一样，他们也需要学习如何编码和设计程序，还需要有使用别人设计的程序。创新所需要的工具本质上并不是陌生的或者无法获得的。几乎没有什么创新是真正"不合常规"的，除非从远处看。从近处看，它更多的时候是渐进步骤的组合[8]，通过教室里实际的课题研究并不难学会。[9]

经济政策也需要调整。大部分支持创新的部门和机构都是相对久远的，比如 20 世纪 40 年代或 60 年代的历史产物。创新要根据输入（目标是提高国内生产总值在研究领域的份额）而不是根据输出或能力来考量。大部分政府对工业的支出都用在了老的产业领域，如农业或汽车制造业、金融业以及钢铁行业，以解决过去遗留的问题而不是未来可能出现的问题。[10]新加坡重新调整了税收抵免制度来支持从研究到设计和人力资源的整个创新投资体系，这在世界上几乎是独一无二的。世界上很少有其他地区通过调整税收制度来奖励知识投资，不过也有些例外。例如，加拿大提出高达 35％的广泛范围内的研发税收抵免，荷兰降低了因创新而获得利润（比如版税或专利售出）的企业税率。但是所有这些政策工具都由于缺乏对非物质投资可靠的测量方法而受到限制，更不用说鼓励这种投资的激励措施了，很多投资激励体制无法区分该投资是掠夺性的还是生产性的。

从主要由科学推动的领域（诸如新材料或制药学）到设计、时尚、零售或金融等知识更像是一种技艺的领域，不同领域的创新体系注定是千差万别的。[11]五十多年前弗里德里希·哈耶克曾指出，许多受过高等教育的政策制定专家总是夸大正统知识的重要性而非不太正式的知识，强调系统的科学知识而非手工技艺。但每一种知识都有自己应有的位置，创新体系最好能够在新的想法和新想法的完全实现之间划定一条清晰的界线，界线内可能囊括研究计划、种子基金、天使投资或者企业投资以及能够衡量新想法的企业。在大多数领域，这个界线是受阻的、模糊的，绝大多数的资源由最有权威的部门和机构掌握。

正如我们所见到的，资金已经远离创新——在美国、英国这样的国家，只有 2％的技术创新投资来自企业资本。最近几十年的教训告诉我们，只有在投资者自身对所涉及的行业深有了解的时候，创新才有可能获得投资。这一点也不奇怪：是否支持一个非常有潜力的新材料或软件程序需要的是敏锐的判断，这不是仅靠标准化的评估工具就可以简单地做到的。投资越是向全球性的投资银行或基金聚拢，越不可能成为冒险的创新者。公共基金也符合同样的道理，大型国家基金倾向于规避风险或对大型企业投资。美国防御远景研究规划局 DARPA 就是一个很好的例子，它几乎不给创业者提供空间和资金来追求自己的想法。国家创新机构通常是根据官僚机构的规范设立的，先确定任务、预算和职责，然后找人来承担这些职责，这个办法容易引导它们遵循最小阻力的规则。相互竞争的企业创新基金形成混乱但有活力的场景，这比按照逻辑嵌入组织系统的整齐划一的规制要好得多。这些基金需要最低规模的共担风险，支持新的想法并将其运用于生产。但是出现相互竞争的资金总比垄断要好得多，支持比较独特或深层知识的想法要好些，基金规模小得足以允许投资失败也非常重要。所有这些都与大型金融机构和大国政府的意愿相悖，它们创立的基金太过官僚、太过庞大而不能失败，也不会以有趣的方式取得成功。

在财政紧缩的环境下，只有有胆识的政治领导者才会支持在知识和创新领域进行跳跃性的投资。很多人将创新看作就业的破坏者而非拯救者。所以这里需要说明的是，创新既与可能继续成为劳动密集型产业的新型服务领域有关（比如关注老年人或废弃物管理）也与自动化相关。

植入创新对政府自身也至关重要。的确，面对公共开支的巨大压力，由于公共服务领域缺乏有竞争力的市场力量，业余的创新方式代价太高，因此公共部门的生产率出现了停滞。很少有政府会在创造性以及新想法的选择和传播中投入大量的资金、人才或精力。在专业和正规知识占主导地位的领域（如医学）以及更多的由实践构成的领域（比如交通管理行业），它们的创新体制的本质注定是完全不同的，但都得益于更多地关注证据、更有条理的实验，以及在每个公务员都有责任知晓他们的影响力这样一种文化中更多地投资于快速学习。

在一些最为重要的领域，更高层次的复杂性也需要处理。一些主要的公共研究计划本身就极为复杂，比如描绘人类基因图谱的曼哈顿计划和欧洲原子核研究委员会（正是该委员会孕育了万维网）。但一些最为重要的挑战需要将复杂高端的自然科学与社会科学结合起来，也要和用户的参与联结在一起。这一点对于诸如痴呆或肥胖这样的挑战是事实，更不用说解决环境问题了。治理中国黄土高原土壤侵蚀这个复杂项目就是一个很好的例子，这个问题影响着大约 9 000 万人的生计，需要把农业、水资源管理连同社会学、经济学等不同学科的知识结合起来，还要鼓励农民积极参与。其他的案例中还有一些跨国界的合作。众所周知，单个的企业在一些基础研究方面总是投资不足，因为他们很难获得最终的知识产权，国家政府也一样。单纯从经济角度来看，他们可能通过对技术的采用、临近市场的创新或者科学技术的投资来获取最大的收益，因为基础研究的结果对其他人也是可获得的。[12] 若要充分解决世界上真正的大难题，比如老龄化或气候变化，我们需要全球的合作以及全球共同的压力来抵制利己主义的诱惑。

第 11 章
新的调整——社会是如何（偶尔）跳跃的

创新体系日渐多样化，对于知识的处理也是如此。经济学将知识重新定义为一种财产，限定为由政府和法院所监管的明确界定的权利。知识就像土地和机械一样被理解为一种财富。20世纪末，一些人倡导在大学和其他地区实行知识的彻底"产权化"，将以前的公开研究转为私有合同。然而知识本身也有两种模式：传统的资本主义模式和另一种激进的模式。十年前，每个政府的工业政策都为知识产权的产生和保护提供保险，中国和其他国家迫于重重压力而不得不尊重知识产权，各个大学也被迫隐藏自己的想法并将其商业化，因为没有财政激励措施就没有办法将生物技术或下一代人工智能研发出来。但出乎意料的是，只有小部分大学真正从这些活动中获利。[13]互联网协议硬核的知识产权案例比过去看起来更无力，因为我们更进一步了解到创新通过溢出效果所创造的价值相当多。知识产权的主导模式比其他领域的产权模式更为肤浅，比如土地，它的所有权的形式多样，权利和义务也是多样化的。

与此同时，很多不同的模式也在逐渐兴起。应用在互联网中的软件有一大部分是开放资源。[14]目前印度正在运营一个由政府资助的、充满想象力的、开放药物资源的项目，该项目正在建立一个关于结核菌的网上信息储存库。很多贫穷国家的药物正在使用分层定价，这对商业公司缺乏投资动力是非常有创意的解决方案。知识共享作为传统版权的替代品正在文化领域快速发展，维基百科也已经成为后资本主义的一个标志。知识产权法仍至关重要，保护着大部分的创新。聪明的计划往往在私人奖励和公共利益两者中得到适当的平衡。[15]但依据部门和技术状态，看起来越来越像是正确的答案随时间的推移而发生变化。有时公众利益会凌驾于产权之上，产权经常和完全不同的方法共存，这些方法通过认可和金钱来给予奖励。

下一次调整也需要能够支持真理，真理应该是围绕信息和知识组织起来的社会最高价值。我们都有权拥有自己的观点，但是，我们无权拥有自身的事实。运行现代社会需要可以辨别真伪，区分更好的和更糟的知识的组织机构，我们不能完全依赖大众或上帝来为我们做这件事情。这些机构有些存在于政府内部或周围，比如英国国家健康和临床卓越机构[16]，它公开说明哪些治疗方法是有效的、节约费用的，这种模式似乎可以复制到其他领域，比如教育或刑事司法领域。其他机构植根于文明社会，比如智囊团的专家为政府的声明提供一个可操作性的评价或者博主通过媒体或者网络对这些声明进行批判。到目前为止，网络既给歪曲事实的人以权力，也授权给澄清事实者（正如古语所说，真相还没把靴子穿好，谎言可能已经跑过半个地球了）。加强真理的社会生态学不论对于市场还是对人类其他领域的活动都关系重大，没有坚持不懈的审查、怀疑与纠正，错误的表现可能会引起巨大的混乱。比如对企业过度的评估，或者一种对于企业投资虚假市场、利用公共关系而不是投资生产有用的产品的错误激励。我们希望的应该是知识经济中流通的一小份资源就足以为真理提供可以与谬误相抗衡的力量。[17]

至少新知识有一部分来源于数据，这种普遍存在的数据具有使掠夺性更为严酷的特质。在过去的几十年中，在工商业领域，收集和分析大量数据的能力已经为制造业和零售业翻天覆地的变化提供了支持。在日本，工厂数据是由一线工人收集的，然后由质量研发小组包括技术工人在内进行讨论。通过数据生产技术所产生的数据模式对于那些直接参与在相关领域的人而言并不是显而易见的。相似的方法已经被美国用于对病人的治疗中，并产生了明显的效果。[18]尽管数据收集激增，但智能应用却没有跟上步伐。[19]更早期的时候，数据的收集和分析主要应用于商业目的：顾客关系管理系统收集关于购买模式和喜好的信息，然后尽力提供合适的商品。但是这些包含数据的表格正潜移默化地转变成新的模式——"卖方关系管理"，这一模式允许公民自己掌握自己的个人数据，并在适当的时候把它提供给私有企业或者公共机构使用。这些模式是与那些大公司和大型公共机构掌握的大型数据库并存的。目前，它们只应用于一些小规模的项目，这些项目促使公民控制掌握在大型公司和公共机构手中的他们的私人数据，允许他们掌握自身的状况，记录他们自己的行为和活动。[20]这些模式昭示着未来私人记录可能很迅速地与其他数据库连接，这样，一份简历就能自动地被辨别真伪（比如通过大学的数据库可以确认学历），或者一份健康记录可以通过医院或医学实践来验证。它们所代表的原则就是：关于我们自己的数据要由我们自己掌握。这是一个很简单的想法，却能彻底颠覆20世纪末产生的许多商业模式。

类似的原则就是任何关于公众的数据的使用和重组都要对公众公开。

可能用不了多久，我们就会看到数字化性质的惯例建立了一些新的规则来统治由知识和权力构成的崭新画面。与此同时，一些实验正如火如荼地展开，试图将一些更为健全的原则应用于实践，展示公民是如何控制和塑造那些对他们的生活至关重要的数据的。[21]

我们也应该希望在系统内协调集体思维方面取得快速的进步，将公开和封闭的元素结合在一起。现在有很多不同的指标，从正在运行的处理企业数据和知识的精密复杂的的系统到一些具体的例子，比如智能百科，美国用来分享知识的维基智能社区。它提供了一种在未来可行的模式，在这些模式中，在相对公开的网络中，所有领域可以自然地分享数据、信息和评论。科学内部，"大数据"的使用已经在改变了理论的产生及其检测方式，假设可能是基于数据中的表象提出的，之后可以使用现存的数据集而不是新的实验来验证。医疗体系走得更快，结合临床数据与指导，运用病人数据系统，逐步获得对不同种类的知识现状更大的透明度，从科学验证到实验知识和同行的建议。这些新的公共平台对于21世纪就像电和铁路对于19世纪一样具有决定性的意义[22]，因为它们正从数据的聚合出发大步向前，通过信息与知识，走向有能力承担支持决断与智慧的更为复杂的任务。

目前，在政府、公司和机构内部，情报、数据和知识的协调者依然不像法律或金钱的协调者那么引人注目、拥有权威，这部分地反映了将其发展为实践领域的过程进步缓慢。但是任何不把权力与名誉发展方向的根本性转变纳入其中的调整都将注定失败。任何不把国家作为打击者、破坏者和挑战者的职责更为明确化，不将资源和精力引入新思想和新可能的调整都将使社会陷入停滞。

11.2　促使资本成为仆人而非主人

第二要务就是将更多的资金引入创造性的和有用的活动。创新比流通更为重要，真正的价值也比票面价值更重要。资金是一种权力，但它会破坏很多使权力有益的规则。通过惨痛的历史经验，我们已经知道，权力只有在受到规则限制的时候——当它被分散而不是太过集中的时候，当它屈服于外在的法律的时候，当被要求为自己的行为负责的时候，当它容易被剥夺的时候，当它透明的时候——才更有可能是有益的。那些对政治权力非常重要的原则同样适用于过于集中的经济权力。我们需要资本的集中，就像需要权力集中在国家手中一样。我们需要资金，就像需要政府一样，要使其成为仆人，而非主人。

大多数发达经济提供特殊的优惠来为个别的资本家而不是资本主义服务，津贴、税额抵免以及特殊的保险计划都是非常常见的，相对于局外人更偏向于关系密切的局内人。有许多因支持创新而得到认可，但大多数从长远看来却与创新背道而驰，将其取缔并代之以更为简单公平的规则和税收体制，这势必会使任何经济改革项目变得更值得信赖。

同样重要的将是监管的新模式，可以识别出金融市场内部掠夺与创造的激烈竞争，监管体制曾经一度被认为可以简简单单并且固定不变。但在竞争激烈的背景下，监管体制应该时时调整以适应不断变化的掠夺策略。格赫拉姆·拉扬（Raghuram Rajan）在评论20世纪90年代和21世纪初同时管理公司策略和监管者行为的金融模式的破坏性影响时说道："将探究过程认作理所当然的模式必然会导致探究的失败。"但关键是一个更宽广的探究过程。在信息丰富、反思性强的系统中，没有任何探究活动被当作理所当然的。[23]

在极不平等的社会中，最大的挑战就是简单地分布资金的所有权和控制权，并达到金融资金、储蓄、房产以及人力资本更公平的分布。传统的观点认为，自由主义认清了广泛分布所有权的优点。客观地说，我们越有股权就越感觉是社会的一分子，有越多的人成为事物或其他人的管理员，我们就越有可能表现得更有责任心。在许多富有的国家的大型企业中，这一点是缺失的，资本主义并不会产生许多资本主义者。本章稍后会讲到，对于财富的大量集中，我们可以做些什么。对每个人来说，挑战就是找到能够使所有权更有意义、更显而易见的方法，个人学习的账户、个人预算和授权都很有可能成为一种答案。简单灵活的存储机制也一样，有时还会和当地的服务连接起来。最近金融创新潮流中的一个怪异之处就是这些创新很少能够满足相对贫穷人们的需求，比如一些帮助人们理解他们的财务状况以及风险的机制，或者适合他们需求的金融产品，比如允许一段时间停付按揭贷款。

从一个非常不同的意义上来讲，资本也注定是新的调整的一部分。当代经济的一个奇特之处就是资本分配体系已经与真正的经济脱离，与其他领域我们所预期的开放性和责任性行为规范脱离。资金持有者有义务解释他们的行为无论在全球、国家还是地区范围内都是适度的。世界投资银行没有必要向它对之征用资金的数百万人为自己的行为做出解释，但是小镇上一家享有垄断地位的超市就不同了，它有义务向其服务的人们解释可提供的选择。对任何一次新的调整来说，更大的挑战在于找到合适的方法将资金带入选择更加丰富的洽谈中：关于某些技术、投资策略或者雇佣行为的优缺点进行的洽谈。过多的监管可能会导致系统瘫痪，监管过少则导致权力滥用。任何一项都不可避免地需要平衡。而且剧烈的变动没什么好处，比如通用电气前主席杰克·韦尔奇（Jack Welch）从最初倡导发起维护股票持有者价值的行动到后来将这一行动形容为"世界上最垃圾的主意"。

1980年以来，欧洲经济合作组织中1 000个最大的企业占国内生产总值的份额由31%上升至72%，因此它们承担的责任注定要比以前重要得多。环境、社会和监管报告正在为此提供一些工具，扭转局势，促使金融行业重新对某些矿藏、制造业的真正长期的价值给予关注或者对某些理念给予关注，反对只关注实际价值，即运用更加不透明的工具进行赌博和对冲。举例来说，约翰内斯堡的证券交易所已经要求上市公司和一些养老基金对它们自身的环境、社会和监督表现进行汇报。

在危机之前也有很多措施已经在实施，重新树立资本作为实体经济的仆人的地位。这样做有实际的理由，因为市场风险被扩大化，金融资产的价格和它们潜在的价值根源产生了更大程度的脱离。但也有道德方面的理由，因为分离程度越大，市场就越不可能表现得更加有责任感。在这个方面的许多举措可以理解为加强资本主义内部的道德声音和道德感的尝试。这些措施中也包括仍然是试探性的促使养老基金投资不仅对其本身的利润负责，也要为它们的社会和环境效应负责的措施，有些人认为股票交易所应该监督投资者的透明度和诚信度，只有这样才不会使之沦为俄罗斯寡头政治或拉美犯罪大亨的洗钱工具。相同的动机，再加上政府不希望收入亏空，便促成了取缔离岸税的策略。"社会投资"行业正式与社会、环境和商业目标挂钩，虽然发展缓慢，但处于稳步上升的阶段。同样发展缓慢但稳步上升的还有持股人激进主义活动，因为公众中有很多人明白他们在电视上看到的公司是由他们拥有的。经济危机的一个作用就是让政策制定者重新对一度被认为太激进的政策方案产生兴趣，比如类似《美国社区再投资法》（the U. S. Community Reinvestmen Act）的法案，要求银行公布他们将钱借到哪里，并要求银行为所有的社区服务[24]，建立新的公有银行来投资房产业、基础设施建设或创新事业；或者利用托宾税给一些非常短期的资本活动降温。

这个故事另一个引人入胜的地方就是托拉斯和慈善机构手中资本的增长，现在它们面临着进退两难的处境，即是动用其庞大的资产来提供年度分红还是反映其自身的价值。比尔·盖茨恰好处在这进退两难境地的极端，因为评论家指出，他的基金会有大量资产经常投资于那些该基金会本准备利用自己的收入来反对的领域。

最基本的原则最有效。更为明确的责任制和更加透明的原则促使主要决策者有责任沿着投资链做出决策，良好的激励政策促使基金和投资者有福同享、有难同当，暗示着不承担风险就没有风险利息，没有相应的惩罚措施就没有激励机制（投资组织中很大部分都努力向投资方证明可以获取利润但不必承担风险）。一些简简单单的原则就可以帮助改变市场行为，比如任何决策都要公开的情况下，要求股票持有期至少为五年。从宏观层面上来讲，更进一步的多样性使得系统更具有韧性，因此伴随着私有企业的上市，会有更多的按照完全不同的原则组织起来的互助和合作的金融机构。P2P借贷、大众集资以及其他一些方式（如CrowdCube、Kickstarter 或 Zopa）把有钱的人和一些需要钱的人联系在一起，事实表明，与传统银行相比，它们更加高效、更具针对性。[25]

这里的例子表明了未来主流的金融市场可能会呈现怎样的状态。挪威政府养老基金遵循伦理原则，反对"可能有助于忽视不道德行为"的投资，比如"违反基本的人道主义原则、严重践踏人权、严重腐败或者造成环境严重破坏"等不道德行为。世界上有很多注重道德的银行，包括英国的 Triodos 银行和合作银行（Co-operative Bank）、美国的 RSF 社会金融组织、德国的 GLS 银行、瑞典的替代者银行（Alternative Bank）、意大利的 Banco Popolare Etica 组织以及加拿大的市民银行（Citizen Bank）其中一些银行遵循非常激进的原则。[26]印度正在酝酿通过立法来促使所有的公司将其 2% 的利润投资于社区活动，这其中有一丝威胁的意味，任何做不到这一点的公司可能会被视作不遵守政府法规。

为了规范投资者，很多数字和措施正处于修正阶段。有些典型的例子处于早期发展阶段，比如由《全球最有影响力投资倡议》（GIIN）所指定的各种各样的措施，这些例子仍处于相对边缘化的状态，但规模和力量正在扩大，每一个价值观的表达都转化为价值。

类似的转变也可能发生在公共资本方面。主导有关公共债务的数据，往好了说，是容易误导人的；往严重了说，它们鼓励缩减投资而不是关于经常性支出的错误决定。我们需要政府能够辨别支出和投资的区别（对此问题的解读应该超出物质形态的狭窄范畴），用于弥补经常性支出的债务和用于资助投资的债务不可等同而视，因为后者从长期来看将会提高国内生产总值和税收收入，政府既需要考虑到市场也要着眼于未来。

一个可以辅助新调整的更为激进的选择是对如何组织资本进行一次全面的转变。为了建立金融行业的通用语言，很多具有吸引力的尝试正在积极开展，例如在行业内使用对组织机构、产品和风险格局的通用分类标准。这些尝试可以保证在零售业和网络等行业内获得类似于通用标准的收益，降低进入市场的壁垒，提高效率。更为彻底的方案建议政府负起更大的责任，政府既已承担资本担保者的职责，也已经成为银行的担保者，但它们还可以做得更多，为支付和简单的金融交易提供基本保障。每个公民都有一个与政府有关的个人金融账户用于交税、交罚款或领取奖金等。有这样一个现成的基础设施，用它进行支付将变得非常便捷，也可以用它直接向公民提供贷款，以一生的收入作为担保，此举有可能为福利事业开创全新的选择。政府出于税收的目的已经在监控公民的收入，大多数政府也已经在管理每个公民的个人标识符。除去平行官僚机构对银行和其他机构的需求，以及免除那些对客户价值不大的繁琐流程后，就可以节约大量的资金。金融服务所收取的费用也会大大降低。

丹麦提供了个人账户。印度的通用标识符项目可能会成为先锋，该项目旨在为每个公民提供一个安全的标识符，并且假以时日，该项目可能会成为涵盖保险支付、微型企业贷款以及养老金的，作为21世纪福利国家标志的中坚力量。

金融中介可能会更加高效，但同样重要的是，金融机构将被迫挤入真正的生产活动中寻求利益，而不是从相对被动和简单的按揭贷款和银行账户的交易中牟取过多的利息收入。很少有政府有足够的信心来畅想这类解决方案，因为这需要在智力上和政治上同时把控金融行业。但是货币系统从许多方面来看都是公益性的，而政府已经成为银行系统的担保者，它们应该争相去创造价值而不是从中榨取价值。

11.3 向可持续合作的消费转变，抵制浪费

第三个需要寻求改变的地方是围绕着消费展开的，包括消费的监管、治理以及文化。对于创新和创造性领域来说，消费与生产一样，也是至关重要的。亚当·斯密曾写道：消费是"所有生产最终和唯一的目的"。[27]但是如果商品消费转变为只是若干经济应用中的一种，可能长远看来甚至不是主导的，那会如何呢？毕竟，消费在过去是备受争议、矛盾不断的。萨弗纳罗（Savonarola）的"虚无的篝火"论调就是对消费的弊端的一种过激反应，他的追随者还因此焚烧了一些诋毁虔诚和信仰的画作和昂贵的长袍。1834年英国第一个互助社商店在罗奇代尔开业的时候，任何新奇的玩意儿都被禁止摆在窗户上，因为担心这会诱惑买不起的人购买，很多过去的社会都尽力限制他们所认为的错误的消费行为。

第 11 章
新的调整——社会是如何（偶尔）跳跃的

在一些高负债国家（包括美国、英国在内），艰难的经济现状可能导致人们减少消费、增加储蓄。紧随而至的是以运行不可持续的债务水平为代价的、依靠信贷维持生产的增长模式。但必要性可以与优点和选择相结合。全世界范围内的存款利率已经上调，很多限制随心所欲的大众消费的运动如火如荼地开展，如慢食自愿节约以及很多抑制肥胖率上升的措施，所有这些都表明消费主义更多地是被当作一个偶尔危害人类福利的无赖，而不是一种无害的福利。巴西圣保罗市市长吉尔伯托·卡萨布（Gilberto Kassab）在 2006 年撤掉了所有的广告牌，左右翼的一些政客，例如英国的大卫·卡梅隆（David Cameron）提出，要警惕"有毒的资本主义"腐蚀青少年的思想，要将公司推销玩具和不健康食品的行为视为一种掠夺性行为。

新问题总是层出不穷，其中一个是不确定选择是否都是有益的。能够选择供货商，对消费者来说通常都是好的，我们总是将选择与自由挂钩，但是太多的选择会导致失灵，在复杂的领域中，比如选择一种养老基金或一款手机，选择既是在给予权力也是在剥夺权力（一项研究表明，要想弄懂手机客服的各种不同的选择可能需要研究很多年）。心理研究暗示，在一些市场中，人们应该能够决定选择的数量，如果喜欢的话，人们也可以自由组合更为复杂的个人选项。

另一个正在重提的话题是有关充分性的问题：多少才算是足够的？21 世纪的增长模式暗示着持续增长的消费。但是任何东西拥有过多都会失效，这也是为什么所有富有的社会反而会造就出很多提倡节俭美学以及节俭主义的运动。[28]合作消费平台提供调整消费的方式，可以在生活标准得以保障的前提下减少支出，也减轻了对环境的破坏。一个很好的例子就是家用电钻，通常电钻的整个寿命中仅仅会被人们使用 10～20 分钟，通过借用或租用网站就可以很轻易地与别人分享。汽车也是很好的例子，一周只用很少的时间，那么为什么不利用网络，让人们可以租用和出租他们的汽车呢？就像 Lifeshare 和 Buzzcar 等公司正在开展的业务那样，出租床位和早餐房间，或邀请陌生人来家中借宿一晚。[29]

许多关于消费的争论都停留在日常生活和文化的层面，但是现在也扩展到了公共政策的层面。为了减少浪费的包装，以达到更高比例的循环，税收和监管机构也因此有所调整。改变消费态度最为有力的一个潜力杠杆就是给予每个公民一个个人碳账户，根据生物圈可以承受的人口数量来授权人们可排放碳的量。这些措施可能要在开始时较为宽容（否则在政治上也是行不通的）。但是假以时日，人们可能会控制过度的空中旅行和高碳的生活方式，至少会引导人们注意一些之前没在意的消费影响。

从产品和传统服务经济到以维护和保养为基础的关系经济的平衡转变受到多重影响：来自消费者和公众意见的影响，来自监管者的影响（比如降低食物中盐和糖的含量），来自立法者的影响（比如规范保养的权利）。展望未来，一些压力是自上而下的，比如鼓励食用维生素含量高的食品，提高孩子的饮食质量。另外一些压力依然是自下而上的，因为一些消费者团结起来坚持自己的观点，有些情况下也扮演了主人的角色（在市场边缘，有一股俱乐部亚文化日渐兴盛，旨在集合消费者来收购生产商）。团购已经成为一个巨大的（即使不算完美的）商业上的成功，允许消费者自我汇聚购买力。其他的例子还包括英国的艾贝斯费特联队和以色列的夏普尔队，球迷一起来到网站上购买自己的球队（甚至建议由哪个队员上场），其他由球迷拥有的俱乐部像毕尔巴鄂竞技队和巴塞罗那队也是类似的，后者是世界上第二富有的俱乐部。这些合作的新平台还衍生出了与公民行为或生产类似的作用，比如中国的"发烧友"网络，在这个网络社区里人们可以讨论从矿山监管到农民工进城等诸多问题，韩国的 Ohmynews 则为数万平民记者提供了在网上发布消息的平台，鼓励读者也可以成为作者。

政府鼓励互助形式的商业组织是有原因的：它们可以更有韧性，可以敦促消费者更有责任感。例如，一个被买卖双方共同拥有的能源公司可能能够更容易地推行减少能源使用的决策，就像一个被供需双方共同拥有的医疗保健公司不太可能面临销售商品和服务的利益与病人的利益之间的冲突一样。这样的冲突甚至会变得更加明显，因为全球范围的社会运动已经从关注产品内的有毒物质转为关注它们有害的推销方式。保护消费者免受伤害现在也意味着保护孩子，有时也是保护大人，不受到有害的或者令人倍感压力的图片或信息的影响。互联网已经成为一个主要的战场，它展示的内容中包含大量的色情、暴力这类会腐蚀年幼无知的孩子的思想的东西。

企业需要渠道来传递新讯息，以便向公众宣传它们的新产品和服务，它们用有损于观众和读者的方法来宣传却努力证明它们的行为是合理的，而这些读者和观众中的绝大多数并不会购买这种产品。但是，尽管任何人的言论自由都是神圣不可侵犯的，把信息强加给他人，而且还将未选择其商品的人心理打乱却不是合理的权利。

商品消费在哪里都不会停歇，这些东西的魅力和吸引力也不可能衰减。但是消费与保持之间的平衡都注定会由于人们对消费态度的改变而被打破。

11.4 推动循环性生产并发展保持型经济

商品销售方式的转变需要和生产领域更为彻底的转变相匹配。这虽然有些违背常理，但是生产上更加严格的规则和限制可能会加速创造性和生产力的进步。

资本主义正在避免使用会不慎损害自然的方式进行生产，但仍处于试验阶段。这些改变主要是为了应对来自法律和相关条例的压力，尽管也有些公司已经率先承认最终可以从循环经济中获利更多。

在经典的生产模式中，先要输入物质、劳动力和能源，再生产出一种物质产品，直到被丢弃之后埋入地下。数量惊人的废弃物是在生产过程中产生的，是生产成品重量的好几倍。

另一种解决办法就是采用更加封闭的环形的生产模式。在这种模式中，一旦一台电视机或者一辆汽车达到它的使用寿命，它的零部件就被收集起来再次循环使用。从循环经济的先锋倡导"系数四"（意即产品的能源和物质使用效率将提高四倍）首次提出已有将近二十年过去了，尽管废弃物的排放量并没有减少，但循环经济和清洁能源已经变得耳熟能详，也出现了很多条例要求企业做出不同的举措。可再生能源、混合动力汽车、节能灯和节能建筑物、生化电池以及绿色塑料方面的专利层出不穷，数量是一般专利的 2~3 倍。

这些新的生产模式的转变是很多因素共同作用的结果，有来自税收和法律的压力，有企业自身创新需求，也有来自消费者的压力。有很多例子可以证明更严苛的建筑法规加速了低碳设计方面的创新，更为苛刻的规定促使汽车生产厂商提高发动机性能，更高的安全标准改善了系统设计。监管工具——比如为节约能源推行的上网电价措施——可以创造新的行业，而且没有与支持某项技术相关的风险。[30] 原则上来说，长期的确定性应该会大大有利于对新基础设施的投资。

在企业内部，新的组织模式正在拓展，提出了针对更加封闭、高效的生产模式的激励措施。能源服务公司、化学服务公司、设计、建筑、金融和运营公司都在以不同的方式对一种服务的生命周期承担起自己的责任，鼓励减少每单位产出所需的投入。公共基金可以投资于基础研究（比如将纳米技术应用到与环境有关的目标中）或作为奖金使用。例如美国能源部先进能源研究计划署（ARPA-E）为可再生能源提供奖金资助，通用电气也为更为智能的电网设立了 2 亿元的奖金。[31]

原则上说，这些举措应该有助于实现"去耦"的目标，因此经济可以在没有进一步恶化环境的前提下持续增长。但实践证明，去耦更加难以实现，部分原因是存在反弹效应，因为效率上的每一次提高都促使消费者消费更多的东西。类似地，由物质世界转向虚拟世界的活动应该会减少对环境的影响（服务器和数据中心的耗电量已经占到全球电力消费总量的 1％，而且预计该比例将继续上升）。

资助新想法和新技术可能是一件容易的事情，但更难的是迫使一些已经将资金大量投入到传统的、碳密集型的技术的既成系统做出改变。更为成功的系统性变动通常需要各种不同组织的密切合作，甚至连纸的循环利用这样简单的事情也要依赖很多精细的相互支持的因素，包括政府颁布的条例和规定，收集废纸并将废纸和其他废弃物分开的新设备，公众新的日常习惯，回收废纸的企业，以及鼓励使用再生纸而不是其替代品的税收制度。

其他例子（比如电动汽车的使用）要复杂得多，需要不同城市之间的基础设施共同建设，以便人们能够快速方便地给汽车充电。又比如，需要新的组织模式使人们可以租车行驶20分钟或一个小时，制造商需要生产足够的车辆而且成本要低，需要多样的税收和牌照管理系统，可能还有对电动汽车而不是汽油驱动汽车给予优惠的停车条件。

我们已经了解了下一代基础设施建设的一些特点，如建设在路边的设施、铁路以及带有上个世纪标志的电网。它们可能分布更广泛、更智能、相互联系更加密切。智能能源网络应该既能够从家中和车里获取能源，也可以自己提供能源，比如通过地暖或者太阳能以及高容量的通信路由的晶格网络来供应能源。它们既可以支持也可以依赖"物联网"，传感器链接和城市内部及附近的数据构成的网络。但是智能电网也需要面对这个挑战，克服旧有模式堆积的效率，它们也经常需要政治协议及政府投资，如关于优先权、价格及公平准入的协议。

至于世界上哪些地区会最先接受循环经济依然不明朗。关于循环利用的言论在亚洲要比在西方传播得更为迅速，亚洲目前占据全球手机销售量的40%，汽车销售量的35%。亚洲社会将有可能以快于西方当时的速度从商品的热情中走出并进入相反的方向。上一个世代，日本在能源利用效率方面领先世界，也发明了很多最先进的专利。但是在亚洲其他地区，经济增长的必然要素可能不利于新政策的推出。即使是在世界其他地区，一般也没有政府乐意重置价格以奖励节约行为。经济学家普遍认为税收应该更多的倚重材料、能源和土地而不是收入或利益。但是要改变整个经济平衡的政治是很难的，因为最需要改变其行为的那些行业拥有最多的资源和联系密切的关系网来反对改革。

11.5 娱乐也是生活的一部分

下一个需要寻求新的调整的地方就是工作领域，最重要的任务就是拓宽工作渠道，提高工作质量并确保降低工作合同的掠夺性。

工作经历种类繁多，在薪资、成就感和权力方面差异巨大。对于很多人来说，工作依然是不稳定的、没有成就感的，也经常是不公平的，但工作依然是人们得到认可及身份象征的一个主要来源。出于心理和经济的原因，失业对于人们幸福感的破坏要远大于薪酬长期不变。行动不积极，能力没有受到认可，很少是健康的表现。加拿大统计局收集的关于幸福的测试鲜明地体现了工作的重要性。通过观察65岁以上的人所参加的活动，他们发现，这些老年人最喜欢的是带薪工作，而不是和朋友待在一起、到餐厅吃饭或者看电影。休闲增多而工作减少并不是人们之前所认为的乌托邦式的生活。英国最近的关于幸福的数据也证明了这一观点。那些每周工作超过46小时的人和每周工作31~45小时的人的生活满意度基本相同。

很多社会以接受福利优惠为条件，已经强加了很多工作的义务，它的推论就是：进一步迫使政府不得不给予工作更多的保证，尤其是当总需求依然疲软时。简单的规定可能会产生巨大的效应，比如在德国经济衰退期间企业之间业务共享的法律规定，一些税收和监管安排可以使企业更容易留住员工。又比如，在经济衰退时期投资创新（就像2008年之后发生在韩国的情况），这些措施当然更倾向于那些大型的由政府运营的工作项目。之后本章提到的一些平行货币也可以帮助人们保持有利地位。

工作的重要性和有效性可能会成为未来调整的一个主题，跟之前提到主题一样重要。我们或许可以看到一些现行政策的延伸，比如要求一些比较大型的企业雇佣一定比例的残障人士（或者付钱供其他人雇佣残障人士）。创新也起了一定的作用，提供了连接劳动力的需求和供应的新平台（比如英国的Slivers of Time，美国的Kickstarter或TaskRabbit，两国都降低了劳动力市场的摩擦）[32]，新型的帮助失业者再岗培训的成年实习和学徒计划的中转站，或者通过微型企业彻底简化创造就业机会的措施。[33]

几十年来，国家政策一直注重使就业者和雇佣者所需人员之间更加匹配，但是如果人们的技能不够娴熟，工作机会的质量低劣，匹配得再好也是不起作用的。相反，我们需要更多地关注工作本身的性质，更多的工作需要与更好的工作相协调。现代资本主义不断地进行大胆的尝试，改变工作合同的条款。非常富有的公司，如谷歌，会给予员工时间

（每周一天）来开发项目。Whole Foods 公司实行公开账簿的政策，意味着每个人都可以知道别人的工资（这和许多社会科学家的论断相悖，他们认为把每个人的工资公之于众最易导致员工不满）。该公司也尝试缩减上下级之间的距离，由团队决定雇佣事宜。在巴西，里卡多·塞姆勒（Ricardo Semler）因其公司内部职员可以集体商定他们自己的酬劳而名声大噪。Gore Associates 公司，一种先进材料的制造商，因其保持所有工厂的雇佣员工人数不超过 150 人以保证最少量的工作头衔和等级关系并集体商议薪资的行为而闻名。合资企业［比如西班牙的蒙德拉贡集团（Mondragon），已有十万名员工并以每十年翻一番的速度增长］和员工所有的企业［如英国的约翰-路易斯（John Lewis）］，都发展迅速。在其他行业也有这样一个流行已久的趋势，越来越多的人希望工作既是一种方式也是一种目的，既是用来满足消费的收入来源也是成就感的来源。带有员工所有性质的企业的比例正在缓慢但稳步地增长，因为有证据表明按市场价值观来说，享有企业所有权的员工会表现得更好。

　　工作的所有权带来了压力，其中包括储蓄过多地与工作场所绑定在一起是否健康的问题。工作场所内民主的程度也是备受压力的，是少数代表的还是所有人都参与的？不同群体（消费者与家庭）之间的利益冲突应该如何平衡？一种建立在无休止的追求高生产效率上的经济要求所有企业都进行周期性的裁员，这在民主环境下注定是非常困难的事情。但是目前确实需要制定新的规定来管理雇佣合同，在灵活性和人们渴望工作更有意义的需求之间寻求更好的平衡。当工作机会很多的时候，人们获得更多的话语权，尽管就业情况艰难的时候，话语权的发展可能会退步，但不会退得太远。进两步退一步的民主进程是意料之中的，因为希望雇员在进入等级分明的企业后放弃他们的自由和发言权看起来似乎更加不合理。工作占用了我们太多清醒的时间且成为许多人身份的核心部分，因而不可能仅仅是获得消费的一种方式。

　　这件事最吸引人的一点就是工作越是趋近一种最终目的而不只是方式，就越接近于娱乐。资本主义最大的文化冲突就是它既鼓励人们在工作的时候要有责任感、要谨慎，又希望人们在消费的时候追求享乐主义。很多创造性的行业提倡工作应该充满乐趣，奇怪的是，最好的消费者通常也喜欢工作，这种工作是包含努力、技巧和挑战的嗜好和追求。

这个明显的矛盾或许可以通过促使娱乐更加普遍来解决，这是理论学者如帕特·凯恩（Pat Kane）在他所著的《娱乐伦理》（*The Play Ethic*）中提出的很引人注目的观点。很多有关计算机、设计还有消费服务的公司都努力把娱乐既当成一种方式也当成一种目的，一种促使企业更加有利可图的方式以及让消费者乐意支付的目的。我们现在知道，对于孩子来说，娱乐是学习的重要组成部分，合作性的游戏会教授从信心和沟通到逻辑与策略的很多东西。宾夕法尼亚大学娱乐教学主任布莱恩·萨特-史密斯（Brian Sutton-Smith）的一句话说得好，"娱乐的对立面不是工作，是绝望。娱乐是积极活动，是有意志力的、欢乐的、有责任感的，好像一个人对自己的未来非常坚定"。[34]

当然，娱乐也是消费的对立面，娱乐必须是积极的、有所约束的。娱乐通常不消费物品，它是可再生的。它让我们回归生活，这当然也是为什么富有想象力的老人总是如此注重娱乐。年老时越是玩乐得多，就越可以通过大脑保健操、思维游戏以及类似高尔夫的运动重新活出自我。越来越多的证据表明，适当类型的娱乐活动可以预防痴呆。

那些颂扬娱乐活动的社会不太可能自毁。内心明亮、举止谦卑就不会傲慢。对娱乐活动的认真关注部分地促进了大量同娱乐相关的产业的兴起。一些社会颂扬暴力、赛车和战争，另一些则颂扬创造一个城市或者社会的动态学。计算机游戏分析师瑟巴斯琛·德特丁（Sebastian Deterding）认为，一个好的游戏体验的测试会考虑"意义、主导性以及独立性"，指出社会游戏［比如边境威乐（FrontierVille）、黑手党战争（Mafia Wars）以及百万之城（Millionaire·City）］的重要性，他们也创造了很多新型经济。第二人生（Second Life）率先提出了一些网上财产支付方式的新型经济，其他游戏也在微支付和虚拟产权销售方面取得了进一步的发展。

在社会调整的背景下提及娱乐似乎有些奇怪，但是他们之间有很重要的联系。娱乐依赖于安全性，我们在游戏中竞争，但我们不是为了生产在竞争。游戏教会了人们独立与合作，就像一份好的工作，娱乐使我们的生活更加富有活力。

11.6 重塑教育、医疗及福利体系

在一个典型的发达国家经济中,医疗保健、教育和福利总共占到国内生产总值的1/4～1/3,它们依然保留着最初成为物质工业经济重要组成部分时的印记。在这里,我的建议是:每一部分彻底变革可能可以更好地支持积极的而不是被动的参与,对生存价值中的关系给予更多的关注。

现存福利系统中最受争议的一点就是,它们以满足人们的需求为名,却有可能抑制人们去制造、创造的动力,使人们陷入无能为力、依赖他人的境地。这一争议和社会学家阿隆·安东诺维斯基(Aaron Antonovsky)四十年前的研究中最先提出的想法不谋而合,他在研究中指出,在集中营生存下来的以色列女性锻炼了不同寻常的韧性,保证她们比同龄人更健康。他认为集中营的压力强化了她们保持身体健康、抵抗疾病的能力。他之后提出的有益健康的原则将人们的注意力从关注疾病的起因转移到关注健康的起因,从将压力视为困难的缘由转移到将其视为成长的动力上来。[35]他认为有"一致感"——一种关于你在世界中的位置的有意义的描述——对人的生理和心理健康都很有价值,经常让人感觉到自己是有用的人。

有益原则不仅应用于医疗体系,它的含义要广泛得多。它为建立福利国家指明了道路,认为福利国家的建设和增强优点有关也和弥补弱点相联系,会帮助人们创造对自己、对生活有用的阐释。短期来看,福利国家建设可能因政府缩减开支而受到打击,但从长期来看,福利国家建设可能进一步发展,更好地支持有活力、有创造力的生命,在最大的意义上鼓励健康,而不仅仅是使人们免于危险的迫害。

11.6.1 有关合作和创造性的教育

工业经济依靠的是职业技能,比如怎样用机床或电脑工作,或者怎样运用诸如法律、会计以及医学知识。对任何教育系统的评测都是判断

它是否可以帮助人们为工作做好充分的准备，研究者也积极地分析小学、中学和大专教育和经济增长之间的因果关系。受教育被视为一种资本，至少大学教育是这样，年轻人受到鼓励，认为接受教育是一种先消费后收益的投资。

构成现代教育系统的技能的种类以一种微妙的发展方式来满足复杂经济的需求，技能的分类在知识产权法、法庭会计、海洋生物学以及神经科学等领域更趋于专业化。但是随着以与人共事而非与物品共事为基础的经济的发展，人们有必要改变对技能的认识。与知识和专业能力同样重要的是与其他人一起工作的能力：同情、理解、劝服他人或者与他人合作。工业经济之前教育体系的一个主要关注点就是性格，由于部分研究指出自我控制是未来成功的关键，因此性格再一次受到关注。[36]自我约束最终成为家庭影响和学校教育所提供的最有价值的礼物，然而对于未来成年人的幸福而言，忧患意识、实用技能、性格和能力的培养都很重要。诺贝尔奖获得者、经济学家詹姆斯·赫克曼（James Heckman）的作品证明，很多未受到认知的技能促成了工作和生活中的成功。最好的学校教育除了关注数学和物理能力之外还关注这些，很多领导精英项目也是如此。但是工业时期的教育体系却倾向于把这些技能边缘化，不予测量或分析。

传统资本主义经济的理想教育体系鼓励孩子之间的竞争，并培养他们借助物品开展工作所需的技能，或许后资本主义经济将会同样重视合作和与人共事的能力。我们生来就会合作，就像我们生来就会（至少大部分人生来就会）唱歌和跑步一样。但是同样和唱歌、跑步一样，我们的本能也需要进一步培养和训练才可以使我们成为好的合作者。关于合作的教学将会把课程更多的调整到孩子们一起工作、一起解决问题和制作东西的项目上。让青少年一起耕种一定面积的土地、一起养鱼、修车或者给电脑游戏进行编码可以一次教授很多东西：数学、文学、科学以及人际交往的技巧。关于这方面的技能，相对于教室里的师生关系，学徒关系是一种更好的学习模式（令人惊奇的是，美国诺贝尔奖获得者中有一半是其他诺贝尔奖得主的研究生、博士后或者年轻的同事）。[37]英国的工作室学校就是这种方法的代表，大部分课程都是通过实践项目来学习的，在更为有限的基础上，美国的公民学校也是这样做的，利用的是志愿者教师的课余时间。这种教学很多都是不得不面对面教学的。技术也可以应用到这方面，因特网经常促进消极的个人主义甚至有时是自恋狂的发展，但是在最好的情况下，社交网络（比如在多用户游戏中）可以鼓励人们一起合作，有些人预测，不久学校就会系统地测量小学生通过网络与同伴的合作情况如何。有些技能是可以测量的，包括共同合作解决问题的能力，未来这些技能可能会被测量并在不同国家之间进行比较，共同解决问题的分数会和我们更熟悉的数学和科学成绩一起排名。

11.6.2　福利

同样需要考虑的还有福利。上次在20世纪30年代和40年代进行的巨大调整中，最重要的任务就是满足人们的物质需求。住房、医疗、失业补贴以及老年人的补贴是最重要的，这些是资本主义经济向人们提出的最大挑战。在经历了经济大萧条和之后的战争创伤后，安全性是最为重要的。政策制定者可能假定，许多物质上贫穷的人们居住在关系密切的家庭和社区中，在艰难的时候可以得到精神上和实际上的支持。国家的任务就是确保人民免受物质匮乏的威胁，而社会的任务就是满足人们的心理上或者社会心理上的需求。支撑福利国家的相关性基于人们对危险的共同理解，对多数人来说，严峻的挑战就是失业、生病住院或者年老时没有足够的存款。

六十多年过去了，情形已大不相同。有些人依然无家可归，经典的贫穷问题依然没有消失。如果我们失业或生病了，会比以前更加依赖国家来保护我们。但是在更为富有的国家几乎没有人穷到挨饿的地步，也没有人是真正没有地方可以睡觉的。数十年经济的发展所创造的社会，按过去的标准来说，物质上非常富足。事实上，这既和过度消费有关也和消费不足有关（无论是肥胖、吸烟、酗酒还是赌博问题）。

但就是在这个时期，社会满足人们心理和社会心理需求的能力似乎有所退化，帮助人们处理挫折的宗教和家庭缓冲区好像受到了侵害。个人主义的兴起以及更过度的精英社会的发展鼓励人们为了自己要更有野心，但也使得人们更无力承受失败，如果事情出了错，他们更可能会责怪自己而不是命运。

相关性的新基础是我们因共同经历一系列新风险而团结在一起，寂寞和被孤立的危险、心理疾病的危险和落后的危险可能正缓慢进入人们的视野。这些危险尚未反映在政治调整方案或政策中，而且从本质上说，通过公开条款的标准工具来解决会更加困难。它们不太依赖专业规定和服务，却对寻找方法来获得朋友、邻居或者专业人士的支持更为依赖。

在美国，从 1985 到 2004 年的 20 年间，表示没有可以诉说重要事情的对象的人口所占比例从 10％上升到了 25％。[38]寂寞和孤独的现象是地方性的，逐渐地不再被看作只是跟运气有关的事，而是与高血压或吸烟相比对健康有更重要影响的事情。现代生物学和社会科学已经证明了人是社会动物，我们的幸福、自尊、价值、甚至生活都要依靠别人。资本主义和社会之间没有内在的矛盾，但它们之间的联系也不是自动生成的，这些联系是需要培养并奖励的。[39]

11.6.3 韧性

如果说经济政策尝试为创新和变革嵌入一种能力，那么福利政策就需要关注人们应对变化的能力，倡导"有益原则"的机构和环境。一句日本谚语将韧性描述为"跌倒七次，第八次站起来"的能力，它也是各式各样的行业（诸如水供应管理、社区发展、反恐主义）的一个主要目标。经济学已经不把最优化作为理性的目标，因为最优化可能会在某时某刻导致一个组织或者系统来不及为情况的突变做好准备。现在的问题变成了如何增强企业、个人和社会团体的韧性，怎样帮助他们更好地应对未来不可知的冲击。

韧性已经成为研究的一个更为普通的对象，部分地是基于对人以及社会团体在应对威胁的能力方面所表现出来的巨大差异的实证观察。最早对韧性进行实证测量的尝试是通过观察一百年前欧内斯特·沙克尔顿（Ernest Shackleton）和他的队员在南极所表现出的韧性、正义和勇敢所实施的测量。[40]最近，一些著述已经出现，主要是关于生态系统的，它们的实际目的是倡导提高预测、减轻及处理威胁的能力。一部关于个人韧性的类似著作也已经出现。[41]

调查显示,韧性依赖[42]个人的能力、资产以及信心,依赖人际关系,当出现问题的时候可以有寻求帮助的对象,还依赖结构性条件,比如经济体是否创造了城市的工作机会。[43]韧性不只是个人的品质,也是社会的性质,它比银行里存储的资金更像是时刻需要锻炼的肌肉。

对于社会团体及个人来说,创伤会毁坏人的能力,但许多人会迅速恢复。失去配偶或者离婚会对心理健康造成严重的伤害,尽管难过,但通常一两年过后,人又会像以前一样健康快乐。有些人因为自身的经历得到"锻炼",因为逆境使人变得更强大(这也是为什么保护孩子不受伤害反而会起到相反的作用)。[44]但是也有人因此而崩溃。

一次社会调整如何会与韧性有所关联呢?我认为,我们所期待的政府和社会团体不仅要满足人们的需求,也要帮助人们获得迅速恢复韧性的能力,让人们对自己和周围的人负起责任。这可能意味着实施新的教学方法(许多项目成功地给年幼的孩子带去了心理健康,并使他们获得了心理恢复能力,美国的军队也引入了一整套这样的项目),韧性对于医保也有意义(比如帮助心脏病患者学会如何控制自己的思想和情绪,有证据显示,这对于身体恢复可能和临床治疗一样重要)。[45]

福利国家通常把人民视为一大堆需求和问题,需要整齐地分组归类然后予以解决。我们需要的是能够满足人民提出的更多要求的机构,能够让它们感受到自己是有用的,能够让它们看到自身的可能性而不是局限性。

细节是最重要的。遭遇逆境后迅速恢复的能力并不总是健康的。有些人应对冲击是为了让自己变得强硬起来,加强通过加厚脸皮来获得所谓的生存韧性。[46]太过专注于消除危险有可能也是有害的,过度的恐惧,就像过度神经质或者承担太多不是自己赢来的自尊,都是无用的。[47]一些看起来有助于支持韧性的行为可能会起到相反的作用,比如过早地给青少年太多的责任,或者对吸毒的儿童提供特殊帮助,通过给他们贴标签,可能会加强他们是异类的感觉。[48]纵观所有领域,我们的注意力不能只局限于静态的权利或条例规定,也要注意动态的适应能力：咬紧牙关，自我恢复，在逆境中提高自己的韧性恢复能力。

11.6.4 提升护理水平

20世纪，护理的从家庭和家人那里转移到了公共领域，因为它成为福利国家、医疗保健系统以及养老院的责任。在快速老龄化的21世纪，护理行业正快速发展为创造国内生产总值的一部分。在市场经济中这些新的要求可以由政府完成，也可以通过朋友和家人的日常帮助来满足。

但是，在许多国家中正规的护理是由社会地位低、收入水平不高、以女性为主的劳动力提供的，家庭内部的非正规护理由于父母不得不出去工作的现状而受到限制。越来越多的职场人员（尤其是女性）不得不同时照顾年幼的孩子和日渐衰老的父母，许多迹象表明，工作和家庭要努力地区分开来。

目前大量的证据表明，家庭在对未来劳动力技能和态度培养上起着巨大的作用。资本主义同家庭保持着比我们了解的还要紧密的关系：家族企业占世界国内生产总值总量的60%。[49]许多就业增长潜力最大的领域都是与家庭有关的，例如医疗保健和护理、儿童服务以及上门维修行业。但是目前，无论采取有偿服务还是家庭内的无偿服务的形式，护理的价值都被低估了。智能手机和邮件的普及使得工作可以渗透到家庭和休闲时间中来，但是家庭却大都被限制在工作区域之外。

经历了几十年，有关权利和灵活性的新型结构正在慢慢形成——从带薪休假和育儿假的权利到护理期间工时减少的权利——将工作从家庭的对立面转为工作更像是家庭的伙伴这样的关系。但是一旦涉及护理，生存价值和货币价值之间的鸿沟就变大了，而且可能进一步变大。最坏的情况下，过多的护理可能是掠夺性的，很多机构中都有对儿童和手无缚鸡之力的老人的慢性虐待的行为。但是即使是日常的善意护理，在其他似乎不适合的机构中也是不恰当的。

接下来的问题包括支付价格和水平以及对无偿工作的税收处理或批

准，包括非常复杂的、设计公平的方法来处理以往生活中难以计算的任务——需要汇聚多大的风险？富有的人需要支付多少？配偶或者孩子的支付标准应该设为多少？任何新的调整都需要面临这些问题，答案可能是有偿工作与志愿工作组成的混合型礼物经济。[50]最终结果几乎可以肯定是国内生产总值中有一大部分投入到护理中，但依然不明了的是这个领域将如何组织，社会应如何摆脱经常缠绕着护理工作的不安和内疚感。

11.7 围绕金钱的多种交易体系

这话题将引领我们对不同种类的价值是如何交换的这个问题进行更广泛的探讨。劳动力市场是基于时间的市场，它买卖的是时间，每周44小时，48小时或者单班倒，但它又不仅仅是时间的交换体系。平行通货总是和真正的货币并存，当真正的市场萎缩时平行通货总是不断地出现，所以人们可以交换时间来打扫、缝补或做饭。网络中有第二人生的资金和多用户游戏的积分。我已经提到过一些现存的通货，比如德国的Talent、意大利的Misthos、墨西哥的Tlaloc、阿根廷的creditos以及美国的Ithaca HOURS。纽约的布鲁克林有一个名为"成员对成员"的老年项目，老年人可以在"时间美元账户"存入25%的保险金。类似地，法国有SEL体系，意大利有Banca del Tempo。

这些双胞胎经济存在于一些最为繁荣的资本主义经济中。[51]据估计，全世界有2 500种地方性通货在流通，有些是和现行的货币挂钩的，有些是以物易物体系，也有的把自己的时间当作现金。其中最大的机制是日本的医保货币体制（Fureai Kippu），20世纪90年代中期，由于当时国家收入无法充分照顾到逐步老龄化人口的事实日渐明显，Sawayaka福利基金会创造了这种体制。帮助老年人购物或者做家务的工作能够挣得积分，但标准也是多样化的：朝九晚五工作之外的时间每个小时挣得一个半小时的积分，从事身体护理的一个小时挣得两个小时积分。时间积分既可以自己用，也可以赠给朋友或者亲戚。日本目前约有 300 种社团货币正在流通，很多使用智能卡，专注于提供护理服务。这个机制非常明显的特点就是参与者更喜欢以时间积分而不是真实货币的方式来支付他们的服务。事实上绝大部分这类通货都有一个共同点，那就是它们既创造了意义也创造了价值，也有一个公开的目标，那就是加强人们之间的承诺。

一个与之不同的例子就是法国南特市引入自己的虚拟货币的措施（该市市长新当选为 2012 年法国的总理），当地的业务是可以用被称为"Nanto"的货币单位进行买卖的，此举的目的就是当以欧元为基础的货币经济因受到紧张的货币政策影响而出现困难时可以刺激贸易的发展。还有很多其他的例子，就像第二次世界大战时期香烟成为俘虏营中的货币一样，在非洲手机通话费也是相互交易或市场交易的一种货币，人们通过手机应用"移动钱包"（M-PESA）或者 Me2U 服务可以相互之间发送一定时间的手机预付费，或者使用手机预付费来进行人际交易或在市场上购买商品。一个非常不同的例子就是比特币，它是建立于本质受限的数字串的数学性质并以网络为基础的货币。[52] 这些交易平台的重要意义就是它们在暗示除了金钱经济之外还有另外一种不同类型的经济，而且有时候还会覆盖金钱经济。有些平台对于地区性服务以及劳动密集型工作可能更加重要，另外一些平台可能最终更加适合国际交易。

在 20 世纪 20 年代的时候，伟大的美国经济学家欧文·费雪（Irving Fisher）是平行通货的热衷者，特别是在经济大萧条沉重打击了整个美国众多城镇和城市的货币经济时，他甚至力劝罗斯福总统支持这种措施。想象一下如果他当时取得成功的话，情况可能会出现很大的变化。

目前关于平行通货的例子仅仅是简单地表明了未来的可能性，他们也只是开始使用社交网络技术来开发时间交易的潜力。大部分当地货币都把时间当作是等值的，然而劳动力市场中工资却是不等的。对有些人来说，这是一个优势，这基于的是"人类本身是平等的"这一民主论断。[53] 但是它也有缺陷，因为很明显，不是所有人的时间都是等价的。一位超级大厨的一个小时肯定要比一个中级厨师的要贵得多，一个有能力的外科大夫的一个小时要比一个业余者的一个小时要贵得多。

成熟的时间账户要扩大时间交易的不同方面，不仅包括时间本身，也包括空间以及不同类型的劳动力，可能还会考虑受教育、育儿假或者休假的时间权利、照顾者暂时照顾自己的时间权利，也可能允许人们把时间给予或借给他人，比如将他们的权利留给朋友或亲戚，由他们来照顾生病的配偶。[54]即使时间账户允许不等的支付方式，有些人多有些人少，但是时间作为一种通货，依然有比金钱更为民主的、有趣的效用，它不像汽车或者珠宝，不能超出个人需要之外来计算，同时也不能被带入坟墓。

11.8 将财富看作方式而非目的

资本主义最为激进的拥护者声称，变得富有是一切事情的动力，努力工作、发明、创造以及愿意冒险都是受想要获取财富的普遍欲望驱动的。这证明了从创业资金补贴到私募股权投资者的低税率，其中的不平等和一整套奇怪的奖励机制的合理性。如果没有非常不平等的奖励机制，该系统将陷于停顿，大多数懒人将免费享用他人辛勤工作的成果。

但这是真的吗？如果是，在多大程度上是真的呢？令人奇怪的是，这些促使人们乐于努力工作和发明创造的激励措施的影响依然不明了，颇有争议。当然，不激励人们变得富有的经济不可能快速发展。如果所有你辛苦赚来的钱都被国家夺走或者被你的大家庭拿走，那么还不如享受安静的生活。就像罗纳德·里根所说："他们说努力工作从来不会给任何人带来任何麻烦，但是为什么要冒这个险呢？"

但是就连绩效工资或企业家奖金最强烈的支持者也会承认，无论是组织内部还是整个社会，都没有什么证据表明创业和不公平之间存在相关性，也没有证据表明创新和平等之间有任何联系[55]，虽然这可能仅仅由于数据不充分而导致的现象。20 世纪 80 年代早期，女性在美国专利拥有者中的比例是 2%，这是对大部分未充分利用的潜力的粗略测量。[56]较高的税收水平同富有进取精神的经济总是相伴相随的。最权威的调查结果显示，2010 年瑞典是最具创新性的国家，但也是税收水平最高的国家之一。20 世纪 50 年代美国经济的黄金时期恰好也是边际税率异常高的时期。

通常来说变得富有并不能促使人们努力工作、承担风险，但是没有证据表明净财产值从 1000 万美元增长到 1 亿美元或者 10 亿美元的刺激有很大的意义或能收到很大的激励效果。富有的人可能会受到其他富人的刺激而想变得更加富有，但是并不确定到底是金钱重要还是地位重要，更糟的情况是这种富有可能会导致慢性浪费。举例来说，任何拥有五套房子或者十辆汽车的人都一定会浪费，因为大部分时间他们的资产很可能是闲置的。相对于消费，经济学几乎没有注意到消费中的生产率，如果注意到的话，这些就是生产率极低的例子。

因为不能同时开五辆车，富人一般可能把资金投入到更加精细的消费种类，或者为艺术品或古董抬高价格。这些都是十分消极的活动，将对他人产生很大的副作用，因为他们倾向于抬高产权价格或者导致对象征地位的商品的囤积。开始的几百万美元买了第十套房子或第二十辆车之后，人们对最想要什么也不明确了，通常他们最想要的是得到认可。

未来的调整怎样处理这种极度不平等以及只有小部分人享有巨额财富的现象呢？一种大大降低浪费的解决办法可能是，尽管允许人们拥有掌握私有财富的自由，但是可以给私有财富设置门槛。换句话说，对超出一定水平的财富加大征税力度，除非财富被用于慈善投资基金。鼓励人们得到认可，但并不鼓励浪费。这种财富也更好地适用黄金法则。我们都很愿意看到财富的累积以及对努力工作、运气或者才能的认可，但没人喜欢看到浪费现象。该解决方案也符合资本主义生产力的精神，那就是更倾向于把资金投入运营而不是让其闲置。

这样一种方法（使财富彰显活力）可能带来一个崭新的艺术、技术发明以及社会慈善赞助的新时代。投资者既从社会认可中受益，也从由充分的赞助而获得的社会地位中受益，但他们购买的东西对其他人来说同样存在价值。

这个解决方案也有保存资本市场巨大优势的优点，这是他们将巨额资金投入最具生产力的地方的能力。掌握在托拉斯和基金会手中的资金将仍然投资于生产型经济，但这会降低那些与不平等和浪费联系最为密切的资本积累的破坏性。本质上来说，国家既引入这类措施，同时又不会导致它们同最为富有的公民关系上的疏离，做到这一点是非常困难的。但是美国和欧盟可以在可变财产税收这方面采取措施，中国也可以。以前的成功案例很容易被人遗忘，比如 20 世纪早期英国自由党政府引入 40%的遗产税率来打击贵族庄园。萎靡的和边缘的经济可能承受不起与他们最富有的居民脱离，但是强劲的经济有比想象中更多的空间来回旋。

11.9 评估关键的事情

托马斯·莫尔在撰写著作《乌托邦》时创造了一个新词，这个词来自希腊故事，意味着"没有住所"。但它也是"乌托邦"的谐音，意为"幸福之地"，这是作者有意为之的。进步应该意味着不同意义中的幸福感，从快乐到对生活的满意，从成就感到有意义，部分未来调整中应该包括社会进步的新举措，更精准地反映社会演变成怎样的幸福之地。有些政府已经把运用一些主观评估方法作为目标，部分地从认为只有事物可以被测量的谬误中走了出来。这些主观测量包括对犯罪的恐惧以及记录在案的犯罪、病人的满意度以及健康的结果。运用这些指标鼓励公共机构做出更好的表现。医院需要注意病人体验的更多细节，警察不得不关注社会动态以及安全感的更多细节。测量关联性（人们是否感觉到他们能向别人求助）和影响（人们是否感觉他们可以影响对他们有影响的决定）也可以转移政府的注意力并改变他们工作的方式。

2011 年以来，英国国家统计局要求 20 万人记录他们关于对自己的生活的满意度、焦虑度和成就感[57]，这提供了关于相关性和原因的巨大的知识库，还将丰富已经在用的许多数据指标，比如 HDI（人类发展指数）、加拿大的健康指数、日本的人民生活指标以及不丹的全国幸福测试。[58]

对幸福感的更多关注会大大加速对经济增长和福利之间常常是复杂的关系的理解（前面已讨论过），一个重要的影响就是迫使关注点转向不平等。最有力的论点就是，经济增长的确会影响幸福感，美国的数据显示，尽管近几十年来国内生产总值有所增长，但是由于不平等性的发展，家庭收入基本上没有增长。换句话说，如果财富分配更加平等，幸福感就会提升。这也会迫使人们关注日常生活中更为微小的细节：城市和房屋的物理设计，护理的提供，孩子们学习的情况。数字之所以重要，是因为它们指出我们所想的是重要的。我已经指出了根据生态及经济收入和财富来衡量社会价值的重要性，这些指标的最为重要的价值不在于那些聚集在一起的数字，而在于它们是如何被区分的，以及它们是如何展示社会不同部分的相对情况的。

我们也应该期待出现测量国内生产总值的新方法，更好地处理输出的价值（比如公共领域或者金融领域的输出），掌握无形资产和知识的新测量方式，以及同样重要的，掌握自然资源变动的新测量方法。经济大萧条时期，政府缺乏它们所需的管理经济的数据，意识到这一点促进了包括国内生产总值在内的新型数据的设计。今天政府同样缺乏一些合适的数据来做出正确的决定，它们没有数据工具来区分生产型和非生产型的政府开支，也几乎没有工具来测量创新和无形资产的投资，缺乏测量韧性的良好工具。这些问题都是可以解决的，也有些人率先指出未来可能是什么样的。但就目前来讲，误导性的数据很有可能引发不当的决定。

11.10　让正念成为公众与个人的美德

将最后一组建议纳入政治调整方案可能显得有些奇怪。我们通常认为这些与金钱、权利和组织机构有关，但在这里我想提议作一些微调，将正念和前面所讲述的东西联系起来。

支持集体智慧的系统现在提供更多关于生活的几乎每个方面的反馈（有时太多），而且未来肯定会提供更多，管理数据、信息和知识的合作性平台可能会充斥于生活的每个领域。这些很可能从现代网络中简单的集合装置发展成为处理不同领域复杂的知识的、结构更加巧妙的工具，最终成为提供更精细的判断和智慧的工具。希望他们也使人们意识到藏在知识流背后的元问题。智慧不只是对于思想的加工处理，还包括对于想法和目标的反思，这不论对社会是对个人都是非常重要的。

之前我提到，当涉及创新和知识系统的时候，要注重将手段和目的协调起来。只注重创新、创造性或者进取心并不是十分明智的，因为我们知道这些既会带来好处也会带来坏处，既会带来进步也会带来伤害。一个充满正念的社会是能够同时考虑到创新既是一种目的也是一种手段的，考虑到新知识的道德维度（不管提前知道这些是多么困难），考虑到不同挑战和任务的相对要求（以及判断哪些任务可以引起最聪明、最有创造性的头脑的注意）。一个具有正念的社会也必须可以考虑如何使用自己的时间，如何理解什么有助于实现幸福安康和成就感。如果这类正念重要的话，我们应该关注一下机构，不要只注重哪些企业是有利可图的或者有益的、有效的，也要注重哪些企业可以促进正念的提升；哪些机构可以促使团体或个人更强大、更有能力，又是哪些机构促使他们变得更脆弱或更依赖别人；哪些制度可以看清世界本身的样子，并帮助我们认识世界，哪些制度又会曲解或贬低世界的本真面目。

这些是非常激进的问题，不可避免地会挑战那些日常生活中扮演正念的敌人的一些媒体、政治或商业的权威机构。现代资本主义已经丧失了激发亚当·斯密和他同代人思想的丰富性，它们既是被现代资本主义狭隘的论调推挤到一边的问题，同样也是被狭隘的公共政策论调排除在外的问题，因为它们将这类问题视为与公众讨论无关的问题，跟个人生活而非公众利益有关。

但是期待正念既是公众问题也是个人话题这一点并不难理解。目前已经有一些项目鼓励学校中的孩子多思考或者教给孩子从媒体的精确度来评价媒体。主管卫生领域的人知道促进健康的正确观念、加强心理健康和身体健康的联系是多么重要的事情。城市规划者们再次声明，他们应该既创造中心商业区和热闹的街区，又要留出宁静的供人反思的空间。希望社会可以倡导缓冲、安静和反思来抵挡印第安人所说的"猴子的头脑"的危险也很容易理解（猴子的头脑指的是由于一直旋转的积极不停发出的声音而无法集中注意力）。像数字安息日这样的想法可能是正念社会建设的新思维方式。

一个充满正念的社会也会更了解自己的思维视野。在即时性的全球网络空间内任何事情都是同步的，隐性贴现率趋于无穷，而这可能是正念的敌人。与此相反，我们需要更多关注生态和气候变化的时间跨度，这些变化可能在几十年或者几百年内自我完成"长线思考（long now）"，用来纠正思维短浅的错误，而且将市场资本主义的高贴现率视为荒谬的情况，因为这种市场资本主义模式下，任何主张为未来一代或者两代人考虑的思维都是没有价值的。这就要求机构制度在设计和问责的时候要具有长远的眼光。

长线眼光对于许多资本主义来说还是陌生的。凯恩斯在《货币改革论》（*A Tract on Monetary Reform*）中写道，从长远来看，我们都会走向死亡，这是现在看起来古怪的一代人的观点。如果一个经济系统不能描述和管理长达几代人的超长期项目，它就是不充分的。甚至一个系统若不能将一个 21 岁的年轻人存钱作为储蓄的利益与 80 年后他可能会依靠的养老金相联系，那么该系统看起来就是片面的、达不到目的的。

11.11 调整是如何发生的

以上这些是新的调整中几个可能的部分，不同国家的调整会采用不同的形式，但它们都有两个相同的目标，那就是增强创造性、抑制掠夺性。它们会在何时何地如何发生都不可能预测到。人们只是模模糊糊地理解了由明显稳定的、甚至僵化的社会转变为激烈变革的社会这一过程类似一种化学反应。

前面讲到了十个变革领域的方面，很明显，我所描述的不仅仅是提供给政府的一个方案。变革需要自上而下的交流、商业和市场的平行竞争以及公民自下而上的推动，单凭法令和法案是绝对不够的。改革性的变化取决于一个共同的方向感以及影响所有机构而不仅仅是国家的道德层面的必要性。这个方向的初级步骤的一个有用的模板可能是由遭受 2008 年金融危机打击最严重的国家之一来提供的。在冰岛的银行系统崩溃之后不久，它的货币、信心经历了巨大的危机，人民陷入极大的恐慌。每星期六下午许多人到雷克雅未克市中心的广场或通过 Twitter，Facebook 与别人交谈。他们不知道该做什么或需要做什么。部长们参加一些会议来听取人们的抱怨和困惑，因为人们知道未来许多年他们将承担其他人所犯错误的代价。之后不久，"厨具革命"发生了成千上万的人聚集在一起，敲打着锅碗瓢盆来扰乱议会办公，不久就成功地解散了政府，也解雇了中央银行的行长和金融监管人员。大选结束之后，新首相约翰娜·西于尔扎多蒂（Johanna Sigurdardottir）发表声明称："人民呼吁道德的变革，这也是他们投票给我们的原因。"紧接着是尝试新的谈话商讨解决办法。智囊团、创意部门筹备了冰岛的第一届全民议会，1 200 名从国家登记册中随机抽取的公民以及 300 名受邀嘉宾，包括内阁部长、国会议员、商业联合会以及媒介和其他领域的代表组成了这届议会。该议会的人数占全国人口的 0.5%，它的任务是为这个国家塑造一个新的视野，畅想冰岛可以变成怎样的社会，这可能是第一次尝试把确定国家调节方案的任务交给民众。它在一些话题上迅速达成一致，诚实被认为是最重要的品质，其次是平等的权利、尊重和公正。冰岛的新要务——诚实、平等和爱——被架构在更大的平台上。[59] 还有新的项目浮现，比如冰岛现代媒体倡议，这是 2010 年获得一致通过的议会提案，旨在促使冰岛成为一个共享知识、自由表达的安全避风港。

但是之后也有许多关于危机起因的激烈争辩，不仅是异常膨胀的银行业，还有受到它曾经推崇的配额体系支持的、作为冰岛传统经济基础的捕鱼业。冰岛价值观重新回归起点似乎成为常见的模式。无论何时，如果一个社会在经济中迷失了方向，会让人觉得它在道德上也迷路了[60]，任何经济增长的恢复都需要道德的重建。

第12章
超越资本主义

这是一个关于萨满法师的故事：他称自己养了两只熊，一只是残忍而好战的，另一只却充满爱心和同情心。有个小男孩就问这个法师，哪一只会胜出，法师答道：我喂哪只，哪只就会胜出。

资本主义经历了成功、挫折、调整之后再成功、再受挫、再反弹的过程，主要原因就是"喂养"它所做过的选择。即使它陷入困境，很多人也希望它能够再次运转起来。在整个世界经济中占主导地位的经济体系已经渗透到我们的文化、政治，甚至可能渗透到我们的灵魂中，以至于它几乎成了一个天然的事实。它的主要挑战者已经被超越，它的批评家由于一次次的失败而变得声音沙哑。接下来会怎么样呢？谁会胜出，是掠夺者还是创造者？

资本主义思想主导了整个现代历史，无论是它的魅力还是它所引发的反感，还有对孕育这种反感的系统的反感。资本主义最大的魅力就在于对物质丰富的承诺——让曾经只有极少部分人拥有的不同等级的财富唾手可得。这也是1989年吸引东欧人民的原因——货物充足的商店而不是两袖空空如也。中世纪，贫穷受人尊敬，但是在现代资本主义经济中人们对贫穷极少有爱或者尊敬，最多只是同情或忽视。

关于丰富的保证和对开放世界的保证是一致的，承诺更大的个人和地域流动性。这在某些交易、时代或者城市中一直都存在。但孩子生来就具有某种社会等级或者扮演某种角色或者是某种行会成员的社会通常是个例外。大多数社会中习惯性义务意味着，如果你变得富有了，你就要和你的亲戚共享你的财富，这就是一个抑制因素，更不用说你的财富还有被某个国王或者男爵征用的风险。相比而言，在资本主义承诺的世界中，个人自由意味着无视他人的自由。

资本主义不是一个政党或一个方案，但是它在形成时却带有一个方案或者宣言的一些特点。现在我们可以看到，这些类似于一系列的交易，这对于建立在贸易基础上的一个体系而言也是合情合理的。有人承诺，如果一个社会将权力赋予工作场所的资本家，财富的净收益将盖过权利被剥夺的感受和资本家会获取大部分盈余的事实。即使所获得的收益不平等，但所有人都将有所得。另一个承诺是永不停歇的实验和创新，包括影响广泛的失败案例，在生产率和财富上所获得的收益足以达到甚至超过重复和失败的所产生的浪费。第三个承诺，与市场经济相关的巨大开销，保险公司、会计师、律师和据估计占所有工作岗位超过三分之一的中介，也要通过整个经济中可能出现的急剧增长来承担自己应该承担的费用。

这些是非常奇怪的论断，与中世纪或文艺复兴时期的心理完全不同，没有人会假装认为这些都是常识。它们对身处其中的人（投资者或者交易商）来说并不是不证自明的，对于亚当·斯密和大卫·李嘉图来说也不是不证自明的，他们两个都没有认识到现代经济的大量合作性任务，或者它对科学技术的依赖。但这些也是很有活力的承诺——保证了一个看不到终点的旅行，没有结果的乌托邦，相反，随之而来的是无尽的增长，还有欲望以及满足欲望的方式的无限扩大。

在前面的章节中，我提到过使一个社会强大的事物也可能会摧毁这个社会，这些事物需要被超越。所有社会都有自我毁灭的倾向。在君主制社会，趋势表现为过度的军费开支与债务，在宗教中，则表现为宗教本身变得虚伪，甚至使支持者都感到反感。在资本主义中，这种自我毁灭趋势的表象就是巨大的风险与债务，过度旺盛的乐观主义以及不加约束的贪欲。就像掠食动物一样，过度成功可能会适得其反。表现在动物身上，问题就是猎物会消失；在市场中，风险就是榨取过多的利益就预留不出多少用于未来投资的资金，生存价值的基础与货币价值精心构造的塔楼之间的联系也会消失。

许多对资本主义的批判仍然没有消失，因为它们仍然击中要害，突出了资本主义的弱点。资本主义的掠夺性一次又一次被抑制，批判则一次又一次地重复出现。资本主义内部也有保持动态平衡的一些能力,但是缺乏在更广泛的意义上保持平衡的能力,无法处理自身的动态的不均衡。所以社会一直以来在和资本主义对话协商,有时相互争执——遏制过激行为,处理成本问题,有效引导生产能力。两者现在身陷一种类似动态的斗争中,鼓励希望得到的增长,遏制不希望得到的增长。

那些反对资本主义的革命家梦想着一个镜子里的虚幻世界,一个和他们身边所见完全不同的世界:没有财产,没有金钱,也没有不平等和掠夺者。我们需要这些乌托邦想法来帮助我们将世界看成是可塑的,防止我们把短暂和偶然的事当作永恒和自然的事。我们需要激进的观点来挑战现实,可以想象一个没有浪费的世界,无论是在物力上还是人力上;可以想象一个给予关系和金钱以同样关注的世界;想象用时间和幸福作为通货来衡量事物;想象轻盈地走在地球上。但是镜子里的世界还没有物质化,他们的影响源自和他们所批判的世界进行交流而不是通过创造一个以取代另一个的方式。

意大利政治家、哲学家安东尼奥·葛兰西(Antonio Gramsci)在狱中写道,我们唯一可以证实社会预测的方法就是通过集体行动使其发生。想象的未来是行动的催动器,它们承诺无限的可能性,却不能保证它们的实现,任何必然性的承诺都不可靠。[1]正如克林特·伊斯特伍德(Clint Eastwood)所说,如果你想要保证,不如去买一个烤面包机。[2]如果不展望未来作为鞭策现在的动力,我们就会不必要地陷入过去的危机之中,对于目前可能性的局限一无所知。

革命者认为,直接的冲突可以加速从现在到未来、从黑到白、从地狱到天堂的转变。另一种可行的方法是沿着切线方向处理问题[3],这是一种诗人的方式,或许我们现在更喜欢诗人的方式,找到我们解决问题的方式,寻求混合型解决办法,与敌对方的联合,不单纯的妥协。当这种不单纯的妥协可能成为最佳解决方案时,我们应尽力保持人类大脑中爱的延续性。

对整个当今时代进步的希冀一直都在更大、更复杂的规模上嵌入互惠和友爱,并引导自私和掠夺性的野心融入共有利益。两百年的现代化使得将智力和智慧看作任何个人、团体或者社会可以拥有的最为重要的能力成为可能，这些智力和智慧可以更好地组织起来，最大限度地发掘数百万大脑的智慧。民主、市场、大学、互联网以及新的语义网，有助于协调智慧取得不同程度的成功。现代化的后期阶段将人民的幸福安康视为智慧可以引导的最为重要的目标。我们最为重视的是资源、人际关系，而不是具体的事物或抽象的东西。

资本主义应处于什么位置呢？任何发达的经济都需要资本。它需要储存价值，需要资金来资助大型的项目、新技术的开发以及企业的发展。它也需要市场来帮助完成这些任务，因为与其他机制相比，市场能够更好地将资金分配给相互竞争的事业。但是正如我们所见，资本主义不再能很好地完成这些任务，它已经脱离实体经济，资本已经服务于资本本身而不是价值，金融系统经常扮演着掠夺者的角色。后果不仅仅是间歇性的经济危机以及过度的风险，也是一种观念和意识的危机。一个承诺生产性、服务以及杜绝浪费的系统也常常引发肆意挥霍和顾客的轻视。我们所需要的是可以积累资金并能聪明地使用资金的资本市场。但是要把这件事做好，需要保持很小的利益差距，参与市场游戏的人需要激励措施来协调他们的利益以及他们打算服务的人的利益，系统的每一部分都要相称以保持风险和资产的适当平衡。所有这些都需要限制和平衡，文明社会中权威的媒体和机构负有审查、警告，有时甚至是羞辱的责任，如同政府需要这些措施来保证自身的诚实可靠，银行家和投资者也是一样。

擅长提供给人们所想所需的经济仍然有足够的空间进行激烈的竞争并对成功的探险者和企业家给予丰厚的奖赏。但人们不需要的是过多的掠夺性和那些主要目的是夺取他人价值而非自己创造价值的部门和公司。

这里所阐述的观点意在创造一个与传统的论述完全不同的未来，资本主义将会被推翻，而且由一个全新的秩序来取代。他们也对一个大多数专业经济评论家和实业家普遍认同的真理——资本主义像往常一样继续自己的事业直到未来的很长一段时间——发起挑战。

资本和资本主义权力缓慢的边缘化可能以现有的形式或其他的形式发生，包括由社会和环境以及商业目标引导的资本集中，循环生产系统，文明和社会的经济，不断发展的社会工业，提供医疗保健和教育支持，网络和集体智慧新工具的合作，家庭重新定位为生产场所，平行交换系统、合作性消费以及时间账户的领域。

20世纪90年代到21世纪初，哈佛商学院的毕业生有一半的人从事金融业，在许多其他国家，物理学和工程学领域很多最优秀、最聪明的毕业生也因受到巨额奖金的诱惑而投身金融行业。由于人才更看重金钱，所以其他的行业和领域都因遭受金融领域"排挤"而面临严峻问题。测试我前面所说的这种转变的一种方法可能是判断有多少最优秀、最聪明的人更直接地进入了为民众创造价值的领域，无论是以投资者、生产商、慈善工作者还是公务员的身份，而不是进入到将民众与他们的金钱脱离开来的掠夺性工作领域。

发生在君主制国家中的情况可以拿来做一个类比。两百年前，世界是由君主制统治的，偶尔也有共和国，比如一些伟大的意大利城邦或者年轻的美国。但是1789年爆发于巴黎并以处决王室成员而达到高潮的革命浪潮已经过去。许多主要的思想家曾得出结论：民主是一种失误，是一次失败的尝试。相反，只有君主制才注定会成功，因为它植根于人的本性：人类生来就是生活在等级社会里的，社会一定会有强弱之分，强大的一方掌权。其他任何事情都是愚蠢的、不切实际的想法。更糟的是，任何想要给予人民权力的尝试最终都会以血腥收场，只有服从于上帝的国王和帝王才能保证秩序。

这个常识中的每一个元素都把事情完全颠倒了。尽管君主制渗入到社会生活的每一个方面，从颁布法律到授予荣誉，从土地所有权到战争事宜，但是它本质上就具有欺骗性。君主制很快就被驱逐到边缘地带，成了古怪的时代错误，无比神圣的权利被受限的、多为世俗的责任所取代。

用类比作为推理工具是很危险的，却可以帮助我们想象，避免把脆弱的、临时的社会机构看作永恒的。至少我们可以想象当代资本主义的男爵和君主们的命运与发生在以前无所不能的统治者身上的情况并没有多大不同，虽然尊重和崇拜少了，权力也少了。尽管好奇心和贪欲是我们本性的一部分，但合作和关怀也是如此，面对心理学和社会心理学的大量证据，几乎没有人可以很有信心地宣称资本主义植根于人类本性。私有企业的优越性也不是一开始就不言自明的，在一些特别不同的部门，我们正在了解经济生活中多样化的价值，以及共享所有权或者公开表示投入到社会或道德任务和利益中的那些模式的有效性和韧性的价值。经济学一度渴望成为一门普及的科学，更为现实和适度的观点把它看作许多规范的集合，但不是任何永恒的规律；是一项搞清金钱和价值的复杂的工艺，而不是一门能够做出过多预测的科学。

我的观点是，当代资本主义的主导形式会被一些反映资本主义潜在思想的新形式所取代：改变的增长观念，变化了的有关人际关系作用的观念，不同的关于价值的思维方式。从这些新想法中，我们可以期待与以往完全不同的组织和服务的产生——更开放、更有关系性或更植根于生活——还有不同的道德观和美学。所有这些构成未来可能性的元素在任何发达经济中都可以找到，它们是等待情形发生改变的种子，因此可以成长为主流元素。那些新情形既有成功的也有失败的。经济生活的新形式更可能以增长而非不增长的结果蔓延，以物质丰富而非物质贫乏的结果蔓延，而增长的危机可能会促进新形式的进步。因此，未来新形式的繁荣可能会呈现许多不同的情景。

君主制最辉煌的岁月过后不久其权力就衰弱了。一些王室突然丧失了权力，另一些王室则眼睁睁看着自己的权力慢慢地衰落，议会削弱了它们的威信和职能，将君主制从社会中万能的机构、爱与恨的聚集体，转变成了无足轻重的事物。满怀信心的预测资本主义的主导机构也会面临相似的命运，往往言之过早。但是完全有理由质疑他们究竟处在如日中天的地位，还是可能已经日薄西山，处在太阳落山前最后的余晖中。如果是这样的话，它们很快就会被变化了的关于财富是什么、财富如何创造、财富如何使用的观念所取代。

要想知道接下来会发生什么，可能我们应该向上看。吸引人眼球的建筑物提供了一个关于什么是社会真正的价值及其盈余该如何掌控的指引。几百年前，世界各大城市中最突出的建筑物是堡垒、教堂和寺庙，反映了由战士和牧师占有社会优先权的情况。之后一段时间它们演变成了宫殿。不久之后的19世纪，居民楼、火车站还有博物馆超越了它们。

而 20 世纪晚期，银行成为突出的建筑物，拥有最奢侈的中庭和大厅。中心商业区成了城市中的最高点，坐落在这里的建筑流露出自信与优越感。但是接下来什么会成为主导呢？是宏伟的休闲宫殿、赌场和体育馆？是大学和艺术画廊？是水塔、空中花园和垂直农场？又或者（像很多好莱坞电影里所说）是生物技术帝国？没有人知道答案。但是，想象什么会出现在视野中可以让我们重新获得一种能力，让我们以有活力而动态的视角看待身边的一切。

注　释

第 1 章　资本主义之后

［1］民权运动，从民权巩固到公民论坛在推翻旧式极权统治方面起到了决定性的作用，在这之中许多著名的社会学家也起到了重要的作用。但是，他们所起到的作用被市场、市场机制以及市场行为的角色和光芒掩盖了。

［2］George Unwin，*Studies in Economic History：The Collected Papers of George Unwin*（London：Frank Cass，1966）.

［3］威廉·鲍莫尔一直以来都是一位最具思想性的经济学家，他在 Entrepreneurship：Productive，Unproductive and Destructive. *Journal of Business Venturing* 8，no. 3（1990）：197-210 中写到了这一点，他着重强调了将能量转向诸如游说和法律诉讼，他着重强调了将能量转向诸如游说和法律诉讼这些能够带来回报的事情上，而不是关注那些源自于具有生产力的创造发明所带来的回报。

［4］最近一个很好的例子是达龙·阿塞莫格鲁和詹姆斯·罗宾逊撰写的 *Why Nations Fail：The Origins of Power，Prosperity and Poverty*（London：Profile，2012）.

［5］可以参考 BBC 世界调查，这是一项在 2009 年针对 27 个国家进行的调查，结果发现大多数的国家需要更多的政府干预。仅仅有十分之一的国家认为体制运行地十分良好，与之相比，多达两倍以上的国家认为体制有致命的缺陷。BBC 全球观测调查：http://www.globescan.com/news_archives/bbc2009_berlin_wall/

［6］借用詹姆斯·布坎的聪明比喻，该比喻同时也用作其书的题目

Frozen Desire (New York: Welcome Rain Publishers, 2001).

［7］Walter Benjamin, "Theses on the philosophy of history," in *Illuminations* (London: Pimlico, 1999), 249.

［8］主流的预言家现在期待着新兴七国（巴西、俄罗斯、印度、中国、土耳其、墨西哥、印度尼西亚）到 2050 年比现在的七国集团（美国、日本、德国、英国、法国、意大利和加拿大）的经济规模大 50% 左右，与此同时，他们预计 21 世纪 20 年代中国将超越美国成为世界上最大的经济体。PricewaterhouseCoopers, "The World in 2050: How big will the major emerging market economies get and how can the OECD compete?" March 2006。这些数据经历了一系列的更改。

［9］典型的预测认为到 2050 年将占到大约 25% 的份额。"Global Europe 2030-2050, State of the Art of International Forward Looking Activities beyond 2030," paper drafted for the European Commission, DG Research and Innovation (Social Sciences and Humanities), Annette Braun, including inputs from several members of the "Global Europe 2030-2050" Expert Group, Dusseldorf, August 2010.

第 2 章 有教育意义的和没有教育意义的经济危机

［1］http://www.imf.org/external/pubs/ft/survey/so/2010/res042010-a.htm.

［2］正如沃伦·巴菲特所说，当潮水退去你就看到了谁在裸泳，但是，这其中的寓意是：正在发生的是可预知的潮流，而不是未知的海啸。

［3］Joseph Schumpeter, *Economics and Sociology of Capitalism* (Princeton: Princeton University Press, 1951), 189.

［4］Speech at West Point, December 9, 2009.

［5］M. Guidolin and E. A. La Jeunesse, "The Decline in the U.S. Personal Saving Rate: Is It Real and Is It a Puzzle?" *Federal Reserve Bank of St. Louis Review*, 89 (2007) 6: 491-514.

［6］G. A. Akerlof and R. J. Schiller, *Animal Spirits: How Hu-*

man *Psychology Drives the Economy and Why It Matters for Global Capitalism* (Princeton: Princeton University Press, 2009); S. Green, *Good Value: Reflections on Money, Morality and an Uncertain World* (London: Allen Lane, 2009).

[7] LSE, *The Future of Finance: The LSE Report* (London: London School of Economics and Political Science, 2010), 29.

[8] Global Footprint Network, *World Footprint: Do We Fit on the Planet* (GFN, 2010), http://www.footprintnetwork.org/en/index.php/GFN/page/world_footprint/.

[9] *Business Cycles*, vol. 1 (Cambridge, MA: Harvard University Press, 1939), 1011.

[10] Michael Bordo, Barry Eichengreen, Daniela Klingebiel, and Maria Soledad Martinez-Peria, *Is the Crisis Problem Growing More Severe?* NBER, 2000.

[11] P. Cohan, "Big Risk: $1.2 Quadrillion Derivatives Market Dwarfs World GDP," *Daily Finance*, 2010, http://www.dailyfinance.com/story/investing-basics/risk-quadrillion-derivatives-market-gdp/19509184/.

[12] B. Mandelbrot and R. Hudson, *The (Mis) Behaviour of Markets: A Fractal View of Risk, Ruin and Reward*, (London: Profile Books, 2008).

[13] http://www.vanityfair.com/business/features/2010/11/financial-crisisexcerpt-201011?printable=true#ixzz16F7bRjcC.

[14] "World Wealth Report," Merrill Lynch and Gemini Consulting, 2000.

[15] 比如沃顿商学院就成立于1881年。

[16] 取自一篇伦敦市市长于2007年6月20日举行的银行家和商人宴会上的演讲。

[17] 这是 Hyman Minsky *Stabilising an Unstable Economy* (New York: McGraw Hill, 1986/2008) 一书中的重要观点。

［18］在有关信用卡本身是属于一种事实上的货币还是仅仅是处理货币时用到的工具这一问题上产生了分歧。

［19］澳大利亚是一个特殊的例子，一项金融刺激方案以及源自中国的巨大的需求帮助澳大利亚避免了经济衰退。这种危机同样有助于加快一种长期的地缘政治力量的转变，使国际货币基金组织将巴西、俄罗斯、印度和中国列入了排名前十的成员名单，这对依据配额和选举权而言非常重要。

［20］See A. Beatty, "Chapter Closes on Vilified US Bank Bailout," *Economic Times*, 2010, http：//economictimes.indiatimes.com/news/international-business/Chapter-closes-on-vilified-US-bank-bailout/articleshow/6675895.cms；A. Batson, "China's Vanishing Fiscal Stimulus," *Wall Street Journal*, 2010. http：//blogs.wsj.com/chinarealtime/2010/02/08/chinas-vanishing-fiscal-stimulus/.

［21］令人好奇的是：他们更加愿意严厉地对待汽车工业，而且在迫使一个看似拥有致命顽疾的工业重组方面也取得了显著的成功。

［22］Piergiorgio Alessandri and Andrew Haldane, "Banking on the State," Bank of England, presentation to the Federal Reserve Bank of Chicago conference, 2009.

［23］这些数据来自威廉姆·拉佐尼克于2012年进行的、得到欧洲委员会支持的项目。http：//www.finnov-fp7.eu/people/william-lazonick.

［24］在经济理论中，股份回购可以是一件好事，因为它们使得其他公司投资的资金活跃起来，与此同时，有更加具有潜力和创造利润的想法诞生。这种理论认为金融市场为金融创新提供了资本支持，遗憾的是，这一点并未得到证据的证实，现实和理论并不一样。

［25］F. Berkes, J. Colding, and C. Folke, *Navigating Social-Ecological Systems：Building Resilience for Complexity and Change* (Cambridge：Cambridge University Press，2003) 提供了恢复力定义的最佳阐释：它是一种个体组织或者体制吸收动乱和在变革中对自己进行重组的能力，同时可以保持或加强它们思考和行动的能力。

第3章 资本主义的实质

[1] 在罗马帝国诞生以前很久就已经存在中立性的离岸贸易中心，比如西班牙南部的 Gadir/Cadiz 和英国西南部的 Ictis 岛，希腊作家狄奥多鲁斯·塞克勒斯认为这些地方是人们买卖锡的市场。

[2] 富士康因为许多原因被认为是臭名昭著的，包括在 2012 年初，由于富士康工作体制的不合理造成超过 100 名员工威胁要集体自杀。但是，这同样也是新的全球劳动分工的一种问题，在这种新形式的劳动分工中，"一种创新的产品技术推动的不断增长的经济是通过对原产地的剥削实现的"。Dan Breznitz and Michael Murphree, *Run of the Red Queen, Government, Innovation, Globalization and Economic Growth in China* (New Haven: Yale University Press, 2011), 9.

[3] 企业家精神，用大卫·斯塔克的话来说，"这是一种保持多种有价值的订单处于运行中，同时拨出所产生的模糊性的能力"。这种能力依靠的是不确定性，而不是可以计算的风险。David Stark, *The Sense of Dissonance: Accounts of Worth in Economic Life* (Princeton: Princeton University Press, 2009).

[4] Joseph Schumpeter, *The Theory of Economic Development: An Inquiry into Profits, Capital, Credit, Interest and the Business Cycle* (New Brunswick, NJ: Transaction Publishers, 1934).

[5] C. Tilly and C. Tilly, *Work under Capitalism: New Perspectives in Sociology* (Boulder, CO: Westview Press, 1997), 24.

[6] 大公司崛起的最重要的原因仍处于争议中。Alfred Chandler, *Strategy and Structure: Chapters in the History of the American Industrial Enterprise* (Cambridge, MA: MIT Press, 1962).

[7] Legal Newsline, "Tort System Costs Over Two Per Cent of GDP Yearly, Study Shows"; http://legalnewsline.com/news/192567-tort-system-costs-over-two-percent-of-gdp-yearly-study-finds.

[8] M. Castells, *The Rise of the Network Society. The Information Age: Economy, Society and Culture*, vol. 1 (Oxford: Blackwell,

1996），412.

［9］联系成为定义日常生活的最重要的特征。但是，我们也在学着克制这种联系性，这样我们就能以更加有意义的方式表现得更文明、更加具有社会性。当人类不总是那样紧密地联系在一起时，他们可以工作得更好。

［10］许多预言家认为，到21世纪30年代化石燃料仍将占据80％的能源市场。U. S. Joint Forces Command，Center for Joint Futures：The Joint Operating Environment（JOE）2008：http：//www.jfcom.mil/newslink/storyarchive/2008/JOE2008.pdf.

［11］E. Bournayet et al.，*Vital waste graphics 2*. The Basel Convention，UNEP（GRID-Arendal，2006）.

［12］French MOD，Délégation aux affaires stratégiques：Geostrategic prospective for the next thirty years，2008；http：//www.defense.gouv.fr/das/content/download/138857/1207078/file/SYN.pdf.

［13］OECD，"The Future of the Family to 2030—A Scoping Report—OECD International Futures Programme，" 2008；http：//www.oecd.org/dataoecd/11/34/42551944.pdf.

［14］列斐伏尔称之为"韵律分析。" See Henri Lefebvre，*Rhythmanalysis*（London and New York：Continuum，2004）.

［15］Quoted in Bruce Carruthers and Wendy Nelson，"Accounting for Rationality：Double-entry Bookkeeping and the Rhetoric of Economic Rationality，" *American Journal of Sociology* 97，no.1（1991）：31-69.

［16］See Adam Smith，*The Theory of Moral Sentiments*，part IV，chapter I. "Of the beauty which the appearance of Utility bestows upon all the productions of art，and of the extensive influence of this species of Beauty"（Cambridge：Cambridge University Press，2002）.

［17］克劳德·香农，20世纪美国数学家和工程师，被称为"信息时代之父"，这主要是因为他在1948年写了一篇论文："A Mathematical Theory of Communication," 1948, *Bell System Technical Journal*.

[18] Max Weber, *The Protestant Ethic and the Spirit of Capitalism* (London: Routledge, 2005 [1930]), 108.

[19] Lawrence James, *The Middle Class: A History* (London: Little, Brown, 2006), 75.

[20] 哲学家乔恩·埃尔斯特称之为"自我束缚",而且用了古希腊传说中的尤利西斯和海上女神塞壬这两种比喻来阐释他的意思。尤利西斯将自己绑在船的桅杆上,以抵挡海上女神塞壬的诱惑。同样的假设蕴含着"一种理性超越时间的确定形式"。Jon Elster, *Ulysses and the Sirens: Studies in Rationality and Irrationality* (Cambridge: Cambridge University Press, 1979), and Elster, *Ulysses Unbound: Studies in Rationality, Pre-commitment And Constraints* (Cambridge: Cambridge University Press, 2002).

[21] 从这个角度来看,资本主义在放松自我约束的时候已经走上了歧途。这时人们大量购物,累积起无法偿还的债务,或者停止工作,只为将他们现在的享乐最大化。这也不总是对的,就如同凯恩斯指出的"节俭悖论"就是少花钱、多省钱会使每个人变得更加贫穷[而且两个世纪以前,伯纳德·孟德维尔在他写的《蜜蜂的寓言》中"欣然"地接受了,并且发表了与此类似的观点。*Fable of the Bees* (London: Penguin, 1970),这部书表现了私人的罪恶也可以成为公共的美德]。但是,很难想象如果凯恩斯现在还活着,它将看到节俭在他最熟悉的两个国家——英国和美国里已经成为多大的问题。

[22] Harrison C. White, *Markets from Networks: Socioeconomic Models of Production* (Princeton: Princeton University Press, 2001).

[23] Fernand Braudel, *The Structures of Everyday Life: Civilization and Capitalism 15th-18th Century* (Berkeley: University of California Press, 1992).

[24] 这些是19世纪著名的英国经济学家和记者沃尔特·白芝浩的话。

[25] 资本主义的发展和不断扩大的借贷与债务网络是分不开的，这种状况一方面推动了经济的增长，另一方面又使得众多的经济濒临破产，许多债务人最终进了监狱。经济历史的一大奇怪现象就是许多商人都无法追踪到他们的债务和资产的源头。

[26] 考虑到美国和欧洲都背负着沉重的债务和"资产负债表的缺陷"，这些恐惧变得格外严重。

[27] 这种崩溃导致冰岛的货币贬值了60%，40%的房屋拥有者变得无力偿还债务。在经济扩张阶段，收获主要是由占极少数的1%的人口享受的，然而，更正经济危机错误付出的费用却要由大家一起承担。货币价值的大幅下滑以及资本管制、严格的税收政策、高利息率以及强有力的、针对借贷方的拒偿控制了经济危机，维持了人们对经济的信心。

[28] 也有个别的例外，比如 Akerlof and Schiller, *Animal Spirits* on animal spirits 或者 Christian Marazzi, *Capital and Language* (Cambridge, MA：MIT Press, 2008).

[29] See Ha-Joon Chang, 23 *Things They Don't Tell You About Capitalism* (London：Allen Lane, 2010). 第七件事就是极少数富有的国家通过遵循自由市场经济的方法达到了目的。

[30] F. Block and M. Keller, "Where Do Innovations Come From?" in *State of Innovation：The U.S. Government's Role in Technology Development*, ed. Block and Keller (Boulder, CO：Paradigm, 2010).

[31] C. M. Reinhart and K. Rogoff, *This Time Is Different：Eight Centuries of Financial Folly* (Princeton：Princeton University Press, 2009).

[32] Piergiorgio Alessandri and Andrew Haldane, "Banking on the State," Bank of England, presentation to the Federal Reserve Bank of Chicago conference, 2009.

[33] Y. Huang, *Capitalism with Chinese Characteristics. Entrepreneurship and the State* (New York：Cambridge University Press, 2008).

[34] Franklin Allen and Meijun Qian, *Building China's Financial System in the 21st Century* (Cambridge: Harvard University Press, 2003); Franklin Allen and Meijun Qian, "Will China's Financial System Stimulate or Impede the Growth of Its Economy?" in *China's Economy: Retrospect and Prospect*, Asia Program Special Report No. 129 Washington, DC: Woodrow Wilson International Center for Scholars, (2005), 33-41.

[35] W. Baumol, R. Litan, and C. Schramm, *Good Capitalism, Bad Capitalism: And the Economics of Growth and Prosperity* (New Haven: Yale University Press, 2007),认为资本主义的最佳形式就是将大公司和具有企业家精神的小型公司结合到一起,这样一来,后者创造想法,前者将这些想法付诸实践。鲍莫尔是著名的经济学家,他的理论令人着迷之处既在于它包含的内容,也在于它放弃的内容,比如:在美国针对科学的巨额公共投资方面。

[36] 全球定位系统源自军事卫星系统项目,由(美国)国家科学基金会和中央情报局建立的可触碰式的显示界面起步。沃能·拉坦展示了在美国关键性技术是如何变得复杂的("大批量生产"体系、航天、航空、信息技术、网络以及原子能),这些都依靠政府的投入。V. Ruttan, *Is War Necessary for Economic Growth? Military Procurement and Technology Development* (New York: Oxford University Press, 2006).

[37] Christopher Freeman, Working Paper, International Institute for Applied Systems Analysis, WP 95-76, "History, Co-evolution and Economic Growth," 1995. 有些时候,工业化的规则意味着国家和商人及生产者形成同盟,一些时候意味着克服它们的抵抗性,好比19世纪的日本。在世界上其他地方,国家政府都会成为发展资本主义的拦路虎,资本主义在大多数非洲国家的发展都不是很顺利,不仅仅是因为非洲市场的欠发展,而且也因为殖民政府的贪婪,并且太多政权都在追求独立,这就使得市场受到了不规范的商人和顾客领导者的主导,而且这种主导之势还不断地延伸到边界以外那些人烟稀少的地方。政府只是

可以收买的、贪婪的掠夺者。

[38] 当然了,恐怖主义分子往往是那些受到过高等教育的人。

第4章 创造还是索取——创造者和掠夺者的角色

[1] Andrew Bernstein, *The Capitalist Manifesto* (Lanham, MD: University Press of America, 2005).

[2] Ian H. Birchall, *The Spectre of Babeuf* (Basingstoke: Palgrave Macmillan, 1997).

[3] William Nordhaus, "The Health of Nations and 'Irving Fisher and the Health of Nations," *American Journal of Economics and Sociology* 64, no.1 (January 2005): 367-392.

[4] 经济学家杰夫·萨克斯将世界上经济发展的差异归咎于气候影响和地理因素。D. Bloom, J. Sachs, and C. Udry, "Geography, Demography and Economic Growth in Africa," *Brookings Papers on Economic Activity* 1998, no.2, 207-295.

[5] 西伯利亚缺少国际性公司及北方其他国家的关系网络,但是,它的确拥有十分卓越的科学传统(如托木斯克和新西伯利亚等地方),像摩尔曼斯克这样的港口城市正好处在可以受益于潜在的气温上升的地区,气温上升幅度可能是全球平均值的两倍。

[6] Scott Shane, *Illusions of Entrepreneurship* (New Haven: Yale University ress, 2011), 16.

[7] 引自 Christopher Freeman, Working Paper, International Institute for Applied Systems Analysis, WP 95-76, "History, Co-evolution and Economic Growth," 1995.

[8] William Nordhaus, *Invention, Growth and Welfare: A Theoretical Treatment of Technological Change* (Cambridge, MA: MIT Press, 1969).

[9] Ricardo Hausman's "The Atlas of Economic Complexity" 是一项有趣的练习,将产品按照加工复杂程度绘制成图,MIT Media Lab and Harvard University, 2011.

[10] "800 varsities, 35,000 colleges needed in next 10 years: Sibal." *The Hindu*, March 24, 2010.

[11] 公司对于创新的投入与创新产品的销售间存在十分清晰的联系，许多研究已经发现了源自对研发进行投入的显著的私人和社会回报。

[12] Ron Hira and Phillip Ross, "R&D Goes Global," *IEEE Spectrum On-Line*, November 2008.

[13] 我们都知道针对培训、软件、商标和商业程序进行的非物质性的投资倾向于超过传统的对研究和发展的投资，我们也知道创新似乎在没有国家和公司联系的体制中运行得更好。然而，主要的数据测量将传统活动（比如研发开销或专利）界定在界限之内。创新指数测量了英国针对创新进行的投资以及投资的效果，NESTA，2009年10月。

[14] John Kay, "Intellectual Property Protection: What Role in 20th Century Innovation," in Technology and Poverty Reduction in Asia and the Pacific, OECD Development Centre. OECD, Asian Development Bank, June 2002.

[15] 最近的研究显示了版权对于增长、甚至是对于作者所获得的回报的影响的不确定性。see Ray Corrigan and Mark Rogers, "The Economics of Copyright," *World Economics* 6, no. 3 (2005): 153-174. 很明显，互联网协议对于一些部门有重要的影响，但并不是对任何部门都重要。2008年英国商业对于互联网协议投入的1 400亿英镑中有650亿英镑受到了知识产权的保护。

[16] In Walter Isaacson, *Steve Jobs* (New York: Simon & Schuster, 2011).

[17] Alan Hughes, "Innovation Policy as Cargo Cult: Myth and Reality in Knowledge-Led Productivity Growth," Centre for Business Research, University of Cambridge Working Paper No. 348, June 2007.

[18] 可以通过观察美国创新投资的数额对虚幻和现实之间的鸿沟进行测量。风险投资占到了2.3%，47.2%是商业内部投资，23.9%来

自天使投资基金，3.9%来自大学，还有22.7%来自联邦和州政府。Alan Hughes,"Innovation Policy as Cargo Cult."

[19] Breznitz and Murphree, *Run of the Red Queen*, p. 3.

[20] Yann Moulier Boutang, 2007, *Le Capitalisme Cognitif*: *La Nouvelle Grande Transformation* (Editions Amsterdam, 2007). See also Y. Benkler, "Coase's Penguin: Or Linux and the Nature of the Firm," *Yale Law Journal*, 112 (2002): 69-446.

[21] 这一点在即将出版的由桑德罗·孟东萨进行的研究中就有记载，研究基地在苏塞克斯大学的科学政策研究中心。

[22] 谷歌是建立在已有的搜索技术之上的。一项关键的技术是Hypersearch，该工具是由马西莫·马克奥瑞开发的，这种商业模式是从另一家公司那里借鉴的。专业打谱软件Overture及Hypersearch的技术专利权都是由斯坦福大学所有的。然而，谷歌将高超的技术、运气以及时机和那时候规模经济的巨大效益结合在了一起。它的收入主要来自对于搜索引擎的宣传，大约占96%~98%，这就意味着谷歌可以保持主导地位。

[23] 有些人将网络技术与公司的理想一同成长看作卓越的，而且最终将会被利用网络进行大量广告宣传的公司主导。

[24] 两者的价值都约为1 700亿美元，通用电气雇佣了大约30万人，谷歌也雇佣了大约30万人。

[25] Erik Brynjolfsson, Erik Saunders, and Adam Saunders, *Wired for Innovation*: *How Information Technology Is Reshaping the Economy* (Cambridge, MA: MIT Press, 2009) 收录了许多关键的数据和观点。

[26] P. Aghion, E. Caroli, and C. Garcia-Penalosa, "Inequality and Economic Growth: The Perspective of the New Growth Theories," *Journal of Economic Literature* 37 (1999): 1615-1660. 27. http://articles.businessinsider.com/2009-11-09/wall_street/30054567_1_blankfein-goldman-sachs-year-end-bonuses.

[27] http://articles.businessinsider.com/2009-11-09/wall

street/30054567_1_blankfein-goldman-sachs-year-end-bonuses.

[28] 2005年4月德国政治家弗朗茨·明特费林（来自社会民主党）用"蝗虫"这一术语来描述私人投资者、私募股权基金以及投资银行的特点。See *Time* magazine，May 15，2005.

[29] 在经济学领域中长期以来存在一种争论，这种争论是针对平衡的逻辑，认为在完美的竞争市场中应该没有利润。然而奥地利学派动态的观点将市场看作不断地制造不平衡和失调的地方。

[30] Jadgish N. Bhagwati, "Directly Unproductive Activities," *Journal of Political Economy*（1982）：988-1002.

[31] 更加详细的讨论见 E. C. Pasour, "Rent Seeking：Some Conceptual Problems and Implications," *Review of Austrian Economics*（1987）：123-143.

[32] Vito Tanzi, *Governments versus Markets：The Changing Economic Role of the State*（Cambridge：Cambridge University Press，2011）.

[33] 曼瑟尔·奥尔森也争论道，长时间的稳定可能不可避免地导致停滞，有权力的利益集团变成更加成功的掠夺者，垄断所有盈余。Mancur Olson, *The Rise and Decline of Nations*（New Haven：Yale University Press，1982）.

[34] Mariana Mazzucato and Giovanni Dosi, eds., *Knowledge Accumulation and Industry Evolution：The Case of Pharma-Biotech*（Cambridge：Cambridge University Press，2006）.

[35] W. Lazonick and M. Sakinc, "Do Financial Markets Support Innovation or Inequity in the Biotech Drug Development Process?" Paper presented at the DIME workshop, Innovation and Inequality：Pharma and Beyond.

[36] 托尼·布莱尔，我之前的老板，英国前首相，作为著名的摩根大通公司的一名顾问每年赚350万英镑，作为苏黎世金融的顾问每年赚50万英镑，作为科威特的顾问每年赚100万英镑，另一项数据则未知（作为一家私有权益公司科斯拉风险投资公司的顾问）。他是一个很

有天赋的人。但是，我们可以很确定地认为这些机构并不是因为他在设计金融产品方面的专业技能而向他支付工资。

[37] R. Sobel, "Testing Baumol: Institutional Quality and the Productivity of Entrepreneurship," *Journal of Business Venturing* 23/6 (2008): 641-655. 这篇论文检测以及证实了鲍莫尔的理论。

[38] 戈登·图洛克重要的作品包括"The Welfare Costs of Tariffs, Monopolies, and Theft," *Western Economic Journal* 5, no. 3 (1967): 224-232.

[39] 收入高居榜首的那1%的人们目睹了真实收入上升275%的飞跃，然而，中等阶级的收入仅仅增加了40%。

[40] Karl Polanyi, *The Great Transformation: The Political and Economic Origins of Our Time* (Boston: Beacon Press, 2001), 224.

[41] 这是一个由格尔达·勒纳研究的主题，她是一位女性历史学家。

[42] James Boswell, *The Life of Samuel Johnson*, vol. 4 (London: Routledge, 1859), 133.

[43] 伊曼纽·华勒斯坦在他的有关资本主义作为一种单一的、其中包含着文化与政治元素的世界体制的阐释中，对这种经济权力和军事力量之间存在的亲密关系进行了研究。全球体系被分割为两个主要部分，其一是核心部分，即高科技、高技术、资本密集的部分，而另一部分则是一种与之相反的周边部分。在这一模式中，核心是经济和军事的强大，这二者同时占据了整体经济的庞大盈余。然而这种体制的动力在于将世界上更多的国家吸纳到其中，使其本身变得十分集中，最终为社会主义铺就了道路。这一结论可能仅仅是众多的阐释中的一种，它在混乱的现实中发现了太多的联系、太多的模式以及太多的意义。See I. Wallerstein, *World Systems Analysis: An Introduction* (Durham, NC: Duke University Press, 2004) and his many other writings from the 1970s onward.

[44] Fairfield Osborn, *Our Plundered Planet* (Boston: Little, Brown, 1948); William Vogt, *Road to Survival* (New York: William

Sloan, 1948). A. Leopold, *A Sand County Almanac and Sketches from Here and There* (New York: Oxford University Press, 1949).

[45] Kenneth Arrow, Partha Dasgupta et al., "China, the US, and Sustainability: Perspectives Based on Comprehensive Wealth," Stanford Center for Sustainable Development, Working Paper No. 313, 2007.

[46] 来自联合国赞助的运营生态体系和生物多样性的经济学项目，http://www.teebweb.org/.

[47] 斯德哥尔摩恢复中心的约翰·罗克斯特姆界定了九种问题，它们分别是：同温层臭氧、土地利用变化、淡水资源应用、生物多样化、海洋酸化、氧和磷向生态环境的输入以及海洋、气胶负载和化学污染。

[48] 这种对于自然体系的掠夺行为已经滋生了一些陪伴着资本主义的上升时期的模式。西方大国（以及它们的挑战者）在中东地区过度干预，不惜用战争的方式来维护对石油的掌控。一些国家更加坚定地购买非洲、澳大利亚以及世界其他地方的自然资源，它们有一个未加过多掩饰的目标，即在未来的几十年里变成"稀土资源"的价格制定者，"稀有土地"，比如88%的白金，作为一种孕育细胞的关键资源，仅仅来源于南非的两个矿藏地。

[49] http://www.stuxnet.net/. Stuxnet turned out to originate in theUnited States.

[50] Millennium Ecosystem Assessment (MEA), *Ecosystems and Human Well-Being: Synthesis* (Washington, DC: Island Press, 2005).

[51] 之后的研究调查了在意大利和英国民众的支付意愿。这个以及提及的其他几个研究都来自联合国资助的生态系统和生物多样性经济项目在2010和2011年间发表的内容。

第5章 对于资本主义的批判

[1] 世界资本家可以追溯到17世纪，他们在18世纪兴盛起来。在

19世纪早期,大卫·李嘉图对这一概念进行了广泛的应用。但是,布莱克是首个将资本主义体制与资本家区别对待的人。

［2］最近,最具争议的问题之一是全球不平衡的情况是加剧了还是减弱了。国家内部的不平等在增强,但是,总体上的不平等通过一些方法的测量是在下降的,这主要是因为印度和中国经济的迅速发展。尽管最发达国家和最贫穷国家之间的鸿沟依然在加宽。现在,并没有可靠的数据来对比全世界人民的情况。然而可以确定的是,小范围的全球精英阶层从增长中获得了更多的收益,获得了不断增加的收入份额。

［3］http：//www.newscientist.com/article/mg21228354.500-revealed-thecapitalist-network-that-runs-the-world.html.

［4］T. Smeeding, "Public Policy, Economic Inequality, and Poverty：The United States in Comparative Perspective," *Social Science Quarterly* 86（2005）：956-983.

［5］Oscar Wilde, *The Soul of Man Under Socialism*（London：Penguin, 2001）.

［6］*The Three Ladies of London, 1583*, quoted in Lawrence James, *The Middle Class：A History*, 77.

［7］Gustavo Gutiérrez, *Teologia de la liberacion：perspectivas*（Lima, Peru：Centro de Estudios y Publicaciones, 1971）.

［8］E. F. Schumacher, *Small Is Beautiful*, new edition（UK：Vintage, 2011）.

［9］P. K. Piff, M. W. Kraus, S. Cote, B. H. Cheng, and D. Keltner, "Having Less, Giving More：The Influence of Social Class on Prosocial Behaviour," *Journal of Personality and Social Psychology*（2010）.

［10］Benjamin Disraeli, *Sybil：or the Two Nations*（New York：Oxford Paperbacks; new edition, November 26, 1998）.

［11］Thomas Davenport and John Beck, *The Attention Economy：Understanding the New Currency of Business*（Boston：Harvard Business Review Press, 2001）.

[12] Quoted in Rajan, *Fault Lines*, p. 143.

[13] Richard Sennett, *The Culture of the New Capitalism* (New Haven: Yale University Press, 2007), 6.

[14] Max Weber, *The Protestant Ethic and the Spirit of Capitalism* (London: Penguin, 2002), 16.

[15] Karl Marx, *Capital*, volume 1 (London: Penguin, 1991).

[16] Robert Heilbroner, *The Nature and Logic of Capitalism* (New York: Norton, 1985), 他特别写到了资本主义普遍存在的焦虑。

[17] Max Weber, *Economy and Society* (Berkeley: University of California Press, 1956), 91.

[18] E. Diener, C. Nickerson, R. E. Lucas, and E. Sandvik, "Dispositional Affect and Job Outcomes," *Social Indicators Research* 59 (2002): 229-259.

[19] 慈善资本主义体制是一种观念，这种观念作为对重要但特殊案例的描述是正确的，但作为一种概括又是极端不正确的。

[20] Alain Ehrenberg, *The Weariness of the Self: Diagnosing the History of Depression in the Contemporary Age* (Montreal: McGill-Queens University Press, 2008).

[21] D. Kahneman and A. Deaton, "High Income Improves Evaluation of Life but not Emotional Well-being," *PNAS* 107 (8): 16: 489-16: 493.

[22] *La fabbrica dell' infelicità. New economy e movimento del cognitariato* (Rome: Derive Approdi, 2001).

[23] R. Easterlin and L. Angelescu, "Happiness and Growth the World Over: Time Series Evidence on the Happiness-Income Paradox," IZA Discussion Paper No. 4060, 2009.

[24] Andrew Kohut, Global Views on Life Satisfaction, National Conditions and the Global Economy (Pew Global Attitudes Project, 2007); http://pewglobal.org/files/pdf/1025.pdf.

[25] B. Stevenson and J. Wolfers, "Economic Growth and Subjec-

tive Well-being: Reassessing the Easterlin Paradox," Brookings Papers on Economic Activity, 2008, 1-87.

[26] See www.gallup.com/poll/139604/worry-sadness-stress-increase-length-unemployment.aspx. 这项研究同时发现，那些长时间失业的人更易焦虑，长时间失业的人的幸福感更低。

[27] E. Diener, R. E. Lucas, and C. N. Scollon, "Beyond the Hedonic Treadmill: Revisions to the Adaptation Theory of Well-being," *American Psychologist* 61 (2006): 305-314.

[28] N. Donovan and D. Halpern, *Life Satisfaction: The State of Knowledge and Implications for Government* (London: Cabinet Office, 2002).

[29] See the speech by the Korean statistics commissioner, Insill Yi, pp. 1-2, 引自经济合作与发展组织 2005 年的报告: http://www.oecd.org/dataoecd/56/29/44118771.pdf.

[30] Egypt: The Arithmetic of Revolution, March 2011, Abu Dhabi Gallup.

[31] 这是 J. J. Graafland and B. Compen, *Economic Freedom and Life Satisfaction: A Cross Country Analysis* (paper published by Tilburg University, Center for Economic Research, 2012) 中的总结。

[32] Tim Kasser, *The High Price of Materialism* (Cambridge, MA: MIT Press, 2003), 13.

[33] Richard Ryan and Edward Deci, "Self-determination Theory and the Facilitation of Intrinsic Motivation, Social Development, and Well-being," *American Psychologist* 55 (2000): 68-78.

[34] D. Kanner and R. G. Soule, "Globalization, Corporate Culture, and Freedom," in Tim Kasser and A. Kasser, *Psychology and Consumer Culture: The Struggle for a Good Life in a Materialistic World* (Washington, DC: American Psychological Association, 2003), 49-67.

[35] Juliet B. Schor, *Born to Buy: The Commercialised Child*

and the New Consumer Culture (New York: Scribner, 2004).

[36] 有关青少年的研究也表明了媒体文化所具有的腐蚀性影响。See Agnes Narin, Jo Ormond, and Paul Bottomley, *Watching, Wanting and Wellbeing: Exploring the Links: A Study of 9-13 Year Olds* (National Consumer Council, 2007).

[37] Schor, *Born to Buy*; Moniek Buijzen and Patti M. Valkenburg, "The Effects of Television Advertising on Materialism, Parent-Child Conflict and Unhappiness: A Review of Research," *Applied Developmental Psychology* 24 (2003): 437-456; Moniek Buijzen and Patti M. Valkenburg, *The Unintended Effects of Television Advertising: A Parent-Child Survey*, Communication Research, 30 (SAGE Publications, 2003), 483-503.

[38] G. Moore and R. Moschis, "The Impact of Family Communication on Adolescent Consumer Socialization," *Advances in Consumer Research* 11 (1984): 314-319.

[39] 面对迷人的、苗条的模特，暴露在香水广告之下的女人们变得对自己的外表不满：Marsha Richins, "Social Comparison and the Idealised Images of Advertising," *Journal of Consumer Research* 18 (1991).

[40] Robert Frank, "Why Living in a Rich Society Makes Us Feel Poor" *New York Times Magazine*, October 2000; (http://partners.nytimes.com/library/magazine/home/20001015mag-frank.html, 2000).

[41] 最近的一项研究证实了门肯的定义。戴维·纽马克和安德鲁·波斯特伟特对大量的美国姐妹进行了研究，在这些样本中，姐妹中的一个没有工作。他们分析了所有可能影响其没找到工作的因素，结果发现相对收入是最强有力的影响因素。在他们的样本中，女性有16%~25%的可能性去找一份带薪工作，尤其是当她自己的丈夫比其姐姐或是妹妹的丈夫赚钱少时。D. Neumark and A. Postlewaite, "Relative Income Concerns and the Rise in Married Women's Employment," *Journal of Public Economics*, Elsevier, vol. 70, no. 1 (October 1998): 157-183.

[42] 这件事情的核心可能比这更加简单。艾克顿公爵曾写道，不满是所有进步的动力。当然，一种充满活力的资本主义经济依靠的是不满足，这促使工人们工作，促使消费者消费。可能一个具有活力的社会也是这样，一直观察着缺乏的满足感与充足的满足感之间的平衡。

[43] D. Lai, "Quantifying the Dynamics of the Chinese Labour Force: A Life Table Approach," *Social Indicators Research* 81 (2007): 171-180.

[44] 我的书 *The Art of Public Strategy* (Oxford: Oxford University Press, 2009) 研究了有关金融的已知领域以及公共官员、服务提供者和志愿者的其他动机。我对许多的实验着迷，这些实验尝试着将这些问题搞清楚，比如为了弄明白动机与表现之间互动的控制实验。例如，一个研究调查了支付薪水的程度，一些是小额的薪水、一些是中等的薪水、另一些是大额的薪水，对于执行这些实验的参与者而言，他们必须要集中注意力而且要发挥想象力，这就好比将金属片放到塑料结构的合适位置上一样，既要记住数值序列，还要朝着目标扔球。那些既得到承诺也获得最多报酬的人往往是表现最差的人，这一点恰恰和预期相反。Dan Pink, *Drive: The Surprising Truth about What Motivates Us* (Edinburgh: Canongate Books Ltd., 2010); D. Mobbs, "Choking on the Money: Reward-Based Performance Decrements Are Associated with Midbrain Activity," *Psychological Science* (2009): 955-962. http://www.fil.ion.ucl.ac.uk/~bseymour/papers/psychsci2009.pdf. 对于表现的更大的刺激会产生的、潜在的负面影响在神经科学中也有依据。一篇最近发表的论文认为，大的回报会使大脑干细胞中的基本反应通道变得过分积极，会干预更高水平技巧的运行。David Marsden, *The Paradox of Performance Related Pay Systems: 'Why Do We Keep Adopting Them in the Face of Evidence that they Fail to Motivate?'* http://cep.lse.ac.uk/pubs/download/dp0945.pdf.

第6章 反资本主义的乌托邦和新托邦

[1] Gregory Claeys, *Cambridge Companion to Utopias* (Cambridge: Cambridge University Press, 2010), 13.

［2］Moscow, Selected correspondence, 1846, p. 40.

第 7 章 变化的本质——一种制度如何转变成另一种制度

［1］Letter from Marx to Pavel Vasilyevich Annenkov, 1846, in *Marx / Engels Collected Works*, volume 38 (New York: International Publishers, 1975), 95.

［2］这些是艾尼斯特·葛尔纳对于马克思的评价, from his introduction to *Notions of Nationalism*; E. Gellner, "Introduction," in *Notions of Nationalism*, ed. S. Periwal (Budapest: Central European University Press, 1995).

［3］United Nations, *World Population Prospects*: The 2008 Revision, *Population Database*, New York: United Nations, 2009, available at http://esa.un.org/unpp/.

［4］主要源自发展中国家，以及在发达国家中观察到的相似情形，生育率的下降被认为是财富不断增长以及教育和妇女解放的结果。

［5］21世纪初期的一段时间里，人们认为美国在20世纪90年代的高生产力的奇迹一大部分归功于沃尔玛。这是高盛投资公司进行的众多有影响力的研究得出的结论。更加仔细的、采取了同样方法的研究表明，更多的变化归功于小零售商，虽然服务行业的生产力在迅速上升这一事实是不容置疑的。Jack Triplett and Barry Bosworth, *Productivity in the US Services Sector: New Sources of Growth* (Washington, DC: Brookings Institution Press, 2003).

［6］这一争论的一个变体见 Tyler Cowen, *The Great Stagnation* (New York: Dutton Books, 2011), 他在这本书中指出, 现代工业创造的"悬挂得较低的果实"已经全部被采摘了。

［7］John Maynard Keynes, "Possibilities for our Grandchildren," in *Essays in Persuasion* (New York: Norton, 1963). It was first published inLondon in 1930.

［8］关于更多的观点, 见 P. Barbosa and I. Castellanos, eds., *Ecology of Predator-Prey Interactions* (New York: Oxford University

Press, 2004)。

[9] Daniel Bell, *The Cultural Contradictions of Capitalism* (New York: Basic Books, 1976).

[10] 根据美国商务部经济分析局的调查。

[11] 引自 Luc Boltanski and Eve Chiapello, *The New Spirit of Capitalism* (London: Verso, 2007).

[12] 卢克·博尔坦斯基的有关资本主义新精神的著作详细地阐述了管理性语言是如何依照这种新精神对20世纪60年代和70年代的危机给予回应的。Luc Boltanski and Eve Chiapello, *The New Spirit of Capitalism* (London: Verso, 2007).

[13] See Loren Baritz, *The Servants of Power: A History of the Use of Social Science in American Industry* (New York: Wiley, 1960).

[14] James Utterback and W. J. Abernathy, "A Dynamic Model of Product and Process Innovation," *Omega* 3, no. 6 (1975): 636-656.

[15] Karl R. Popper, *Conjectures and Refutations: The Growth of Scientific Knowledge* (London: Routledge, 1963), 341.

[16] 最近一本有趣的书研究了这些动力：Michael Fairbanks and Stace Lindsay, *Plowing the Sea: Nurturing the Hidden Sources of Growth in the Developing World* (Boston: Harvard Business School, 1997).

[17] See Anne S. Huff and James O. Huff, *When Firms Change Direction* (Oxford: Oxford University Press, 2000).

[18] Joseph Schumpeter, *Capitalism, Socialism and Democracy* (London: Allen & Unwin, 1943).

[19] 有关这种现象的有趣评论见 David Bohm, *On Dialogue* (London: Routledge, 2004)。

[20] Leon Festinger, *A Theory of Cognitive Dissonance* (Evanston: Row, Peterson and Co., 1957).

[21] 这一变化的问题在于创新并没有解决生产力的问题，只是解

决了浪费的问题，例如"积极的建筑师"，泰迪·克鲁兹运用圣迭戈的"垃圾"材料来建造房子、保健诊所以及其他位于提华纳的建筑，将那些人口稠密区城市街区的被忽视以及未利用的空间转变成一个充满活力、可以工作的环境；在阿姆斯特丹采用再利用的方式给文化公园赋予新的生机；或者将纽约市一个古老的、被废弃的高架铁路变成一座城市公园（纽约高线公园）。

[22] 我在自己的文章中写到了这一点，"The Power of the Weak" in *New Times*, ed. M. Jacques and Stuart Hall（London：Lawrence and Wishart，1989），这篇文章预言了一个充满着更加积极的网络力量的时代。

[23] Donald Schon, *Beyond the Stable State*（New York：Norton，1973）.

[24] H. Gardner, *Changing Minds：The Art and Science of Changing Our Own and Other People's Minds*（Boston：Harvard Business School Press，2006）.

[25] T. J. Clark, *The Painting of Modern Life：Paris in the Art of Manet and His Followers*（New York：Knopf，1984）.

[26] 这种情况既会在微观的范围内发生，也会在宏观的范围内发生，现在建造这些不稳定的、能动的变化模型变得可能，用以展示具备不同可塑性和确认性水平的人们怎样看待其他人对变化做出的反应，并选择他们想要另辟蹊径的时机。有些时候以前边缘化的观点会上升为主流的观点。

[27] 这项调查吸取了各种相互矛盾的政治分析以及它们之前有关社会运动的"资源动员"理论，这种理论尝试着解释为什么连那些能够体会别人伤痛的人通常都不会采取措施。

[28] 出自一篇在奥格尔绍普大学发表的演讲。

[29] David R. Marsh, Dirk G. Schroeder, Kirk A. Dearden, Jerry Sternin, and Monique Sternin, "The Power of Positive Deviance," *British Medical Journal* 329（2004）：1177-1179.

[30] 一次又一次，变革的推动性力量都是那种受挫奋起的中产阶

级,他们对于政治和经济秩序去了耐心,因为这些体制都没有给他们发泄的机会。

[31] 查尔斯·蒂里的著作是最具综合性的、有关实际的变化动力的著作,而且有关于政治和其他企业家所扮演角色的内容。

[32] Peter Hall, *Cities in Civilisation* (New York: Pantheon, first ed., 1998).

[33] 在我的 *Connexity* (Boston: Harvard Business Press, 1997) 一书中,我研究了这些具有创新性的地方以及边缘城市的特色,这本书借鉴了20世纪90年代创新城市网间的关系。Mihaly Csikszentmihalyi, *Creativity: Flow and the Psychology of Discovery and Invention*, (New York: Harper Perennial, 1997) provides a useful frame for understanding why creative places and groups thrive.

[34] 参见我和吉廷德尔·克里共同为美国进步中心撰写的两个册子:"Capital Ideas"和"Scaling New Heights",这两个册子调查了政府采用了什么方法来加速创造性,两个册子都由美国进步中心于2010年出版。

[35] 一个很好的当代例子就是 kaggle (www.kaggle.com),这个网站为电脑程序设计师和数据统计学家提供了奖励,为的是改进可预知的模型。

[36] "群体智慧"是由皇家海军发明和研究委员会运营的。See Jon Agar, *Science in the Twentieth Century and Beyond* (Cambridge, Polity Press, 2012), 95.

第8章 创造性和掠夺性技术

[1] Ray Kurzweil, *The Singularity Is Near: When Humans Transcend Biology* (New York: Viking, 2005).

[2] 但是,即使是军事技术也可以集中力量或者分散力量。研究项目基金将高度精密的军事机器和水平较差的民兵组织之间的差异缩小了,然而,原子弹武器本身所具有的本性使其倾向于要求较大的国家体制来管理。

〔3〕这项独特的技术是由法国群众测量公司 Quividi 提供的，它是 2006 年创建于巴黎的一家公司。

〔4〕他们的行动在维基解密网上有详尽的记载。

〔5〕B-A. Lundvall, ed., *National Innovation Systems: Towards a Theory of Innovation and Interactive Learning* (London: Pinter, 1992). 这本书对国家、科学和商业在创新中，相互之间所扮演的角色进行了界定性的描述。

〔6〕Arnold Pacey, *Technology in World Civilisation* (London: Blackwell, 1990), 19.

〔7〕Fred Block and Matthew Keller, *Where Do Innovations Come From? Transformations in the U.S. National Innovation System*, 1970-2006 (Washington, DC: Information Technology and Innovation Foundation, 2008).

〔8〕2009 年在英国进行的创新调查显示大多数创新公司彼此之间都存在正式的合作。

〔9〕最近，本杰明·琼斯创作的、有关创新减慢的、较有趣的著作包括 The Burden of Knowledge and the Death of 'Renaissance Man': Is Innovation Getting Harder, *NBER Working Papers* 11360, National Bureau of Economic Research, Inc. 有关同样问题更加受欢迎的一部书是泰勒·科文写的 *The Great Stagnation*.

〔10〕Benjamin Jones, "As Science Evolves..." http://www.kellogg.northwestern.edu/faculty/jones-ben/htm/As_Science_Evolves.pdf.

〔11〕Eric Hobsbawm, *Age of Extremes: The Short Twentieth Century* 1914-1991 (London: Abacus, 1999), 87.

〔12〕See, for example Edward Lewis, *Scientific Revolutions & Economic Depressions*, published online 1999. http://sciencejunk.org/.

〔13〕www.Longwavegroup.com 网站收集了大量有关这些理论的有用资料。

〔14〕这一部分主要借鉴了由克里斯托弗·弗里曼、卡洛塔·佩雷斯以及罗克·苏特倡导的思想学派所首创的系列书籍及文章，这些书籍

和文章是关于 20 世纪 80 年代和 90 年代的技术、经济以及社会变革的（大多数的工作发生在英国萨塞克斯大学的科学政策研究中心：http：//www.sussex.ac.uk/spru/）

［15］Richard G. Lipsey, Kenneth I. Carlaw, and Clifford T. Bekar, *Economic Transformations*, *General Purpose Technologies and Long-Term Economic Growth* (Oxford：Oxford University Press，2005).

［16］N. Crafts and T. Leunig (2005), "The historical significance of transport for economic growth and productivity"；http：//webarchive.nationalarchives.gov.uk/+/http：//www.dft.gov.uk/about/strategy/transportstrategy/.

［17］Nathan Rosenberg, *Inside the Black Box* (Cambridge，MA：Cambridge University Press，1982)；Richard Nelson and Sidney Winter, *An Evolutionary Theory of Economic Change* (Cambridge，MA：Belknap Press of Harvard University Press，1985)；Toby Huff, *The Rise of Early Modern Science* (Cambridge：Cambridge University Press，1993).

［18］W. Brian Arthur, *The Nature of Technology：What It Is and How It Evolves* (New York：Free Press，2009), 85.

［19］摩尔定律最初陈述了可以安装在一个集成电路上的晶体管的数量每年都在以两倍的速度增长（有时这一时间跨度被表述成两年或者 18 个月，而且这一定律也可以应用到处理能力上）。梅特卡夫定律陈述了通信网络的价值和这一系统的用户（或者相连接的设备）是相一致的。

［20］Reinhart and Rogoff, *This Time Is Different* 为人们提供了有关过去现金的详尽的且具有说服力的描述。

［21］Carlota Perez, *Technological Revolutions and Financial Capital* (Cheltenham：Edward Elgar，2002).

［22］James Burnham, *The Managerial Revolution：What Is Happening in the World* (New York：John Day Co.，1941).

［23］C. Freeman and C. Perez, "Structural Crisis of Adjustments,

Business, Cycles and Investment Behaviour," in *Technical Change and Economic Theory*, ed. Dosi et al. (London: Printer Publishers, 1988), 60.

[24] 正如在欧洲一样，大的商业组织可以看到风险社会化的优势，这种形式确保了一个更加稳定和有效率的社会，而且倾向于提高小型公司相对于大型公司的成本。

[25] Thomas Piketty and Emmanuel Saez, "How Progressive Is the U.S. Federal Tax System? A Historical and International Perspective," *Journal of Economic Perspectives* 21, no. 1 (Winter 2007): 3-24.

[26] 现在由弗拉斯卡蒂维持的手册如同研发政策制定者的《圣经》，这本手册将研发定义为包括基本的用来习得知识却不需动脑的研究，在应用研究领域中知识创造有着特殊的实用性目的，实验性发展吸取了研究的成果来创造新的产品、加工程序和体制。Frascati Manual: Proposed Standard Practice for Surveys on Research and Experimental Development, http://www.oecd.org/document/6/0, 3343, en_2649_34451_33828550_1_1_1_1, 00.html.

[27] Joseph Schumpeter, *Capitalism, Socialism and Democracy* (London: Routledge: (1943), 132.

[28] See, for example Lundvall, *National Innovation Systems*; Tudor Rickards, *Stimulating Innovation: A Systems Approach* (London: Pinter, 1985); J. Gershuny, *Social Innovation and the Division of Labour* (Oxford: Oxford University Press, 1983); M. Njihoff, *The Political Economy of Innovation* (The Hague: Kingston, 1984).

[29] Pacey, *Technology in World Civilisation*, vii.

[30] 源自拉尔夫·迈森扎赫和乔尔·莫基尔著作中最多的信息，他们的著作是有关工业革命的。在工业革命时期，像理查德·罗伯特这样居住在曼彻斯特的工匠和修补匠将充满希望的发明（如走锭纺纱机）变成了强大的、有效的纺纱机。

［31］Joel Mokyr, *The Lever of Riches*: *Technological Creativity and Economic Progress* (Oxford: Oxford University Press, 1990).

［32］David Landes, *The Wealth and Poverty of Nations* (New York: Norton, 1998), 296.

［33］OECD, "Global Value Chains," 2011.

［34］最近的一个最好的例子见 Kevin Kelly, *What Technology Wants* (New York: Viking, 2010).

［35］莫里斯（荷兰三位执政者之一）为他的军人设计了一种详尽的培训计划，这样一来他们就可以像机器一样操练。威廉·配第在收集和分析数据方面是领头羊。路易斯·保罗以及其他一些人观察女性操作纺车的动作为的是能够用机器来取代劳动。

［36］John Gray, *The Immortalization Commission* (London: Allen Lane, 2011) 记载了一种有关早期渴望延长寿命的、令人着迷的阐述。

第9章 基于关系和维护兴起的经济体

［1］我在发展世界上最早的关注于创新性和文化工业的经济政策中起到了一定的作用（在 1985—1986 年间，我与别人一起制定了伦敦的文化产业发展政策，之后与世界上的许多批判者一起合作，我们都渴望创新性的工业，从新加坡到上海，再到赫尔辛基和巴塞罗那），与此同时，我也研究远程通信的政策和规则。我的博士论文完成于 1990 年，主要关注网络和新兴互联网经济。在上面的每个案例中，我都是一个小小的组成部分，从基于物质的经济到基于非物质经济的转变，我都有所研究。

［2］See Geoff Mulgan, *Communication and Control*: *Networks and the New Economies of Communication* (Cambridge: Polity, 1991). 我观察了许多发明，从电话到公共信息网终端，这些都主要用于社会交流，尽管它们的创造者、工程师以及促销者都预想着不同的用途，比如教育和娱乐。同样的模式也继续延伸到短讯服务、社交网络、微博及移动手机领域。

[3] See "Sinking and Swimming: Understanding Britain's Unmet Needs," The Young Foundation (2009), 其中有关一个发达国家物质和心理需求转变模式的详细分析显示：能源、房屋、衣服以及鞋子的匮乏在最近几十年中已经迅速地下降了，但是其他种类的资源匮乏变得越来越明显。

[4] 欧盟7.8%的工作增加都源自服务行业（在1995—2005年间工作时间总共增长了8.1%）。See Charles Roxburgh and Jan Mischle, *European Growth and Renewal: The Path from Crisis to Recovery* (McKinsey Global Institute, 2011).

[5] Healthcare Economist, CBO Health Care Expenditure Forecasts; http://healthcare-economist.com/2009/08/26/cbo-health-care-expenditure-forecasts 2009.

[6] 比如，据估计在德国，60年代以后的各代人的购买力占据了大约33.3%的总计私人消费，而且到2050年将增长到超过40%。Economic Policy Committee and European Commission, "The Impact of Ageing on Public Expenditure: Projections for the EU25 Member States on Pensions, Health Care, Long-term Care, Education and Unemployment Transfers (2004-2050)," European Economy, Special Report, No. 1/2006 (HPCEC, 2006).

[7] Rijkers Braun et al., Directorate-General for Research, Socio-economic Sciences and Humanities: Special Issue on Healthcare—Healthy Ageing and the Future of Public Healthcare Systems, EUR 24044 EN, November 2009, ISBN978-92-79-13120-2, DOI 10.2777/47289, ISSN 1018-5593; http://ec.europa.eu/research/social-sciences/pdf/efmn-special-issue-on-healthcare_en.pdf.

[8] 急诊治疗所耗费的大额支出也可能加快了服务行业的创新，这样就可以减少不必要的开销。一旦价值可以得到测量和管理，同时考虑到预防，一系列的新兴商业就变得成为可能。有关"预防投资"的发展状况，见 *Social Impact Investment: The Challenge and Opportunity of Social Impact Bonds*, paper published by the Young Foundation,

London，April 2011。

[9] 此类调查见 J. Moncrief and I. Hirsch, "Efficacy of Anti-depressants in Adults," *British Medical Journal* 331 (2005)：155-157。

[10] 另一个有趣的例子就是美国的老年人计划，一个小型的健康管理组织，它鼓励身体好的成员关心其他的人。原则是处于中年时期的人们建立类似信贷的体系，这样的话在他们老了后就可以兑换现金。它也鼓励参与者承担这个体系中的责任，与此同时也可以从自身提供的支持中受益。这种想法已经讨论过几十年，老年人计划是一种实用的方式，它可以将这种想法付诸实践。

[11] 吉姆·麦克敏和绍莎娜·苏波夫在他们写到有关"支持经济"崛起时提出了相类似的观点。James Maxmin and Shoshanna Zuboff, *The Support Economy：Why Corporations Are Failing Individuals and the Next Episode of Capitalism* (New York：Viking, 2002)．

[12] 盖瑞·贝克是强烈的女性经济学的潮流中的一个特例。但是，传统经济学的主导潮流，包括工作经济，仅仅是忽视了那些不用付钱的工作。

[13] 当然，对于集体消费平台的更多利用将解放为其他目的而进行的消费开支。

[14] 一个针对美国教育行业的评论员（在金融服务领域同样拥有一定地位，曾警示人们21世纪初期的次级市场也是危机重重的）描述了低劣质量的风险及其对学生进行的剥削，这些都得到了被误解的政策的支持，在这种情况下，"政府、学生以及纳税人承担了所有的风险，然而，以获利为目的的产业却获取了所有的奖励"：http：//www.nypost.com/p/news/opinion/opedcolumnists/subprime_goes_to_college_FeiheNJfGYtoSwmtl5etJP.

[15] *The World Giving Index*, Charities Aid Foundation, London, 2009.

[16] 在意大利有7 000家合作社提供保健、康复和雇佣类服务，244 000名工作人员中有志愿者35 000名；西班牙25 000家合作社雇佣了超过300 000名员工。

[17] L. M. Salamon, M. Haddock, W. S. Sokolowski, and H. Tice, *Measuring Civil Society and Volunteering: Initial Findings from Implementation of the UN Handbook on Nonprofit Institutions* (John Hopkins University, Center for Civil Society Studies, 2007), Working Paper No. 23. 欧盟估计大致有1 100万人在被宽泛地称为社会经济的领域中工作，而且在21世纪中期前，仅仅是慈善产业就将雇佣将近1 000万名带薪工作者，同时还会有近500万名全职志愿者，相当于就业人员总数的10%。L. M. Salamon and W. S. Sokolowski, *Employment in America's Charities: A Profile*, Nonprofit Employment Bulletin, 26 (Johns Hopkins Center for Civil Society Studies, 2006); http://www.ccss.jhu.edu/pdfs/NED_Bulletins/National/NED_Bulletin26_EmplyinAmericasCharities_2006.pdf.

[18] 结果就是一系列的私有化大多数都以悲惨的结局收场，经历了过度扩张和破产，同时还承受着再次互利化的压力。那些经营不善、欠缺管理的互利建筑社团变得濒临破产，就是因为它们贪婪地追逐利润。

[19] 他们运用立法的方式来创造新的制度（比如英国的社区利益公司和美国的L3C），这些公司使得公民社会获得权益的同时，让投资变得更加容易。

[20] See J. Defourny and M. Nyssens, Social Enterprise Europe: Recent Trends and Developments, *Social Enterprise Journal* 4, no. 3 (2008), and J. Defourny and M. Nyssens, "Conceptions of Social Enterprise in Europe and the United States: Convergences and Divergences," paper presented at the Eighth ISTR International Conference and Second EMES-ISTR European Conference, Barcelona, July 9-12, 2008. See also Robin Murray, Geoff Mulgan, and Julie Caulier, *Social Venturing* (London: Young Foundation/NESTA 2009).

[21] Charles Heckscher and Paul S. Adler, *The Firm as a Collaborative Community* (Oxford: Oxford University Press, 2006).

[22] H. Chesbrough, *Innovation Intermediaries, Enabling Open*

Innovation (Boston: Harvard Business School Press, 2006).

[23] 想了解更多有关社会创新兴起的文学，见 the many reports of NESTA and the Young Foundation, and also F. Westley, B. Zimmerman, and M. Patton, *Getting to Maybe: How the World Is Changed* (Toronto: Random House Canada, 2006).

[24] FORA et al., *The New Nature of Innovation*—report for the OECD, 2009.

[25] http://Nestainnovation.ning.com/.

[26] E. Schonfeld, "Four Years After Founding, Kiva Hits $100 Million in Microloans," Techcrunch, 2009; http://www.techcrunch.com/2009/11/01/four-years-after-founding-kiva-hits-100-million-in-microloans//.

[27] 另一个促进新的社会模式更加有效增长的条件是创造更多更加有组织化行动的市场，这些市场追求结果，回报那些取得了显著的成就的提供者，比如更低的犯罪率或者失业率。有许多对这种模式进行检测的实验正在进行，从按照结果来付薪水到英国的社会影响债券以及美国的成功债券。这些"预防性投资"模式尝试着将未来的存款变为货币，因此如果一项服务可以证明减少了医院入住率，或者减少了监狱数量，或者减少了享受福利的青少年人数，那么它就可以得到存款份额以作奖励。See *Social Impact Investment: The Challenge and Opportunity of Social Impact Bonds*, paper published by the Young Foundation, London, April 2011.

[28] See Geoff Mulgan and R. Murray, *The Open Book of Social Innovation* (London: Nesta/Young Foundation, 2010).

[29] 最近，公共领域大规模社会创新的例子就是健康方面，丹麦电子健康记录是地方与中央政府之间的合作，这项合作将健康信息和网上健康服务汇集到一起。病人可以找到与健康相关的信息和建议，在线预订设备，预订并更新处方，在线向健康专家进行咨询，并可以看到自己的个人病例。医生和病人可以使用病人的预约日历、实验室数据、病人记录、医院的等候单信息以及其他一些信息。这些元素本身并不具有

特别的革新性，但是，当结合到一起时，它们就可以成为对保健的改变。评价显示，大约33.3%的用户在健康网上找寻健康信息和建议，他们会选择延迟或避免见家庭医生，这就每年净减少了大概900 000次与全科医生的会面。引进电子处方每年节省了超过1 200万欧元（相比较而言，运营电子记录的费用只有500万欧元）。这就给予患者更加好的感受，他们可以知道自己的健康信息，向专家咨询变得更方便了，与此同时，提高了他们照顾自己的能力，也提高了他们对体制的满意程度。见 https：//www.sundhed.dk/service/english/about-the-ehealth-portal/background.

[30] 参见有关行为变化相关证明的综述，这是我在2010年我为英国卫生部统计的数据。http：//www.dh.gov.uk/en/Publicationsand-statistics/Publications/PublicationsPolicyAndGuidance/DH_111696.

[31] 尽管在提高测量和检验方面有一股强大推动力，在达到与自然科学的机遇相匹配方面，在提供可以证伪的假设方面，社会政策依然任重而道远。然而，设计可以进行检测事物这种工作更像是随机组合，而不是演绎。一个草图就涉及了工具和判断以及数据和研究方法。一代人以前的一个很好的概括来自Jerry A. Hausman and David A. Wise, eds., *Social Experimentation* (Chicago：University of Chicago Press, 1985), and the National Bureau of Economic Research. For a more recent perspective, see *Using Evidence to Improve Social Policy and Practice*, *Perspectives on How Research and Evidence Can Influence Decision Making*, edited by Ruth Puttick with an introduction by Geoff Mulgan (London：NESTA, 2011).

[32] L. Menand, *The Metaphysical Club：A Story of Ideas in America* (New York：Farrar, Straus and Giroux, 2001), xi-xii.

第10章 关于资本主义的衍生观点

[1] 对于135个在40年前或更早时就拥有综合性数据指标用以预测经济的国家而言，人均国内生产总值翻了一番，期望寿命从1970年的59岁上升到了2010年的70岁，小学和初中适龄儿童的入学率从

55%上升到70%。The 2010 Report—*The Real Wealth of Nations*: *Pathways to Human Development* (New York: UNDP, 2010).

[2] 想了解更详细的有关在现代经济中象征着职位的物品所扮演的角色知识，见 http://www.youngfoundation.org/our-work/research/themes/social-needs/positional-goods/positional-goods.

[3] Fred Hirsch, *Social Limits to Growth* (London: Psychology Press, 1995).

[4] Geoff Mulgan, *New Measures, New Policies: The Democracy of Numbers* (London: Young Foundation, 2009).

[5] J. Stiglitz, A. Sen, and J. Fitoussi, Report by the Commission on the Measurement of Economic Performance and Social Progress (France, 2009).

[6] Nicola Bacon, Marcia Brophy, Nina Mguni, Geoff Mulgan, and Anna Shandro, *The State of Happiness: Can Public Policy Shape People's Wellbeing and Resilience?* (London: Young Foundation, 2010).

[7] 到21世纪30年代，世界上80亿人口中的50亿可能会住在城市里，其中20亿人住在中东、非洲以及亚洲的城市的巨大贫民窟中。U.S. Joint Forces Command, Center for Joint Futures: The Joint Operating Environment (JOE) 2008: http://www.jfcom.mil/newslink/storyarchive/2008/JOE2008.pdf.

[8] Mill, *On Liberty* (London: Penguin Books, 1859).

[9] Smith, *Theory of Moral Sentiments* (Cambridge: Cambridge University Press, 2002).

[10] Norbert Elias, *The Civilising Process: Volume 1, The History of Manners* (Oxford: Blackwell, 1969).

[11] R. Chartier, *On the Edge of the Cliff: History, Language and the Practices* (Baltimore: Johns Hopkins University Press, 1997).

[12] E. Ikegami, *Bonds of Civility: Aesthetic Networks and the*

Political Origins of Japanese Culture (Cambridge：Cambridge University Press，2005）.

［13］在美国，移民对于企业家精神的影响记载在一项研究中，"American Made：The Impact of Immigrant Entrepreneurs and Professionals on US Competitiveness,"该研究来自美国风险投资协会。

［14］Charles Sabel，*Learning by Monitoring* (Cambridge，MA：Harvard University Press，2006）.

［15］See Ian Morris，*Why the West Rules for Now：The Patterns of History and What They Reveal About the Future*（New York：Farar，Straus，and Giroux，2010），你可以找到有关社会发展的一个十分有帮助的定义。

［16］有关一个单一的全球蜂群思维已经开始出现，这是弗拉基米尔·沃尔纳德斯基做出的一个论断，很有趣，但是并没有证据可以证明互联网赋予了人们数量可观的、质量却不好的网络交流机会（尽管许多书都对此有很多信心满满的宣言）。人群既可能是愚蠢的，同时也可以是智慧的。但是，我们正在研究什么样的人群有可能放大愚蠢，什么样的人群有可能减弱愚蠢，还有就是集体智慧无疑在迅速地发展，尽管感受、观察、聚集和加工的能力比思考或是辨别的能力更强一些。See Geoff Mulgan et al.，"Collective Intelligence," NESTA Draft Discussion Paper，2011.

［17］Boris Groysberg，*Chasing Stars：The Myth of Talent and the Portability of Performance*（Princeton：Princeton University Press，2010）.

［18］有关完美社区的想法可以成为一种思考的工具，而并不是一项对策。和许多人一样，我重视隐私和界限，我认为不断交流和时刻清醒这种想法十分可怕。我也赞同界限和障碍对创新性有很重要的作用，我们需要安静和空间，这样我们才能思考。

［19］纳什均衡的想法已经被用于分析诸如战争和军备竞赛等情况，分析拥有不同偏好的人的合作（对于标准的不同偏好）以及像交通流量和拍卖这些情况。

[20] Niklas Luhmann, *Love*：*A Sketch* (Cambridge：Polity, 2010)，这是一部十分独特的书，其中有对于现代社会爱情的一系列分析以及对于为什么现代性带来了如此多的对于爱情的关注的分析。

[21] Robert Ellickson, *The Household*：*Informal Order Around the Hearth* (Princeton：Princeton University Press, 2008)，105.

[22] 斯特凡·布劳德班特是一位人类学家，他是瑞士电信公司用户采用实验室的管理者，该公司是瑞士最大的远程通信运营商。她的作品认为典型的用户花费80％的时间来和其他仅仅4个人交流，私人交流正在入侵工作场所，而不是工作正在入侵私人生活，还有，移民是最先进的通信技术应用者，见 http：//www.economist.com/node/9249302? story_id=9249302/.

[23] F. De Waal, *The Age of Empathy*：*Nature's Lessons for a Kinder Society* (NewYork：Crown, 2009).

[24] Robert Ader, *Psychoneuroimmunology*, vol.1 (New York：Academic Press, 2007).

[25] '*Stayin' Alive*：*That's What Friends Are For* (Provo, UT：Brigham Young University Press, 2010)；http：//news.byu.edu/archive10-jul-relationships.aspx.

[26] G. Akerlof, *Animal Spirits*：*How Human Psychology Drives the Economy*, *and Why It Matters* (Princeton：Princeton University Press, 2009)，25.

[27] Stefano Bartolini, Ennio Bilancini, and Francesco Sarracino, "Are Happiness and Social Capital Related in the Long Run? Some World-Wide Evidence," presented at the Symposium on Does Economic Growth Improve the Human Lot? Reassessing the Easterlin Paradox, IX ISQOLS Conference, July 19-23, Florence, 2009.

[28] Bent Flyvbjerg, Nils Bruzelius, and Werner Rothengatter, *Megaprojects and Risk*：*An Anatomy of Ambition* (Cambridge：Cambridge University Press, 2003).

[29] 这些同样尝试着估计非用户可能重视什么，不论是通过"利

他主义的应用"（知道其他人可能喜欢）、"选择性应用"（用机会做什么事情）、"遗赠使用"（将一些东西留到将来用）还是"显存性使用"（知道事物存在，即使你个人并不喜欢享用它）。

[30]"旅游成本方法"是一个例子，这种方法观察的是一个旅游景点的价值，人们去这个地方旅游的时间以及旅游成本花费。由于旅行花费和时间成本会随着距离的增加而增加，由此针对某一景区建立一个"付款的边际意愿"是有可能的。

[31] The following books provide a good overview: C. J. Barrow, *Social Impact Assessment: An Introduction* (London: Arnold, 2000); H. Becker and F. Vanclay, *The International Handbook of SIA* (Cheltenham: Edward Elgar, 2003); H. A. Becker, *Social Impact Assessment: Method and Experience in Europe, North America and the Developing World* (London: UCL Press, 1997); Scholten, Nicholls, Olsen, and Galimidi, *SROI A Guide to Social Return on Investment* (Amstelveen, The Netherlands: Lenthe Publishers, 2006).

[32] 法国经常被描述成反对企业家精神的地方。但是，根据最具权威的国际调查显示，在未来的三年里，法国将比美国拥有更多对创业感兴趣的人，而且法国将有更多的拥有并且经营新创立的企业的人。See the Global Entrepreneurship Monitor—Global Report 2007.

[33] Israel Kirzner, *Competition and Entrepreneurship* (Chicago: University of Chicago Press, 1973).

[34] Ludwig von Mises, *Human Action: A Treatise on Economics* (San Francisco: Fox & Wilkes, 1949), 252-253.

[35] Joseph Schumpeter, *The Theory of Economic Development: An Inquiry into Profits, Capital, Credit, Interest and the Business Cycle* (New Brunswick, NJ: Transaction Publishers, 1934).

[36] 首先，我设定了一种这一争论的变体形式，见 Geoff Mulgan and Charles Landry, *The Other Invisible Hand: Remaking Charity for the 21st Century* (London: Demos, 1995).

[37] Georg Simmel, *The View of Life: Four Metaphysical Es-*

says with Journal Aphorisms, translated by A. Y. Andrews and Donald J. Levine; With an Introduction by Donald N. Levine and Daniel Silver (Chicago: University of Chicago Press, 2010).

［38］J. Kao, *The Entrepreneurial Organisation* (Englewood Cliffs, NJ: Prentice Hall, 1991), and *Jamming: The Art and Discipline of Business Creativity* (Harper Business, 1997), 它们都是关于创新这一具有创造性的维度的很好的阐释。

［39］积极和消极影响量表（PANAS）是由沃特森，克拉克以及特勒根创造的，他们认为，仅仅通过一个量表来衡量幸福感或者痛苦不足以抓住不同感情间复杂关系的。D. Watson, L. A. Clark, and A. Tellegen, "Development and Validation of Brief Measures of Positive and Negative Affect: The PANAS Scale," *Journal of Personality and Social Psychology* 54 (1988): 1063-1070.

［40］Daniel Kahneman, Peter P. Wakker, and Rakesh Sarin, "Back to Bentham? Explorations of Experienced Utility," *Quarterly Journal of Economics* 112, no. 2 (1997): 375-405.

［41］http://www.vtpi.org/tca/tca0502.pdf.

［42］要对折扣率、"指数"率和"双曲线"率的重要性以及为什么它们倾向于反映社会结构和社会关系强度等问题进行更加详细的分析，参见我的书里有关价值的章节，The Art of Public Strategy.

第11章 新的调整——社会是如何（偶尔）跳跃的

［1］http://news.bbc.co.uk/onthisday/hi/dates/stories/december/1/newsid_4696000/4696207.stm

［2］http://www.nzhistory.net.nz/death-of-michael-joseph-savage.

［3］Dani Rodrik, *One Economics, Many Recipes: Globalization, Institutions, and Economic Growth* (Princeton: Princeton University Press, 2007).

［4］卢梭写道，一个更好的社会的立法是，"一个为了超越人为力

量的企业"要求"一种什么都不是的权威"得到贯彻落实。*The Social Contract* (London：Penguin，1968).我们理想的变革领导者是这样的一个人,他或她愿意将自己融入到群众中去。在商业领域也是一样的,一个新技术时代的理想创造者并不期待着将他或她自己的成功变成一种永恒的垄断。

[5] Roberto Unger，*The Self Awakened：Pragmatism Unbound* (Cambridge：Harvard University Press，2007).

[6] 美国所具有的一个优势就是对于高等教育的高额投资占到了国内生产总值的 3.3%,欧盟的这一数字仅仅是 1.3%;但是,另外一个优势可能更加重要,那就是对人力资源的更好的应用。

[7] Geoff Mulgan and Mary Abdo, "Innovation in Higher Education," in *Blue Skies：New Thinking about the Future of Higher Education*, ed. L. Coffat (London：Pearson Centre for Policy and Learning，2011).

[8] See A. B. Markman and K. L. Wood, eds., *Tools for Innovation* (Oxford：Oxford University Press，2009).

[9] 这是工作室学校模型的部分逻辑,现在,在英国一些新兴的学校中正在实行该模型。See www.studioschooltrust.org.

[10] "修复未来"是由我和已经过世的迪奥戈塞·伐斯冈萨雷斯一同发起的一项运动的宣言,为的是鼓励政府对 2009 年的危机给予回应,通过给创新投资而不是通过挽救已经衰落的产业。

[11] 20 世纪 40 年代,哈耶克在一系列文章中批评了知识分子将他们所熟知的那种知识当作特权的方式。与更加不系统的日常生活知识相比,知识分子更熟悉系统的研究和科学。Friedrich A. Hayek, "The Use of Knowledge in Society," *American Economic Review* 35，no. 4 (1945)：519-530.

[12] 存在大量的、有关研发支出与增长之间相互关系的计量经济学报告,但是,人们对于研究对增长是否真的起到了作用这个问题并未达成共识,研究的影响主要是通过人力资本而不是知识的价值展现的。

[13] 一些大学做得很好,在 21 世纪第一个十年的中期,收入涌向

美国最成功的大学，加利福尼亚大学的收入是 19 300 万美元；纽约大学的收入是 15 700 万美元；斯坦福大学的收入是 6 100 万美元；维克森林大学的收入是 6 000 万美元；明尼苏达大学的收入是 5 600 万美元；麻省理工大学的收入是 4 300 万美元。但是，对于大多数学校而言，收入都很少。相反，日本最成功的大学，管理许可证收入只有 140 万美元。

[14] See Geoff Mulgan and Tom Steinberg, *Wide Open：The Potential of Open Source Solutions* (London：Young Foundation/Demos, 2006).

[15] See, for example Michael Kremer, "Patent Buyouts：A Mechanism for Encouraging Innovation," *Quarterly Journal of Economics* 113, no. 4 (1998)：1137-1167.

[16] See "Using Evidence to Improve Social Policy and Practice, Perspectives on How Research and Evidence Can Influence Decision Making," edited by Ruth Puttick with an introduction by Geoff Mulgan (London：NESTA, 2011).

[17] 我建议了一种这样做的方式，见 *Wide Open：The Potential of Open Source Solutions*, co-authored with Tom Steinberg (London：Young Foundation/Demos, 2005)。

[18] 想了解更多有关数据生产技术的信息，见 Edward W. Deming, *Out of the Crisis：Quality, Productivity and Competitive Position* (Cambridge, MA：MIT Press, 1986); or Edward W. Deming, *The New Economics for Industry, Government, Education*, 2nd ed. (Cambridge, MA：MIT Press, 2000).

[19] 根据《经济学人》的统计，在被调查的商业中只有 17% 用到了它们所收集的 75% 以上的数据。麦肯锡预计在美国保健领域中，对于大量数据的更好应用每年可以带来 3 000 亿美元的收入。

[20] 参见英国的 Mydex 项目（www.mydex.org）.

[21] 例如由政府支持的伦敦的数据储藏库以及一些其他的阳光实验室及社会创新营。当它们可以得到内部资料，比如可以知道哪里存在

周期性的问题和需求时,这些方式都将变得更加有效。

[22] 我的猜测是,大多数都将以混合所有权的形式以及统治结构为结局,既不是完全处于公共领域中,也不是完全处于其外。

[23] 瑞詹的评论可以在他的 *Fault Lines：How Hidden Fractures Still Threaten the World Economy*（Princeton：Princeton University Press,2010）一书中找到。

[24] 与一些论断相反的是,社区再投资法案和次货危机爆发的关系并不大,大多数由银行提供的非经济抵押贷款走向破产,它们并未涵盖在社区再投资法案的范围内。

[25] Crowdcube 和 Kickstarter 已经筹集到了 18 000 万美元的资金,在英国,Zopa 和其他组织已经筹集到了 15 000 英镑的资金来进行对等借贷。

[26] 就拿意大利的 Etica 银行来说,它是基于严格的原则之上的：以所有方式进入金融领域都是天生的权力,以职业道德为导向的金融意识到了经济行为的非经济后果；效率和清醒是职业责任的组成部分；由所有权和金钱交换所产生的利润必须来自那些为了追求大众的幸福的活动,而且应该在对其实现做出贡献的所有人中分配利润；所有运营模式都达到最大限度的透明是所有具有职业道德的金融活动的一个主要特征；股权所有者以及储蓄人应该积极参与公司的决策程序,这种情况应该得到鼓励；每一个接受而且遵循金融事业原则的组织都应按照这些原则来促进整个经济活动的发展。

[27] Adam Smith, *The Wealth of Nations*（London：Penguin, 2003）,660.

[28] 最近,主流经济学家的书正在调查这些问题,这些问题在一二十年前主要是在环保运动中讨论的。例如：Diane Coyle, *The Economics of Enough*（Princeton：Princeton University Press,2010）。

[29] 此类以及相关的观点在我 1996 年授权给尼克·温厄姆·罗文写的有关 *Guaranteed Electronic Markets*（《受到保护的电子市场》）这本书中有所描述,尽管一股新网络浪潮将这些想法大规模付诸实践又花费了 10 年。

［30］这些的到来是以针对消费者进行更高的收费为代价的。问题是从长远来看，附加的生产力收益是否可以超过这些成本。它们可能也会让其他一些国家受益，就好像德国的再生能源回购费率就让中国生产者受益了。

［31］See "Fostering Innovation for Green Growth," OECD, 2010.

［32］See D. T. Mortensen and C. A. Pissarides, "Job Creation and Job Destruction in the Theory of Unemployment," *Review of Economic Studies* 61, no. 3 (1994): 397.

［33］一个很好的例子是一种简单的体制使得单一的商人能够雇佣另一个人，在他们自己的银行中建立一个账户，这个账户处理所有关于税收的事务。

［34］Brian Sutton-Smith, *The Ambiguity of Play* (Cambridge: Harvard University Press, 1997).

［35］Aaron Antonovsky, *Unraveling the Mystery of Health: How People Manage Stress and Stay Well* (San Francisco: Jossey-Bass, 1987).

［36］Rick H. Hoyle and Erin K. Bradfield, *Measurement and Modelling of Self-Regulation: Is Standardization a Reasonable Goal?* Duke University, Manuscript prepared for the National Research Council Workshop on Advancing Social Science Theory: The Importance of Common Metrics, Washington, DC, February 25-26, 2010.

［37］Robert Kanigel, *Apprentice to Genius* (Baltimore: John Hopkins University Press), 1993.

［38］Lynn Smith-Lovin and Miller McPherson, "Social Isolation in America: Changes in Core Discussion Networks over Two Decades," *American Sociological Review* 71, no. 3 (2006): 353-375. 那些仅仅离孤家寡人只有一步之遥的人所占的比例从1985年的25％上升到2004年的44％。

［39］正如同经济正在变得更加具有关系性特点，国家也是如此，国家更加关注主观的测量方法，以及通过正当方式获得的一些有关国家

如何与个人形成关系,国家如何支持其他组织来关注关系这类问题。这就代表了一种国家角色的基本的改变,但是,这仅仅是开始,而且其对公共支出所产生的压力是很难判断的。在一系列的论文中我已经详细地论述了它对于公共政策的影响和启示,这些论文发表在 Young Foundation 上,我吸取了世界上一些政府的工作经验,包括新加坡、英国、澳大利亚和中国香港特区。

[40] Kathryn M. Connor and Jonathan R. T. Davidson, "Development of a New Resilience Scale: The Connor-Davidson Resilience Scale," *Depression and Anxiety* 18, no. 2 (2003): 76-82.

[41] M. Rutter, "Resilience in the Face of Adversity. Protective Factors and Resistance to Psychiatric Disorder," *British Journal of Psychiatry* 147 (1985): 598-611.

[42] 这个方法在 *Sinking and Swimming*, published by the Young Foundation in 2009 中提到了,而且有详细的、针对不断变化的公共需求的量和质的分析。

[43] D. Skuse, S. Reilly, and D. Wolke. "Psychosocial Adversity and Growth during Infancy," *European Journal of Clinical Nutrition* 48 (1994): Suppl 1: S113-S130.

[44] B. Ballas and D. Dorling, "Measuring the Impact of Major Life Events upon Happiness," *International Journal of Epidemiology* 36 (2007): 1244.

[45] 最近一系列有关乐观主义和性格之间关系以及与健康结果之间关系的研究总览可以在 Michele M. Tugade, Barbara L. Fredrickson, and Lisa Feldman Barrett, "Psychological Resilience and Positive Emotional Granularity: Examining the Benefits of Positive Emotions on Coping and Health," *Journal of Personality* 72, no. 6 (2004): 1161-1190 中找到。

[46] M. Waysman, J. Schwarzwald, and Z. Solomon, "Hardiness: An Examination of Its Relationship with Positive and Negative Long-term Changes Following Trauma," *Journal of Traumatic Stress*

14 (2001)：531-548.

[47] S. Kidd and G. Shahar, "Resilience in Homeless Youth: The Key Role of Self-Esteem," *American Journal of Orthopsychiatry* 78, no. 2 (2008)：163-172.

[48] C. E. Cutrona and V. Cole, "Optimizing Support in the Natural Network," in *Social Support Measurement and Intervention: A Guide for Health and Social Scientists*, ed. S. Cohen, L. G. Underwood, and B. H. Gottlieb (Oxford: Oxford University Press, 2000), 278-308.

[49] Cited in "Tomorrows' Owners, Stewardship of Tomorrows Company," London Tomorrows Company, 2008.

[50] Avner Offer, *The Challenge of Affluence: Self-control and Well-being in the United States and Britain since 1950* (Oxford: Oxford University Press, 2006).

[51] 德国有 20 多种这样的通货。一个例子是 Chiemgauer，在巴伐利亚州 Prien am Chiemsee 地区应用。人们通过当地的慈善组织来出售这种通货并换取欧元，这些组织拿到 3% 的佣金，在当地的 600 多家商店中，该通货都可以作为支付货币。2008 年，有 370 000 单位的 Chiemgauer 处于使用之中。在英国，同样的方式已经被新型城镇（一个社区领导组织）使用，它关注的是能源和气候变化问题。在德文郡有 Totnes pound，在苏克塞斯有 Lewes pound，在伦敦有 Brixton pound，以及格洛斯特郡的 Stroud pound。和德国的货币一样，Brixton pound 是用来支持当地商业以及鼓励当地贸易和保护的。一个 Brixton pound 相当于一英镑。人们可以在发行点将他们的英镑兑换成 Brixton pounds，之后在当地的商店使用。当地的商店可以决定给予用这种货币的顾客一些特殊的优惠。香料是另一种模式，将时间银行嵌入当地的学校和房屋联合会的例子。See Geoff Mulgan, *Twin Economies* (London: Demos, 1996)，可以了解这个领域并且了解哪些是对这个领域的规模性增长的建议。

[52] 比特币的优点就是它是不可逆的、完全匿名的，而且完全不受银行和政府的控制。然而这些优点也使得它变得对犯罪组织很有吸引

力，且面临多变性这种问题，这些是缺乏主要管理者的通货都面临的问题。

［53］埃德加·卡恩是最近几年来倡导时间账户的十分著名的人，他认为这种时间价值的对等物对于那些具有进步性的时间银行来说，是很有必要的事物，应该将它们区分开来，成为新的、不同的而且具有进步性经济的代表。

［54］薇薇安·洁莉儿针对这种情况给出了一个十分有趣的例子，在小型的公司中通过这种方式来分配时间对工作人员的团结很有帮助。See Viviana Zelizer, *Economic Lives* (Princeton：Princeton University Press，2011)，237.

［55］观察一下创新和企业家精神的指标，包括新兴的公司、从事电子商务、研发方面的投资以及国内生产总值的年增长，这些重要经济指标和判断在一个国家中收入分配的平等或不平等的程度指标之间并没有联系。Peter Saunders, *Beware False Prophets* (London：Policy Exchange，2010)，

［56］See Autumn Stanley, *Mothers and Daughters of Invention* (New Brunswick, NJ：Rutgers University Press，1995).

［57］英国国家统计局将这些问题摆在了人们的面前：整体上来看，您现在对您的生活方式满意程度是多少？整体上来看，昨天您感觉到自己有多高兴？整体上来看，昨天您感到有多焦虑？

［58］想了解有关迅速发展的衡量社会进步方法这一领域的更多信息，see the following：M. Nussbaum and A. Sen, eds., *The Quality of Life* (Oxford：Clarendon Press); G. Esping-Anderson, "Social Indicator and Welfare Monitoring：Social Policy and Development Programme," United Nations Research Institute Development，2000; R. Veenhoven, "Quality-of-life and Happiness：Not Quite the Same," in *Health and Quality-of-Life*, ed. G. DeGirolamo et al. (Rome：Il Pensierro Scientifico，1998)。

［59］http：//thjodfundur2009.is/english/.

［60］冰岛复兴的道德舆论允许那些在宏观层面上采取的冷静措施，

以此来稳定货币以及减少债务,这种做法在短短两年的时间里向国际货币基金组织证实了冰岛经历了神奇的大反转,这是一个值得学习的榜样。然而,社会对在一些基本的问题看法依然是不同的,回归正常、健康的道路并不容易。

[61] 这个评估借鉴了经济合作与发展组织的研究,Measuring Entrepreneurship, Paris, 2009.

第12章　超越资本主义

[1] James P. Hawley, "Antonio Gramsci's Marxism: Class, State and Work," *Social Problems* 27, no. 5, Sociology of Political Knowledge Issue: Theoretical Inquiries, Critiques and Explications (June 1980), pp. 584-600, published by University of California Press.

[2] In *The Rookie*, 1990.

[3] 希腊诗人C.P.凯瓦菲认为,最好的解决问题方法就是突然改变思考问题的方法。

致　　谢

这本书的写作内容源自我与资本主义批评者以及资本主义的热情倡导者、资本主义的参与者以及资本主义的观察者之间的谈话。他们中的一些人在大公司和国际市场上扮演着各种角色，另一些人为反对资本主义而积极奔走，更多的人处于这两者之间。这些人所涵盖范围从社会企业家，比如穆罕默德·尤努斯（Muhammad Yunus）到创新者迪伊·哈克（Dee Hock）（他预言了Visa万事达卡的产生），洛萨拜斯·莫斯·肯特（Rosabeth Moss Kanter）、山姆·皮特罗达（Sam Pitroda）以及已过世的迪奥戈塞·伐斯冈萨雷斯（Diogo Vasconcelos），他是我最亲密的合作者，他帮助我发起了一个国际性的社会创新运动。他们中既有像英国金融服务管理局局长阿代尔·特纳（Adair Turner）一样的规范者，也有一些针对现在的危机迎难而上的政治家包括澳大利亚的总理凯文·拉德（Kevin Rudd）、英国前首相戈登·布朗（Gordon Brown）、英国首相大卫·卡梅伦（David Cameron）、希腊总理乔治·帕潘德里欧（George Papandreou）和欧洲委员会主席若泽·曼努埃尔·巴罗佐（Jose Manuel Barroso）。与此同时，我也从我眼中的智慧大师们那里学到了许多有关资本主义的知识，他们是已过世的查尔斯·蒂里（Charles Tilly）和丹尼尔·贝尔（Daniel Bell），他们指导我形成了不断变化的、更加系统连贯的观点。曼纽尔·卡斯特（Manuel Castells）对于有关金融、交流以及政治之间相互联系的分析对我有很大的帮助，卡洛塔·佩雷斯（Carlota Perez）对我所产生的影响在全书的许多观点中都得到了体现。理查德·塞尼特（Richard Sennett）在许多方面都是我的合作者，他对于现代工厂文化有自己独到的、智慧的理解。布鲁诺·拉图尔（Bruno Latour）展示了实用主义传统和一种针对科学的、十分不同的想法之间的关系。罗伯托·曼格贝拉·昂格尔（Roberto Mangabeira Unger）在许多形式下都一直是提醒我世界具有可塑性的那个人。威尔·霍顿（Will Hutton）和马丁·沃尔夫（Martin Wolf）尽管拥有不同的政治观点，但他们都揭示了最好的新闻能够到达怎样的深度。大卫·古德哈特（David Goodhart），《展望》杂志的前任编辑，在早期阶段给予了我可以在杂志上发表这些观点的机会，布鲁诺·桂萨妮（Bruno Guissani）和克里斯·安德逊（Chris Anderson）也允许我在TED上分享我的这些观点。世界上许多其他的地方给予了我分享和探讨这些想法的机会，从芬兰国家研发基金会、中国的清华大学到英国的伦敦政治经济学院。精明能干的卡梅尔·欧·沙利文（Carmel O'Sullivan）在第11章的背景研究中帮了我很大的忙。普林斯顿大学出版社的编辑艾尔·勃兰特（Al Bertrand）一直以来给予了我坚定的支持。在众多评价中威尔·戴维斯（Will Davies）和罗珊娜拉·阿莉（Rushanara Ali）的评价对我有莫大的帮助。我的家人，罗威娜（Rowena）、露比（Ruby）、芬坦（Fintan）以及我的同事对我给予了很大的宽容，因为写作我错过了许多十分重要的场合，我感谢他们的支持，如果没有身边人的支持和宽容，我根本不可能静下心来写作。当然，所有在事实和阐释上出现的所有错误都是我自己的错误。

The Locust and the Bee: Predators and Creators in Capitalism's Future by Geoff Mulgan

Copyright © 2013 by Princeton University Press

All Rights Reserved. No part of this book may be reproduced or transmitted in any form or by any means, electronic or mechanical, including photocopying, recording or by any information storage and retrieval system, without permission in writing from the Publisher. Simplified Chinese version © 2014 by China Renmin University Press.

All Rights Reserved.

图书在版编目（CIP）数据

蝗虫与蜜蜂：未来资本主义的掠夺者与创造者/［英］摩根著；钱峰译.—北京：中国人民大学出版社，2014.9
ISBN 978-7-300-19737-1

Ⅰ.①蝗… Ⅱ.①摩…②钱… Ⅲ.①资本主义-研究 Ⅳ.①D091.5

中国版本图书馆 CIP 数据核字（2014）第 173957 号

蝗虫与蜜蜂：未来资本主义的掠夺者与创造者
［英］杰夫·摩根 著
Huangchong yu Mifeng

出版发行	中国人民大学出版社		
社　　址	北京中关村大街 31 号	邮政编码	100080
电　　话	010-62511242（总编室）	010-62511770（质管部）	
	010-82501766（邮购部）	010-62514148（门市部）	
	010-62515195（发行公司）	010-62515275（盗版举报）	
网　　址	http://www.crup.com.cn		
	http://www.ttrnet.com（人大教研网）		
经　　销	新华书店		
印　　刷	北京中印联印务有限公司		
规　　格	165 mm×240 mm　16 开本	版　次	2014 年 9 月第 1 版
印　　张	19.25	印　次	2014 年 9 月第 1 次印刷
字　　数	275 000	定　价	46.00 元

版权所有　侵权必究　　印装差错　负责调换